ERNESTI SHIVUTSE

Suaheli für Sie

MAX HUEBER VERLAG

ISBN 3-19-00.5034-1
© 1972 Max Hueber Verlag München
4 3 2   1982 81 80 79 78
Die jeweils letzten Ziffern bezeichnen Zahl und Jahr des Druckes.
Alle Drucke dieser Auflage können nebeneinander benutzt werden.
Umschlaggestaltung: Horst Ettenhoffer, München
Satz: Graphischer Großbetrieb Friedrich Pustet, Regensburg
Druck: Druckerei Georg Appl, Wemding
Printed in Germany

> Wer fremde Sprachen nicht kennt,
> Weiß nichts von seiner eigenen.
>
> Johann Wolfgang von Goethe

VORWORT

Das Suaheli (Kiswahili) ist die am meisten verbreitete afrikanische Sprache. Sie wird von mehr als 30 Millionen Menschen in Ostafrika gesprochen und ist Nationalsprache in Tanganyika und Sansibar. Da es keine Stammessprache ist, hat es sich ohne Schwierigkeit zur Hauptumgangssprache Ostafrikas entwickeln können, denn kein Ostafrikaner fühlte sich gezwungen, die Sprache eines anderen Stammes zu lernen.

Ostafrika wird hauptsächlich von den »Bantu« bewohnt – in den Bantu-Sprachen heißt der Mensch »muntu«, im Plural »bantu«, die Menschen. Durch den arabischen Sklavenhandel und später durch den allgemeinen Warenhandel wurde die Küstenbevölkerung Ostafrikas in vieler Hinsicht von den Arabern beeinflußt. Sogar das Wort »Suaheli« kommt aus dem Arabischen und bedeutet »Küstenbewohner«. Die vier Dialekte, die an der ostafrikanischen Küste gesprochen wurden, nämlich in Lamu, Mombasa (ehemals Mvita), Daressalam und in Sansibar, bestehen aus einer Mischung von »bantu« und arabischen Wörtern. Das heutige Suaheli ist der Sansibar-Dialekt. Die Suaheli-Grammatik und der Suaheli-Satzbau sind dagegen »bantu« geblieben. Ich glaube, daß man dieser Sprache unrecht tut, wenn man sie schlechthin als »künstlich« bezeichnet. Obgleich das Suaheli viele Fremdwörter – hauptsächlich aus dem Arabischen, Englischen und Portugiesischen – enthält, ist es deshalb noch nicht »künstlich«.

Während der Kolonialepoche wurde das vormals arabisch geschriebene Suaheli von den christlichen Missionaren latinisiert. Die lateinische Schrift erwies sich als viel geeigneter zur Wiedergabe der vokalreichen Bantu-Sprache.

Durch den islamischen Einfluß ergaben sich manche Widersprüche in der Suaheli-Grammatik: so z. B. die Einreihung der Tiere in die erste Klasse der Substantive, die in den Bantu-Sprachen nur Menschen enthält. Eine andere Ursache für derartige Widersprüche ist die Tatsache, daß der Araber oder der Europäer die Sprache von Sklaven bzw. Dienern lernen mußte, weil es damals keine gelehrten Afrikaner gab.

Mit dem wachsenden Nationalbewußtsein des Afrikaners verbreitet sich das Suaheli immer mehr. Heute wird es vor allem in Kenia, Tansania, Uganda, Ruanda, Burundi und im Ost-Kongo gesprochen. Es ist beliebt, weil es vokalreich und leicht auszusprechen ist. In Deutschland wird es zur Zeit schon an sieben Hochschulen und in den Volkshochschulen einiger Großstädte gelehrt.

Das vorliegende Lehrbuch ist für alle Altersstufen gedacht und soll dem gründlichen Erlernen des korrekten Suaheli dienen. Die Methodik mag auf den ersten Blick fremd erscheinen, doch sollte sie ein rasches Nachschlagen ermöglichen und auch dem synthetischen Aufbau des Suaheli und dessen Aufgliederung dienen. Zur Erklärung des Satzes: *Huyu ndiye mtoto aliyeniletea kitabu* – Es ist dieses Kind, das mir das Buch gebracht hat – sind neun Abschnitte erforderlich! Ich habe daher jeden Gesichtspunkt möglichst zusammenhängend behandelt und nur dann getrennt, wenn der Stoff die Kenntnis eines neuen Gesichtspunktes voraussetzte.

In vielen Fällen bezieht sich der Übungsstoff nicht nur auf das jeweilige Kapitel, sondern auf den ganzen bereits erarbeiteten Stoff. Der Übungen wegen empfiehlt es sich also, das Buch von der ersten bis zur letzten Seite systematisch durchzuarbeiten. Aber man kann die späteren Kapitel willkürlich nachschlagen – besonders die Kapitel über die abgeleiteten Verben, die Wortbildung und die Zusammenfassung der Prä-, In- und Suffixe.

Bei den Übungen sind häufig mehrere Lösungen möglich; aus Platzgründen wird jeweils nur die einfachere Lösung angegeben. Die letzten Übungen sollen dem Lehrer helfen, selbst ähnliche Zwischenübungen zusammenzustellen.

Das Wörterverzeichnis enthält nur den für die Übungen erforderlichen Wortschatz, und zwar in der dort verwendeten beschränkten Bedeutung.

Ich möchte nicht versäumen, an dieser Stelle all denen, die mir durch Ratschläge und wertvolle Hinweise bei der Zusammenstellung dieses Lehrbuches geholfen haben, meinen herzlichen Dank auszusprechen und sie meiner aufrichtigen Verbundenheit zu versichern.

Kakamega, Kenya   Ernesti Shivutse
Frühjahr 1971

INHALTSVERZEICHNIS YALIYOMO

Vorwort (matangulizi) 3
Verzeichnis der Abkürzungen (vifupisho vilivyotumiwa) 11
Aussprache, Betonung und Rechtschreibung 13
Übung zur Aussprache und Silbentrennung 15
Leseübung 16
Die Klassen der Substantive (aina za majina) 16
   I. Wa-Klasse 17
   II. Mi-Klasse 18
   III. Ki-Klasse 19
      Die Formen der Verkleinerung 20
   IV. Ma-Klasse 20
   V. N-Klasse 21
   VI. U-Klasse 23
   VII. Pa-Klasse 24
   VIII. Ku-Klasse 25
Die Kennsilben 26
Tabelle I 28
Adjektive I (sifa) 29
Die Zahlwörter (tarakimu) 33
Personalpronomen (vijina binafsi) 34
Demonstrative 36
Die Kennsilben der Personalpronomen:
   Das Hilfsverb SEIN 38
   Die Verneinung (kukana) 39
   Ortsangabe beim Hilfsverb SEIN 40
Das Hilfsverb HABEN 42
   Die Verneinung von HABEN 42
Der Gebrauch des Genitivs 44
   Die Bildung von Adjektiven durch Verwendung der Genitivsilbe . . 44
   Die Bildung neuer Begriffe durch Verwendung der Genitivsilbe . . 44
   Die Bildung der Ordnungszahlen (Ordinalia) durch Verwendung der
   Genitivsilbe 45
Possessivpronomen 45
   Die Possessivpronomen bei Verwandtschaftsnamen 46
   Abkürzungen bei Verwandtschaftsnamen 47
   Unregelmäßigkeiten bei Possessivpronomen 48

Der Genitiv bei geographischen Begriffen 49
Das Verb (viarifa) 51
   1. Der Infinitiv 51
      Die Verneinung des Infinitivs 51
   2. Der Imperativ (kuamuru) 52
      Die Mehrzahlbildung des Imperativs 52
   3. Die Grundzeitformen (Tempora) 54
      Die Verneinung der Grundzeitformen 55
      Übersicht über die Grundzeitformen 57
   4. Die drei Formen des Präsens 58
   5. Die aus Verben gebildeten Ausdrücke 60
Interrogative:
   1. veränderliche Interrogative 66
   2. unveränderliche Interrogative 68
Dativ und Akkusativ 75
Orodha va pili (Tabelle II) 78
Infinitivsätze mit KU(zu) 80
   Verben der Pflicht 81
   Das Verb KUWA (sein, werden) 81
Die Wunsch- und Möglichkeitsform (Konjunktiv I) 83
   I. Verneinung 83
   II. Dativ und Akkusativ 84
      Befehlsform, Wunschform (Höflichkeitsform), Verneinung . . . 84
   III. Die indirekte Rede 85
   IV. damit, um . . . zu (ili) 87
      damit, um . . . zu (kupata) 87
   V. ohne daß, ohne . . . zu 87
   VI. a. Verben des Verbietens kataza, kanya, rufuku 87
      b. Verben des Verhinderns zuia, pinga 87
   VII. Zur Verstärkung wird of NA vorangesetzt 87
   VIII. Ausdrücke der Verpflichtung 88
Konjunktionen 88
Die Zeitformen mit KA 92
   I. Vergangenheit nach Zeitsilbe -li-, -me- 93
   II. Vergangenheit mit der Zeitsilbe ka 94
   III. Imperativ 94
   IV. Wunsch- und Möglichkeitsform 94
   V. Die Konjunktion »damit nicht« (-sije . . . ka-) 94
   VI. Erzählungen 94

VII. In Verbindung mit HUJA, HUENDA 95
Adverbien 96
   I. Adverbien werden durch Substantive ausgedrückt 96
   II. Adverbien der Zeit stehen entweder am Satzanfang oder am Satzende 96
   III. Einige Adjektive fremden Ursprungs werden auch als Adverbien gebraucht 96
   IV. Durch die Präfixe ki- oder vi- der Ki-Klasse werden einige Adverbien aus anderen Wortarten abgeleitet, meistens aus Adjektiven . . 96
   V. Adverbien werden auch durch Iteration einiger Wörter gebildet . 97
   VI. Adverbien werden gebildet, indem man die Präposition kwa (auf) vor einige Substantive und Adjektive setzt 97
   VII. Die Präposition kwa wird auch vor den Infinitiv gesetzt 98
Die Zeitformen mit -KI- und -PO-
   A. Bejahung -ki-, Verneinung -sipo-
      I. Im Konditionalsatz mit »wenn« 99
      II. Im Konditionalsatz auch ohne »wenn« 99
      III. Bei Dauer in der Vergangenheit, Gegenwart und Zukunft . . 100
      IV. In Verbindung mit KUWA 100
   B. -PO- und -SIPO-
      I. Im Temporalsatz 101
      II. Ohne Zeitsilbe 101
DIRA NA MAJIRA YA MWAKA 102
Die Zeitrechnung 104
Zeitangaben 105
Einige Jahresfeste und Feiertage 105
Der Relativsatz 106
   I. Den Relativsatz bildet man im Suaheli auf zwei Arten 106
   II. Der Relativsatz im Dativ und Akkusativ 107
   III. Partizip Präsens 108
      Verneinung im Relativsatz 109
   IV. dessen, deren (Genitiv des Relativpronomens) 110
   V. Relativsilbe in Verbindung mit der Zeitsilbe -li- 110
   VI. Ausdrücke wie »voriges« und »kommendes« 111
   VII. Na + Relativsilbe 111
   VIII. Verbindung mit dem ausdrücklichen ndi- 111
   IX. Im Ausdruck »viele andere« 112
   X. Im Ausdruck »irgendeiner« 112
   XI. Als In- und Suffixe 113

MWAMINI MUNGU SI MTOVU 114
Die abgeleiteten Verben 115
   A. reflexive Form – jinsi ya kujifanya – Präfix ji- 116
   B. Das Passiv – jinsi ya kufanywa – Suffix -wa 117
Adjektive II 119
   A. Beschreibende Adjektive 119
      I. -enye (besitzend, habend) 119
      II. -enyewe (selbst, selber) 120
      III. -wapo (einer von ihnen) 120
      IV. durch die Genitivsilbe 120
      V. zwei Substantive allein 121
   B. Steigerung der Adjektive 122
KUBISHA 123
Präpositionen 125
   I. Echte Präpositionen 125
   II. Konjunktionen und Adverbien + ya oder na 129
   III. Substantiv + ni 135
   IV. Im Verb 135
JOGOO, MBWA NA MBWEHA 136
Konditionale und irreale Sätze:
   Die Zeitform mit -NGE- und -NGALI- 138
   A. Konditional I
      I. Aktiv 138
      II. Passiv 138
      III. Negation 138
      IV. Dativ und Akkusativ 139
      V. mit KAMA (wenn) 139
      VI. mit KUWA (sein, werden) 139
   B. Konditional II 141
MTAALA WA WANAWAKE NI ANASA? 144
Die abgeleiteten Verben:
   C. Präpositionale Form – jinsi ya kufanyia Suffix -ia, -ea 145
      I. Verben, die auf -ea, -oa endigen 146
      II. Verben, die auf -aa, -ia, -ua endigen 146
      III. Verben, deren Wurzel auf a, i, u lautet 146
      IV. Verben, deren Wurzel auf e, o lautet 146
      V. Verben, die auf -sha endigen 146
      VI. Arabische Verben, die auf -i endigen 147
      VII. Arabische Verben, die auf -u endigen 147

VIII. Arabische Verben, die auf -e endigen 147
IX. Arabische Verben, die auf -au endigen 147
X. Einsilbige Verben 147
NJIA YA KUMKAMATA MWIZI 149
Die abgeleiteten Verben:
  D. Intransitive Form – jinsi ya kufanyika – Suffix -ika, -eka . . . 151
    I. Verben mit Wurzel auf a, i, u 151
    II. Verben mit Wurzel auf e, o 151
    III. Verben, die auf -aa, -ia, -ua endigen 151
    IV. Verben, die auf -ea, -oa endigen 151
    V. Arabische Verben, die auf -i, -e endigen 151
    VI. Arabische Verben, die auf -u endigen 152
    VII. Arabische Verben, die auf -au endigen 152
    VIII. Verben, die von anderen Wortarten abgeleitet worden sind 152
CHUNGU NA MZUNGU 153
Die abgeleiteten Verben:
  E. Kausative Form – jinsi ya kufanyiza – Suffix -za, -sha 153
    I. Verben, die auf zwei Vokale endigen 153
    II. Endung auf -ka, -e, -i 154
    III. Nach der Regel der Vokalharmonie 155
    IV. Mit Lautveränderungen 155
    V. -ta- zu -sa, -sha 155
    VI. Intensive Form -za 156
    VII. Verben, die aus anderen Wortarten abgeleitet worden sind . 156
TUHESABU 157
  I. Kujumlisha (Addition) 157
  II. Kutoa (Substraktion) 157
  III. Kuzidisha (Multiplikation) 157
  IV. Kugawanya (Division) 158
Die abgeleiteten Verben:
  F. Reziproke Form – jinsi ya kufanyana
    I. Suffix -na 159
    II. Einsilbige Verben 160
    III. Die Verben arabischen Ursprungs 160
TUANDIKIANE BARUA 161
Die abgeleiteten Verben:
  G. Inversive Form – jinsi ya kufanyua 163
    I. Verben mit Wurzel auf o 163
    II. Verben mit Wurzel auf a, e, i, u 163

9

III. Mehrsilbige Verben 164
IV. Nicht-inversive Endungen 164
V. Verben, die von anderen Wortarten stammen 164
VI. Verben, deren Grundformen verloren gegangen sind . . . 164
TUTANGAZE HABARI KWA RADIO 165
Die abgeleiteten Verben:
H. Sonstige Ableitungen
    I. Das Iterativ – jinsi ya kufanyafanya 166
    II. Das Semi-Iterativ 167
    III. Die stetige Form – jinsi ya kufanyama 167
    IV. Die stetige Form -ma+na 168
    V. Suffix -ta 168
WAJINGA NDIO WALIWAO 168
Wortbildung:
  A. Substantive: 171
    I. Substantive der Wa-Klasse 171
    II. Substantive der Mi-Klasse 173
    III. Substantive der Ki-Klasse 173
    IV. Substantive der Ma-Klasse 174
    V. Substantive der N-Klasse 175
    VI. Substantive der U-Klasse 175
    VII. Substantive der Pa-Klasse 177
    VIII. Substantive der Ku-Klasse 178
  B. Substantive aus arabischen Verben 179
  C. Verben aus arabischen Substantiven 179
  D. Adjektive aus Bantu-Verben 180
  E. Fremdwörter (maneno ya kigeni) 181
Lösungen zu den Übungen 185
Zusammenfassung der Prä-, Inter- und Suffixe 201
Wortschatz:
Suaheli–Deutsch – Kiswahili–Kijeremani 203
Deutsch–Suaheli – Kijeremani–Kiswahili 219

Verzeichnis der Abkürzungen (vifupisho vilivyotumiwa)

bibl.	biblisch (kutoka Biblia)
bzw.	beziehungsweise (pamoja na)
d. h.	das heißt (maana yake)
dt.	deutsch (-a Kijeremani, Kidachi)
etw.	etwas (kitu fulani)
e	die (-a kike)
engl.	englisch (-a Kiingereza)
frz.	französisch (-a Kifaransa)
intr.	intransitiv (kiarifa kisichohitaji mtendewa)
jdm.	jemandem (mtendewa fulani wa kwanza)
jdn.	jemanden (mtendewa fulani wa pili)
pl.	Plural (wingi)
port.	portugiesisch (-a Kireno)
r	der (-a kiume)
ref.	reflexiv (-a jinsi ya kujifanya)
s	das (wala -a kiume wala -a kike)
s.	sich (enyewe)
s. S.	siehe Seite (tazama ukurasa wa)
sing.	Singular (umoja)
tr.	transitiv (kiarifa kihitajicho mtendewa)
usw.	und so weiter (na kadhalika)
vgl.	vergleich(e) (linganisha)
wörtl.	wörtlich (kwa maneno)
z. B.	zum Beispiel (kwa mfano)
ki-	Ki-Klasse
k. m.	kwa mfano (zum Beispiel)
ku-	Verb mit Infinitiv »ku«
kw-	Verb mit Infinitiv »kw«
ma-	Ma-Klasse
mi-	Mi-Klasse
m.ry.	maana yake (das heißt)
n-	N-Klasse
n. k.	na kadhalika (und so weiter)
pa-	Pa-Klasse
u-	U-Klasse
vi-	Plural der Ki-Klasse
vy-	Plural der Ki-Klasse
wa-	Wa-Klasse

AUSSPRACHE, BETONUNG UND RECHTSCHREIBUNG

Erfahrungsgemäß bereiten Aussprache, Betonung und Rechtschreibung des Suaheli keine Schwierigkeiten, da es genauso ausgesprochen wird, wie es geschrieben ist. In der ersten Unterrichtsstunde empfiehlt es sich, einen Suaheli-Text den Schülern zunächst langsam und anschließend in normalem Tempo vorzulesen, wobei jeder Schüler einen Text zum Mitlesen haben sollte. Dann sollen die Schüler zuerst der Reihe nach je einen Satz laut lesen, bis sie einigermaßen fließend lesen können; hierauf folgt die Lektüre des Textes im Zusammenhang.

Die Betonung liegt auf der vorletzten Silbe.

Aussprachregeln zum Selbstunterricht:

Die Vokale entsprechen ungefähr den deutschen Vokalen:

a [a]   mama   e Mutter   wie in Kammer
e [ɛ]   kelele (offen) s Geschrei   wie in Kälte
i [i]   lini?   wann?   wie in Lieder
o [o]   moto (dumpf)   s Feuer   wie in Moll
u [u]   Mungu   r Gott   wie in Mund

Die Doppelvokale im Wortinnern werden wie ein betonter langer Vokal ausgesprochen, und zwar so, daß man die einzelnen Vokale voneinander unterscheiden kann:

aa baada   nach   ee neema   e Gunst
ii kiini   r Kern   oo kupooza lähmen
uu kuume   rechts

Die Doppelvokale am Wortende werden wie ein betonter langer Vokal gesprochen:

aa taa   e Lampe   ee pekee   allein
ii kutii   gehorchen   oo jogoo   r Hahn
uu mguu   r Fuß, s Bein

Die Diphthonge wie im Deutschen gibt es im Suaheli eigentlich nicht. Jeder Laut wird für sich ausgesprochen. Im normalen Sprechtempo werden die Diphthonge jedoch zusammengezogen, z. B.:

ae Aende.   Er möge gehen.
ai laini   eben, flach

ao	ubao		s	Brett, e Tafel
au	kukauka			trocknen (intr.)
ei	bei		r	Preis

Die Konsonanten werden wie im Englischen ausgesprochen. Ein Konsonant + w ruft fast einen französischen Klang hervor.

bw	[bw]	bwana	Herr	wie in frz. bois w ist nur Halbkonsonant
ch	[tʃ]	chai	Tee	wie dt. tsch
chw	[tʃw]	kichwa	Kopf	
dh	[ð]	dhamini	bürgen	stimmhafter Zahnreibelaut, wie engl. these
fy	[fj]	fyeka	roden	wie frz. fier
gh	[χ]	ghali	teuer	wie dt. ach
gw	[gw]	gwaride	Parade	wie frz. goitre
j	[dʒ]	maji	Wasser	stimmhaftes dt. dsch, wie engl. job
kw	[kw]	kwa	auf	wie frz. quoi
lw	[lw]	Kilwa	Ortsname	wie frz. loi
mw	[mw]	mwaka	Jahr	wie frz. mois
		mwezi	Monat	wie frz. moins
ng'	[ŋ]	ng'ombe	Rind	Nasallaut, wie dt. bangen (g kaum hörbar)
nw	[nw]	anwani	Adresse	wie frz. noix
ny	[ɲ]	nyota	Stern	mouilliertes n, wie ital. signore
nyw	[ɲw]	kunywa	trinken	
pw	[pw]	pwani	Küste	wie frz. poids
r	[r]	rangi	Farbe	gerolltes Zungen-r
rw	[rw]	Rwanda	Landname	wie frz. roi
s	[s]	sabuni	Seife	stimmloses s wie in dt. Straße
sh	[ʃ]	shina	Wurzelstock	wie dt. sch in schieben
shw	[ʃw]	rushwa	Bestechung	wie frz. choix
sw	[sw]	Kiswahili	Suaheli	wie frz. soi
th	[θ]	theluji	Schnee	stimmloser Zahnreibelaut, wie engl. think
tw	[tw]	twaa	nehmen	wie frz. toi
v	[v]	vuta	ziehen	labiodentaler Laut, wie dt. Wunder
w	[w]	Wadachi	Deutsche	bilabialer Laut, wie engl. wangle oder frz. ouate
y	[j]	yaya	Babysitter	wie dt. j
z	[z]	ziba	Stopfen	wie dt. S in Siebe
zw	[zw]	jazwa	gefüllt werden	

q und x fehlen.

Das Suaheli kennt keine Doppelkonsonanten. Eine Ausnahme bilden nur zwei Wörter: mmoja und nne, bei denen die Konsonanten aber getrennt ausgesprochen werden. Das m- vor Konsonanten (außer w, das Halbkonsonant ist) muß ebenfalls getrennt gesprochen werden: mchanga, mlevi, mtumwa usw.

Die Rechtschreibung entspricht der des Englischen – Großschreibung nur am Satzanfang und bei Eigennamen; außerdem werden alle Sprachen groß geschrieben.

Bei Silbentrennung gehört ein Vokal zu dem vorangehenden Konsonanten, bzw. zu den vorangehenden kombinierten Konsonanten:

ba-ba, li-ni, Mu-ngu, ba-a-da, ku-u-me, ta-a, ku-ti-i, m-gu-u, a-e-nde, be-i, bwa-na, dha-mi-ni, mwa-ka, ng'o-mbe, Ki-swa-hi-li, the-lu-ji, a-m-sha, s-tu-ka, na-m-na, m-bwa, n-chi, ku-pa-nda.

Im Suaheli lassen sich nur bestimmte Konsonanten kombinieren:

bw, ch, chw, dh, fy, gh, gw, kw, lw, mb, mp, mw, nd, ndw, ng, ng', ngw, nj, njw, nw, ny, nyw, nz, nzw, pw, py, sh, shw, sw, tw, vy, zw.

Man merke: Die Wörter mit dh, th, gh sind ausschließlich aus dem Arabischen. Die mit g, h, i, j beginnenden Substantive der N-Klasse sind zumeist Fremdwörter.

Übung zur Aussprache und Silbentrennung

na, mama, yeye, lini, moto, sumu, au, barua, simba, mabwana, mbwa, chai, chombo, nchi, kichwa, binadamu, dhambi, ndege, kupendwa, fimbo, afya, agiza, magharibi, mlango, ng'ambo, mtu, mfungwa, gwaride, baraka, heshima, shawishwa, jambo, ujenzi, njia, njaa, mgonjwa, Kilimanjaro, kalamu, kwa heri, mkwe, Kampala, Kilwa, meza, miavuli, mpenzi, mwaka, mwewe, nne, nyanya, nyumba, kinywaji, anza, anzwa, ongoza, paka, pwani, upya, karamu, sasa, saa, swali, shwari, tazama, rithi, mtumwa, kesho kutwa, Tanganyika, vita, vyombo, Uajemi, waraka, wimbo, mwungwana.

Sema Kiswahili. Rudi nyumbani. Tunasoma nini? Mwatoka wapi? Twatoka Kenya. Wanasoma kitabu. Ninakwenda kukuletea chai. Tulilala salama. Haraka, haraka haina baraka. Mwenda pole hufika mbali. Umpendaye ndiye akuuaye? Neno ulikataalo ndilo Mungu apendalo. Kukopa arusi, kulipa matanga? Bila shaka, nitajifunza Kiswahili upesi.

Leseübung

YAFUATAYO NI MAONI YA MTUNUKIWA BORA CARL FRIEDRICH VON WEIZSÄCKER JUU YA AMANI DUNIANI:

Ninaongea juu ya masharti ya amani ya dunia. Tukiyafikiria twaona kazi mbalimbali za kupambanua. Kuna kazi ya siasa ya wasaidizi na wadogo ambao hubuni »ushabaki wa kuhakikisha amani«. Kazi hiyo yabidi kuwa ya kinaganaga. Hii ni mojawapo ya nguvu za siasa ya Kiamerika inayoweza kutegemea kazi ya namna hiyo. Hatutaweza kuwa wala waandani wema wa Jamhuri ya Shirikisho la Udachi na ikihitajiwa, wala wachambua wema wa siasa hiyo, kama hatujifunzi kubuni vivyo hivyo. Ni nia yangu kuongea juu ya mashauri ya namna hiyo. Lakini siwezi kuwaonyesha matokeo ya kazi ya namna hiyo. Kazi hiyo ingali mwanzoni katika nchi yetu na habari zake mojamoja si amali yangu. Lakini mpango huu watimiliza shina la muumbo wa leo na la uwezo wa dunia ya kesho. Kuufikiria muumbo au uwezo huo, hii ndiyo amali yangu; nitaongea juu yake. Ninaanza na dhana tatu:

Ya kwanza: Amani ya dunia ni faradhi. Inaweza kusemekana kwamba amani ya dunia haiepukiki. Amani ni masharti ya maisha ya zamani ya ufundi wa mashine. Itatubidi kusema kadiri ya uwezo wetu wa kibinadamu kwamba, tutaishi katika hali itakayostahili jina la amani ya dunia au hatutaishi.

Ya pili: Amani ya dunia si zamani za dhahabu. Si kutoa magombezo tu, bali ni kutoa namna fulani ya uenezi wake; hiyo ndiyo amani isiyoepukika katika dunia ya ufundi wa mashine. Amani hiyo ya dunia ingeweza kuwa muhula wa huzuni tangu historia ya binadamu. Njia ya kuifikilia ingeweza kuwa vita vya mwisho vya dunia au maangamizi yenye damu, umbo wake ungeweza kuwa utarabaji mkali. Hata hivyo, ni faradhi.

Ya tatu: Kwa hiyo, amani ya dunia yatulazimu kukazana kwa adili. Amani ni masharti ya maisha yetu, lakini haijileti yenyewe na haiji yenyewe katika muumbo mwema. Jinsi tujuavyo, amani ya dunia haijapata kuwapo tangu mwanzo wa binadamu; twahitajiwa kufanya kitu fulani kisicho na mfano. Historia ya binadamu yatufunza kwamba, kitu hicho kisicho na mfano kitatimizwa siku moja. Lakini haiwezekani bila kukazana kabisa, na kama amani itakuwa na heshima ya utu, lazima kukazana huko kuwe kwa adili.

DIE KLASSEN DER SUBSTANTIVE (AINA ZA MAJINA)

Das Suaheli ist, wie alle anderen Bantu-Sprachen, eine Klassensprache; d. h. die Substantive werden nicht, wie in den europäischen Sprachen, durch ein grammatikalisches Geschlecht in männliche, weibliche und sächliche Substan-

tive eingeteilt, sondern sie werden nach Klassen gruppiert. Es gibt keine Artikel und darum auch keine Deklination im deutschen Sinne:
kiti heißt: Stuhl, ein Stuhl, der Stuhl, dem Stuhl, den Stuhl.
Die verschiedenen Fälle werden nach dem Sinn und durch die Stellung des Substantivs im Satz gekennzeichnet. Eine zweite wichtige Eigentümlichkeit der Bantu-Sprachen besteht darin, daß die Wörter durch das Vorsetzen, Anhängen und Zwischensetzen von verschiedenen Silben erweitert werden können. Nach ihren verschiedenen Präfixen (eigentlich keine Präfixe im europäischen Sinne!) werden die Substantive im Suaheli in 8 Klassen eingeteilt:

I	Wa-Klasse	*m*tu	r	Mensch	*w*atu	e	Menschen
II	Mi-Klasse	*m*ti	r	Baum	*m*iti	e	Bäume
III	Ki-Klasse	*k*iti	r	Stuhl	*v*iti	e	Stühle
IV	Ma-Klasse	tunda	e	Frucht	*ma*tunda	e	Früchte
V	N-Klasse	*n*jia	r	Weg	*n*jia	e	Wege
VI	U-Klasse	*u*ma	e	Gabel	*n*yuma	e	Gabeln
VII	Pa-Klasse	mahali	r	Ort, Platz	mahali	e	Orte, Plätze
VIII	Ku-Klasse	*ku*fa	s	Sterben	*ku*fa	s	Sterben

I. Wa-Klasse
Sie ist die »Menschen-Klasse«. Sie wird Wa-Klasse genannt, weil ihre Mehrzahl meistens die Vorsilbe »wa« hat. Die Einzahl beginnt mit »m-, mu- und mw-«.

Mehrzahlbildung der Wa-Klasse
Einzahl (umoja)   Mehrzahl (wingi)
  a. mtu   r Mensch   watu
    mtoto   s Kind   watoto
    muumba r Schöpfer waumba

Die Vorsilbe »m« (früher »mu«) wird durch »wa« ersetzt, um die Mehrzahl zu bilden.

  b. mwana   r Sohn, e Tochter wana
    mwalimu r Lehrer walimu
    mwenzi   r Gefährte wenzi
    mwongo   r Lügner wawongo (aus »-wongo«)
    Mwarabu r Araber Waarabu (aus »Arabu« – Arabien)
    Mwokozi r Erlöser Waokozi (aus »okoa« – erlösen)
    mwashi   r Maurer waashi (aus »aka« – mauern)
    mume   r Ehemann waume (aus »-ume«)

Bei erweiterten Substantiven wird das m, mu, mw durch »wa« ersetzt, damit der Stamm des ursprünglichen Wortes nicht verloren geht.

c. Ausnahmen:

mwivi	r	Dieb	wevi (statt »waivi«)
mwizi	r	Dieb	wezi (statt »waizi«)
mtume	r	Gesandter	mitume
Mungu	r	Gott	miungu, e Götter

Es gibt aber eine Reihe von Substantiven, die zur Wa-Klasse gehören, jedoch auf Grund ihrer Mehrzahlbildung in andere Klassen gesetzt werden, insbesondere Fremdwörter, Verwandtschaftsnamen und vor allem Tiere, Vögel, Fische und Insekten, die im Suaheli stets als Menschen zu behandeln sind.

Beispiel:	Einzahl			Mehrzahl	Klasse
	bwana	r	Herr	mabwana	Ma-
	kijana	r	Jugendliche	vijana	Ki-
	baba	r	Vater	baba	N-
	paka	e	Katze	paka	N-
	chura	r	Frosch	vyura	Ki-
	mtume	r	Apostel	mitume	Mi-

II. Mi-Klasse

Sie ist die Klasse der Pflanzen. Sie hat die Vorsilbe »m-, mu-, oder mw-« in der Einzahl; die Mehrzahl hat stets die Vorsilbe »mi-«. Die Mi-Klasse enthält im wesentlichen Pflanzen, Teile und Erzeugnisse von Pflanzen, Körperteile, einige geographische Begriffe und Abstrakta.

Mehrzahlbildung der Mi-Klasse

Einzahl			Mehrzahl
a. mti	r	Baum	miti
mkuki	r	Speer	mikuki
mkono	r	Arm, e Hand	mikono
moto	s	Feuer	mioto
mkutano	e	Versammlung	mikutano

Man hängt ein »i« an die Vorsilbe »m«, um die Mehrzahl zu bilden.

b. muwa	s	Zuckerrohr	miwa
muhindi	e	Maispflanze	mihindi
mwili	r	Körper	miili
mwaka	s	Jahr	miaka
mwanzo	r	Beginn, Anfang	mianzo

Lautet die Vorsilbe »mu-« oder »mw-«, dann tritt ein »i« an die Stelle des »u« oder »w«.

III. Ki-Klasse

Sie ist die Klasse der Dinge. Die »verdinglichten« Substantive von anderen Klassen gehören auch in die Ki-Klasse. Diese Klasse hat zwei Gruppen von Substantiven – diejenigen, die mit »ki-« beginnen, bilden die Mehrzahl mit »vi-«, und diejenigen, die die Vorsilbe »ch-« haben, bilden die Mehrzahl mit »vy–«.

Die Ki-Klasse enthält im wesentlichen Diminutive, einige Lebewesen, deformierte Menschen, Krankheiten, Körperteile, *alle* Sprachen, Abstrakta und die von Verben abgeleiteten Substantive. Die Sprachen haben keine Mehrzahl und werden immer *groß* geschrieben.

Mehrzahlbildung der Ki-Klasse

Einzahl			Mehrzahl
a. kiti	r	Stuhl	viti
kitu	s	Ding	vitu
kiatu	r	Schuh	viatu
kilio	s	Geheul	vilio
kiumbe	s	Geschöpf	viumbe
b. chakula	e	Speise	vyakula
cheti	r	Zettel	vyeti
chandalua	s	Moskitonetz	vyandalua
chuo	e	Schule	vyuo
chuo kikuu	e	Universität	vyuo vikuu

Die zur Ki-Klasse gehörenden Lebewesen und deformierten Menschen sind stets als Substantive der Wa-Klasse zu betrachten. Sie gehören in die Ki-Klasse auf Grund ihrer Mehrzahlbildung und nicht des Wertes wegen! Die **häufigsten sind:**

chongo	r	Einäugige	kibiongo	r	Bucklige
kiboko	s	Flußpferd	kifaru	s	Nashorn
kiguu	r	Lahme	kilema	r	Krüppel
kipofu	r	Blinde	chura	r	Frosch
kiwete	r	Krüppel	kiziwi	r	Taube

Man merke: Das Wort »vita« wird heute als Plural der Ki-Klasse gebraucht.

Die Formen der Verkleinerung

a. sanduku   – r Koffer   kisanduku – r kleine Koffer
   kuku   – s Huhn   kikuku   – s Hühnchen

Man setzt ein »ki« vor das Substantiv.

b. mtoto   – s Kind   kitoto   – s Kindlein
   mpenzi   – r Liebling   kipenzi   – s Schätzchen
   mlima   – r Berg   kilima   – r Hügel

An die Stelle des »m« tritt ein »ki«.

c. mtu   – r Mensch   kijitu   – s Männlein, Weiblein
   mto   – r Fluß   kijito   – s Flüßchen, Bächlein
   nyumba – s Haus   kijumba – s Häuschen

Ausgangsform für die Verkleinerung ist hier nicht das Grundwort, sondern dessen Vergrößerungsform.

mtu   –   jitu, Riese   – kijitu
mto   –   jito, Strom   – kijito
nyumba –   jumba, Palast – kijumba

IV. Ma -Klasse

In der Einzahl kann irgendein Präfix vorkommen, da die ursprüngliche bantu- Vorsilbe li- (im Suaheli ji-) ausgefallen ist; doch hat die Mehrzahl die Vorsilbe »ma«. Während die Ki-Klasse die Klasse der Verkleinerung ist, ist die Ma-Klasse die Klasse der Vergrößerung. Vergl.: »Formen der Verkleinerung« oben.

Die Ma-Klasse enthält im wesentlichen: Früchte, Teile von Pflanzen, Mengenbegriffe, Körperteile, gehobene Berufe, viele Fremdwörter und von Verben abgeleitete Substantive (meistens Abstrakta). Manche Fremdwörter kann man auch in die N-Klasse einordnen.

Mehrzahlbildung der Ma-Klasse

Einzahl   Mehrzahl
a. tunda   e Frucht   *ma*tunda
   sanduku   r Koffer   *ma*sanduku
   jiwe   r Felsen   *ma*jiwe
   darasa   e Klasse   *ma*darasa
   zoezi   e Übung   *ma*zoezi

Bei den meisten Substantiven der Ma-Klasse setzt man »ma« vor die Einzahl.

Ausnahmen

b. jambo	e	Angelegenheit	*ma*mbo	
jicho	s	Auge	*ma*cho	
jifya	r	Herdstein	*ma*fya	
jiwe	r	Stein	*ma*we	
jino	r	Zahn	*me*no	(aus: maino)
jiko	r	Feuerplatz	*me*ko	(aus: maiko)

Zoezi la kwanza

Andika majina yafuatayo kwa wingi (Setzen Sie die folgenden Substantive in die Mehrzahl):

adui	r	Feind	chura	r	Frosch
jambo	e	Angelegenheit	kiazi	e	Kartoffel
kiziwi	r	Taube	kosa	r	Fehler
mnyama	s	Tier	mpelelezi	r	Spion
msafiri	r	Reisende	muhuri	s	Siegel
mwanafunzi	r	Schüler	mwezi	r	Mond, Monat
neno	s	Wort	taifa	e	Nation
moyo	s	Herz	Mwafrika	r	Afrikaner
mwandiko	e	Schrift	mwindaji	r	Jäger
chumba	s	Zimmer	yai	s	Ei
sikio	s	Ohr	jina	r	Name
kisu	s	Messer	Mholanzi	r	Holländer
mji	e	Stadt	mswaki	e	Zahnbürste

V. N-Klasse

Einzahl und Mehrzahl lauten gleich; sie haben dieselbe Vorsilbe, nämlich »n« oder »ny« (vor Vokal). Jedoch ist die Vorsilbe »n« nur bei einer geringen Anzahl von Wörtern möglich, da das »n« im Suaheli nur vor bestimmten Konsonanten stehen kann (ch, d, g, j, y, z) z. B.:

–ch	*n*chi	s	Land	(Steht »n« vor »ch«, so ist es getrennt auszusprechen – nchi ist zweisilbig!)
–d	*n*dizi	e	Banane	

–g	*n*goma	e	Trommel
–j	*n*jia	r	Weg
–y	*n*yumba	s	Haus
–z	*n*zige	e	Heuschrecke

Das »n« steht auch vor »s« und »t« in einigen Bantu-Wörtern und heutzutage auch bei Fremdwörtern. Bei den Bantu-Wörtern werden sie getrennt ausgesprochen; bei Fremdwörtern werden sie mit dem »s« bzw. »t« kombiniert:

nso	e	Niere	nswi	r Fisch (veraltet)
nta	s	Wachs	nti	r Ohrring
jinsi	e	Art	siansi	e Naturwissenschaft
Ufaransa	s	Frankreich	konsonanti	r Konsonant
kontinenti	r	Kontinent		

Der Buchstabe »n« *muß nicht* vor den oben genannten Konsonanten stehen; wenn jedoch ein Wort die Vorsilbe »n« hat, kann diese *nur vor diesen* Konsonanten stehen; d. h. Wörter können die Vorsilben »ch–«, »d–«, »g–«, »j–«, »y–« und »z–« haben, ohne daß ein »n« vor ihnen steht, z. B.:

chakula	s	Essen	jino	r	Zahn
darasa	e	Klasse	yai	s	Ei
goti	s	Knie	zulia	r	Teppich

Das heißt aber nicht, daß diese Substantive in die N-Klasse gehören! Selbstverständlich kann das »n« auch vor allen Vokalen stehen, z. B.:

nazi	e	Kokosnuß	Novemba	r	November
neema	e	Gunst	nusu	e	Hälfte
nia	e	Neigung, Gesinnung			

Man beachte die folgenden Lautveränderungen:

Steht n vor b	= mb	(nbala = mbala	....r Buschbock)
n vor v	= mv	(nvua = mvua	....r Regen)
n vor w	= mb	(nwili = mbili	.... zwei)
n vor l	= nd	(nlimi = ndimi	....e Zungen)
n vor r	= nd	(nrefu = ndefu	.... lang)
n vor p	= mp	(npya = mpya	.... neu)

Das »n« fällt aus, wenn es vor den übrigen Konsonanten steht, z. B.:

nkuku = kuku, s Huhn
nfimbo = fimbo, r Stock

Ausnahmen:

nso	e	Niere
nswi	r	Fisch (veraltet)
anwani	e	Anschrift
nta	s	Wachs
nti	r	Ohrschmuck

Diese Regeln sind sehr wichtig bei der Deklination von Adjektiven!

Die N-Klasse enthält im wesentlichen: sehr viele Fremdwörter, Lebewesen, Abstrakta und Verwandtschaftsnamen.

VI. U-Klasse

Die Substantive dieser Klasse haben in der Einzahl die Vorsilbe »u« oder »w«, in der Mehrzahl die Vorsilbe »n«, vor Vokalen »ny« wie in der N-Klasse. Was in der N-Klasse über Lautveränderungen und über die Bedingungen, unter welchen »n« stehen kann, gesagt wurde, gilt auch hier in der U-Klasse!

Mehrzahlbildung der U-Klasse

a.
uso	nyuso	s	Gesicht
ua	nyua	r	Hof
ufa	nyufa	r	Riß

Bei zweisilbigen Substantiven wird »ny« vorangestellt.

b.
upindi	pindi	r	Bogen		
ukucha	kucha	e	Kralle,	r	Zehen-, Fingernagel
ubao	mbao	s	Brett,	e	Wandtafel
uapo	nyapo	r	Schwur		

An die Stelle des »u« tritt bei mehrsilbigen Substantiven ein »n«. Man beachte hier die Regeln über die Stellung und Lautveränderung des »n« im Suaheli!

c.
waraka	nyaraka	r	Brief
wayo	nyayo	e	Spur, Fährte
wimbo	nyimbo	s	Lied

An die Stelle des »w« tritt ein »ny«.

d. Manche Substantive dieser Klasse bilden die Mehrzahl der Ma-Klasse.

ubaya	mabaya	e	Schlechtigkeit
upambo	mapambo	e	Einrichtung, Ausstattung
upana	mapana	e	Breite
uzulu	mauzulu	e	Entlassung, Abdankung

unyoya	manyoya	e	Feder
uta	mata		Pfeil u. Bogen

e. Ausnahmen.

ubamba	e	Platte	bamba
ubango	e	Betelnußhülse	bango
ubapa	e	Flachheit	bapa
ubati	r	Flügel (Gebäude)	bati
uwanda	e	Ebene	nyanda
uwanja	r	Vorhof	wanja
uwambo	e	Bespannung	mambo
uzio	e	Fischfalle	nyuzio

Die U-Klasse enthält im wesentlichen: die von Verben und Adjektiven sowie von der Wa-Klasse abgeleiteten Abstrakta, Ländernamen und Mengenbegriffe.

a. Abstrakta aus Verben:

ujuzi	s	Wissen, e Erfahrung (aus jua, wissen, können)
utawala	e	Verwaltung (aus tawala, verwalten)

b. Abstrakta aus Adjektiven:

urefu	e	Länge (aus -refu, lang)
usafi	e	Sauberkeit (aus safi, sauber)

c. Abstrakta aus der Wa-Klasse:

utu	e	Menschlichkeit (aus mtu, der Mensch)
Ukristo	s	Christentum (aus Mkristo, r Christ)

d. Ländernamen:

Udachi	Deutschland (aus deutsch)
Ufaransa	Frankreich (aus France)

VII. Pa-Klasse

Diese Klasse hat nur das arabische Wort »*mahali*«, auch »*pahali*«, daher die Klassenbezeichnung. Sie ist die Klasse der Ortsbestimmung.

In den europäischen Sprachen werden Ortsbestimmungen durch Präpositionen ausgedrückt. In den Bantu-Sprachen gibt es sehr wenige Präpositionen. Man hat dafür Prä-, Inter- und Suffixe, durch die allerlei Ortsbestimmungen ausgedrückt werden können. Durch das Anhängen von »*ni*« werden Substantive anderer Klassen in solche der Pa-Klasse umgewandelt. Das »*ni*« wird nicht an Eigennamen angehängt. Statt dessen steht das Wort »*katika*«, z. B.:

mfuko*ni* oder *katika* mfuko	in die; aus, in der Tasche
katika Udachi (**nicht**: Udachini!)	in Deutschland

Umwandlung von Substantiven in die Pa-Klasse:

nyumba	s	Haus	(N-Klasse)	nyumba*ni*	s	zuhause, im Haus, aus dem Haus, nach Hause, in das Haus
jiko	r	Herd Feuerplatz	(Ma-Klasse)	jik*oni*	e	Küche, in der Küche...
kitabu	s	Buch	(Ki-Klasse)	kitabu*ni*		im Buch...
mji	e	Stadt	(Mi-Klasse)	mji*ni*		in der Stadt...

Im Suaheli kann man die Richtung und das Sich-Befinden dreifach bestimmen:
   a. bestimmt – Vorsilbe »*pa*«
   mahali ha*pa pa*nanipendeza dieser Platz gefällt mir
   b. unbestimmt (allgemein) – Vorsilbe »*ku*« (bei Ländernamen und Fragen)
   Udachi *ku*nanipendeza – es gefällt mir in Deutschland
   c. innerhalb befindlich – Kennsilbe »*m*« (vor Selbstlaut »*mw*«)
                      – früher »*mu*« –
   nyumbani *m*nanipendeza – es gefällt mir in dem Hause

Vergleiche hierzu: Demonstrative und Tabelle I, Spalte 11–13!

VIII. Ku-Klasse

Genau wie im Deutschen kann man im Suaheli die Verben auch als Substantive gebrauchen. Jedes Verb hat die Vorsilbe »*ku*« (oder »*kw*« vor einigen Vokalen). Das »*ku*« entspricht dem englischen »*to*« vor dem Verb, z. B.:

kusoma	lesen,	s	Lesen
kula	essen,	s	Essen
kwenda	gehen,	s	Gehen
kwisha	alle sein, zu Ende sein,	s	Aufhören
kuishi	leben,	s	Leben
kupisha wakati		r	Zeitvertreib

Zoezi la kwanza
   b. Andika majina yafuatayo kwa wingi:

simba	r	Löwe	uzi	r	Faden
habari	e	Nachricht	mfuko	e	Tasche
kofia	r	Hut, e Mütze	uchumi	r	Handel

chama	r	Verein	meza	r	Tisch
Mwamerika	r	Amerikaner	sukari	r	Zucker
askofu	r	Bischof	tai	r	Adler
mkalimani	r	Dolmetscher	nzige	e	Heuschrecke
samaki	r	Fisch	kitana	r	Kamm
ulimi	e	Zunge	mlango	e	Tür
wakati	e	Zeit, Saison	ukuta	e	Wand
ufagio	r	Besen	jua	e	Sonne
farasi	s	Pferd	bunda	s	Paket

c. Andika maneno yafuatayo kwa umoja:

mipaka	e	Grenzen	wafungwa	e	Gefangenen
vikapu	e	Körbe	maua	e	Blumen
funguo	e	Schlüssel	mashine	e	Maschinen
Waasia	e	Asiaten	viapo	e	Eide
nyuzi	e	Fäden	miiko	e	Tabus
majasusi	e	Detektive	maduka	e	Läden
meno	e	Zähne	maradhi	e	Krankheiten
ndevu	e	Bärte	waokozi	e	Erlöser
vyandalua	e	Moskitonetze	machozi	e	Tränen
motakaa	e	Autos	tambi	e	Dochte
wenzi	e	Gefährte	mitego	e	Fallen
maisha	s	Leben	magonjwa	e	Krankheiten
mashairi	e	Gedichte	wanasesere	e	Puppen
mitume	e	Apostel	vyuo vikuu	e	Hochschulen
nyavu	e	Netze	wawongo	e	Lügner
mioshi	r	Rauch	madini	e	Metalle

DIE KENNSILBEN

Außer einer Vorsilbe hat jede Klasse in der Einzahl und Mehrzahl eine *Kennsilbe (Subjekt-Präfix)*, die beim Verb als Personalpränomen dient, sowohl als Subjekt als auch als Objekt, auch wenn das Subjekt selbst vorhanden ist. An der Kennsilbe erkennt man die Klasse und Zahl. Beispiele:

Wa-Klasse: mtoto *a*nasoma   das Kind liest
              watoto *wa*nasoma   die Kinder lesen

Die Wa-Klasse hat bei der dritten Person in der Einzahl zwei Kennsilben, nämlich »*yu*« als alleinstehendes Hilfsverb »*sein*« und »*a*« in Verbindung mit den übrigen Verben. In der Mehrzahl lautet die Kennsilbe in beiden Fällen »*wa*«. Auch die Substantive, die auf Grund ihrer Mehrzahlbildung in andere Klassen fallen, und Lebewesen außer Pflanzen erhalten die Kennsilben »yu«, »a« und Mehrzahl »wa«.

	bwana *a*naamuru	der Herr befiehlt
	mabwana *wa*naamuru	die Herren befehlen
	panya *a*naguguna	die Ratte nagt
	panya *wa*naguguna	die Ratten nagen
	kipofu *a*napapasa	der Blinde tastet
	vipofu *wa*napapasa	die Blinden tasten
Mi-Klasse:	mti *u*naanguka	der Baum fällt
	miti *i*naanguka	die Bäume fallen
Ki-Klasse:	kisu *ki*nakata	das Messer schneidet
	visu *vi*nakata	die Messer schneiden
	chungu *ki*navunjika	der Kochtopf zerbricht
	vyungu *vi*navunjika	die Kochtöpfe zerbrechen
Ma-Klasse:	tunda *li*naiva	die Frucht reift
	matunda *ya*naiva	die Früchte reifen
N-Klasse:	taa *i*nawaka	die Lampe brennt
	taa *zi*nawaka	die Lampen brennen
	mvua *i*nanyesha	der Regen fällt
	(nur in der Einzahl)	
U-Klasse:	uma *u*nachoma	die Gabel sticht
	nyuma *zi*nachoma	die Gabeln stechen
Pa-Klasse:	mahali *pa*naonekana	die Stelle ist sichtbar
	Udachi *ku*na watu wengi	in Deutschland gibt es viele Menschen
	jikoni *m*nanukia	in der Küche duftet es
Ku-Klasse:	kufa *ku*nakuja	das Sterben (der Tod) kommt

Man merke: Ländernamen haben (je nach dem Sinn) die Kennsilben der

N-Klasse oder Pa-Klasse. Bei einer Stelle, einem kleinen Platz oder Ort wird die Kennsilbe der Pa-Klasse gebraucht. Ländernamen, die naturgemäß eine größere Fläche bezeichnen, erhalten deshalb die Kennsilbe der N-Klasse in der Einzahl. Z. B.:

    mahali *pa*na matope mengi   e Stelle, r Ort ist sehr schlammig
                                                  (wörtl.: hat viel Schlamm)

aber:
    Uchina *i*na wakazi wengi   China hat viele Einwohner

Man merke: In der N- und U-Klasse steht »nj« nur vor dem Adjektiv -ema! Bei allen übrigen Adjektiven, die mit »-e« oder einem anderen Vokal beginnen, steht »ny«. Z. B.:
    nia *n*jema, njia nyekundu, nyumba nyeupe, nyuma nyingi.

Tabelle I

Klasse	Singular Plural	Kennsilbe	Genitivsilbe	mein	dein	sein, ihr	unser	euer	ihr	dieses	jenes
1	2	3	4	5	6	7	8	9	10	11	12
Wa	mtoto	a	wa	wangu	wako	wake	wetu	wenu	wao	huyu	yule
	watoto	wa	wa	wangu	wako	wake	wetu	wenu	wao	hawa	wale
Mi	mti	u	wa	wangu	wako	wake	wetu	wenu	wao	huu	ule
	miti	i	ya	yangu	yako	yake	yetu	yenu	yao	hii	ile
Ki	kisu	ki	cha	changu	chako	chake	chetu	chenu	chao	hiki	kile
	visu	vi	vya	vyangu	vyako	vyake	vyetu	vyenu	vyao	hivi	vile
Ma	gari	li	la	langu	lako	lake	letu	lenu	lao	hili	lile
	magari	ya	ya	yangu	yako	yake	yetu	yenu	yao	haya	yale
N	kofia	i	ya	yangu	yako	yake	yetu	yenu	yao	hii	ile
	kofia	zi	za	zangu	zako	zake	zetu	zenu	zao	hizi	zile
U	uma	u	wa	wangu	wako	wake	wetu	wenu	wao	huu	ule
	nyuma	zi	za	zangu	zako	zake	zetu	zenu	zao	hizi	zile
Pa	mahali	pa	pa	pangu	pako	pake	petu	penu	pao	hapa	pale
		m	mwa	mwangu	mwako	mwake	mwetu	mwenu	mwao	humu	mle
		ku	kwa	kwangu	kwako	kwake	kwetu	kwenu	kwao	huku	kule
Ku	kufa	ku	kwa	kwangu	kwako	kwake	kwetu	kwenu	kwao	huku	kule

ADJEKTIVE I (SIFA)

Im Suaheli unterscheidet man zwei Gruppen von Adjektiven und Zahlwörtern (Numeralia), nämlich solche mit Bantu-Ursprung und solche aus dem Arabischen. Alle Bantu-Adjektive und die Zahlwörter 1, 2, 3, 4, 5, 8 erhalten die *Klassen-Vorsilbe* des Substantivs, auf das sie sich beziehen. Die arabischen Adjektive und Zahlwörter sowie das Bantu-Wort für 10 bleiben unverändert, solange sie nicht »suahelisiert« sind. Die zu beugenden Adjektive und Zahlwörter werden daher stets mit einem Strich versehen.

	Bantu		Arabisch
–zuri	schön, gut	rahisi	billig
–eusi	schwarz	safi	rein, sauber
–moja	ein, eins	sita	sechs
–tatu	drei	saba	sieben
–ote	alle, ganz	tajiri	reich
–ingi	viel, viele	hodari	tüchtig
kumi	zehn	–amini	treu (suahelisiert)

13 das bereits erwähnte	14 Relativsilbe	15 irgendein irgendwelche	16 -pi welches	17 ndiye emphatische Form	18 -zuri schön	19 -ema -eusi -eupe	20 -ote alle(s) ganz	21 -ngapi? wieviel(e)?	22 -ingi viel(e)	23 -enye habend, besitzend
huyo	ye	ye yote	yupi	ndiye	mzuri	mwema				mwenye
hao	o	wo wote	wapi	ndio	wazuri	wema	wote	wangapi	wengi	wenye
huo	o	wo wote	upi	ndio	mzuri	mweusi	wote			wenye
hiyo	yo	yo yote	ipi	ndiyo	miti	myeusi	yote	mingapi	mingi	yenye
hicho	cho	cho chote	kipi	ndicho	kizuri	cheupe	chote			chenye
hivyo	vyo	vyo vyote	vipi	ndivyo	vizuri	vyeupe	vyote	vingapi	vingi	vyenye
hilo	lo	lo lote	lipi	ndilo	zuri	jeupe	lote			lenye
hayo	yo	yo yote	yapi	ndiyo	mazuri	meupe	yote	mangapi	mengi	yenye
hiyo	yo	yo yote	ipi	ndiyo	nzuri	nyeusi	yote			yenye
hizo	zo	zo zote	zipi	ndizo	nzuri	nyeusi	zote	ngapi	nyingi	zenye
huo	o	wo wote	upi	ndio	mzuri	mweupe	wote			wenye
hizo	zo	zo zote	zipi	ndizo	nzuri	nyeupe	zote	ngapi	nyingi	zenye
hapo	po	po pote	papi	ndipo	pazuri	peusi	pote	pangapi	pengi	penye
humo	mo	mo mote	mpi	ndimo	mzuri	mweusi	mote	mngapi	mwingi	mwenye
huko	ko	ko kote	kupi	ndiko	kuzuri	kweusi	kote	kungapi	kwingi	kwenye
huko	ko	ko kote	kupi	ndiko	kuzuri	kwema	kwote	kungapi	kwingi	kwenye

mtoto mzuri	das schöne Kind, ein schönes Kind
watoto wazuri	die schönen Kinder, schöne Kinder

Im Suaheli gibt es *keine Artikel.* Die Bedeutung hängt vom Sinn ab. Das Adjektiv steht *stets hinter dem Substantiv,* auf das es sich bezieht.

mtoto mzuri mmoja	ein schönes Kind
watoto wazuri watatu	drei schöne Kinder

Die Wortstellung im obigen Beispiel ist genau umgekehrt wie im Deutschen; in diesem Falle übersetzt man wörtlich von rechts nach links. Treten Adjektiv und Zahlwort zusammen auf, dann steht das *Zahlwort nach dem Adjektiv.* In den Bantu-Sprachen gilt der Grundsatz: *Wichtige Dinge stehen möglichst am Satzanfang, unwichtige Dinge weiter hinten.* Scheint also das Zahlwort wichtiger zu sein als das Adjektiv, so kann man es ruhig vor dieses stellen:

mtoto mmoja mzuri

paka mweusi	die schwarze Katze	
paka weusi	die schwarzen Katzen	(weusi aus waeusi!)

Grammatikalisch werden alle Lebewesen außer Pflanzen so behandelt, als ob sie Menschen wären. Beginnt das Adjektiv mit einem Vokal, so tritt in der Wa-, Mi- und U-Klasse in der Einzahl ein »w« zwischen das »m« und das Adjektiv. Die Mehrzahlbildung der Adjektive erfolgt nach denselben Grundregeln wie die Mehrzahlbildung der Substantive der jeweiligen Klasse (vgl. Tabelle I, Spalte 18–23).
Beispiel:

mtoto	mweusi	das schwarze Kind	watoto weusi
paka	mweusi	die schwarze Katze	paka weusi
mshipi	mweusi	der schwarze Gürtel	mishipi myeusi
ubao	mweusi	die schwarze Tafel	mbao nyeusi

kiko kizuri	die schöne Pfeife	viko vizuri
kiko cheusi	die schwarze Pfeife	viko vyeusi
chakula rahisi	die billige Speise	vyakula rahisi
chakula rahisi kimoja	ein billiges Essen	
vyakula rahisi vitatu	drei billige Essen	

In der Ki-Klasse erhalten die Adjektive vor Vokalen die Vorsilben »ch-« und »vy-«.

tunda	zuri	die schöne Frucht	matunda mazuri	
jicho	jeusi	das schwarze Auge	macho	meusi (aus maeusi)

Da die Ma-Klasse keine einheitliche Vorsilbe in der Einzahl hat, bleiben die Adjektive in der Einzahl unverändert. Adjektive, die mit einem Vokal beginnen, erhalten in der Einzahl ein »j«.

njia	nzuri	der schöne Weg	njia	nzuri
njia	kubwa	der breite Weg	njia	kubwa
fimbo	nzuri	der schöne Stock	fimbo	nzuri
fimbo	nyeusi	der schwarze Stock	fimbo	nyeusi
nia	njema	die gute Absicht	nia	mbaya
nia	mbaya	die böse Absicht	nia	njema
kofia	mpya	der neue Hut	kofia	mpya

Voraussetzung für die N- und U-Klasse: das »n« steht *nur* vor bestimmten Buchstaben! siehe Spalte 21

Adjektive, die mit Vokal beginnen, erhalten die Vorsilbe »ny«; nur das Wort »–ema« erhält die Vorsilbe »nj«.

uma	mzuri	die schöne Gabel	nyuma	nzuri
ubao	mweusi	die schwarze Tafel	mbao	nyeusi
ugo	mrefu	der lange Zaun	nyugo	ndefu
wembe	mkali	das scharfe Rasiermesser	nyembe	kali
upambo	mzuri	die schöne Einrichtung	mapambo	mazuri
utu	mwema	der gute Charakter des Menschen		

Man merke:
Das Adjektiv »–ema« wird nur im Zusammenhang mit Menschen verwendet. Es bezieht sich auf die *innere* Eigenschaft des Menschen. Für *äußere* Eigenschaften verwendet man das Adjektiv »–zuri«, das sich sowohl auf Menschen als auch auf andere Lebewesen und Dinge bezieht.

mwanamke	mwema	eine gute Frau (charakterlich)
mwanamke	mzuri	eine schöne Frau (physiognomisch)
nia	njema	gute Absichten (eines Menschen)
barabara	nzuri	schöne Straßen

Wie aus der Tabelle I und den obigen Beispielen zu ersehen ist, werden

Kennsilben, Genitivsilben, Pronomen, Interrogative, Adjektive und Zahlwörter in der U-Klasse in der Einzahl wie die Einzahl der Mi-Klasse behandelt und in der Mehrzahl wie die Mehrzahl der N-Klasse. Die Substantive der U-Klasse, die in der Mehrzahl die Vorsilbe »ma« haben, werden genauso behandelt wie die Ma-Klasse in der Mehrzahl.

mahali	saba	sieben Plätze
mahali	patatu	drei Plätze
peponi	kutakatifu	das heilige Paradies; im heiligen ...
jikoni	mwangavu	in der hellen Küche
kufa	kuzuri	das schöne Sterben
kufa	kumoja	ein Tod (Sterbefall)
kufa	kumi	zehn Tode (Sterbefälle)

Die Beugung von –ote und –ingi

Man beugt –ote, indem man die Genitivsilbe der jeweiligen Klasse voransetzt, wobei das »a« der Genitivsilbe ausfällt, z. B.:

watu	**waote**	wird zu	watu	wote	alle Menschen
mti	**waote**	wird zu	mti	wote	der ganze Baum
miti	**yaote**	wird zu	miti	yote	alle Bäume

Da die Genitivsilbe aus Kennsilbe +a besteht, kann man auch die Kennsilbe vor –ote setzen.
Beispiel:

mti	uote	wird zu	mti	wote	
miti	iote	wird zu	miti	yote	
kiti	kiote	wird zu	kiti	chote	
viti	viote	wird zu	viti	vyote	

(vergl. Tabelle I, Spalte 20)

Man beugt **-ingi** genauso wie andere Adjektive, es treten jedoch folgende Lautveränderungen auf:

Wa-Klasse:	watoto	w**e**ngi	(aus waingi)	viele Kinder
Ma-Klasse:	makosa	m**e**ngi	(aus maingi)	viele Fehler
Pa-Klasse:	mahali	p**e**ngi	(aus paingi)	viele Orte

In der Mi- und Ki-Klasse fällt das »i« der Vorsilbe aus.

miti	mingi	(aus miingi)	viele Bäume
viti	vingi	(aus viingi)	viele Stühle

In der Pa- und Ku-Klasse wird *ku* zu **kw** und *mu* zu **mw**.

mahali	**kw**ingi	(aus kuingi)
mahali	**mw**ingi	(aus muingi)
kufa	**kw**ingi	(aus kuingi)

Man merke:

Treten *-ingine* (andere) und ein anderes Adjektiv zusammen auf, dann steht *-igine stets vor dem anderen Adjektiv:*

watoto wengine wadogo	andere kleine Kinder
watoto wengine wengi	viele andere Kinder
watoto wengine kumi	zehn andere Kinder
watoto wengine wote	alle anderen Kinder

Da *-ingi* und *-ote* unbestimmte Zahlwörter sind, stehen sie (wie die Zahlwörter) *hinter dem Adjektiv:*

viti vipya vingi	viele neue Stühle
viti rahisi vyote	alle billigen Stühle
Aber: viti vyote rahisi	alle Stühle sind billig!
viti vyote vitatu	alle drei Stühle

DIE ZAHLWÖRTER

1	moja		10	kumi
2	mbili		11	kumi na moja
3	tatu		12	kumi na mbili
4	nne		20	ishirini
5	tano		23	ishirini na tatu
6	sita		30	thelathini
7	saba		34	thelathini na nne
8	nane		40	arobaini
9	tisa, kenda		45	arobaini na tano

50	hamsini	100	mia
56	hamsini na sita	200	mia mbili
60	sitini	300	mia tatu
67	sitini na saba	900	mia tisa
70	sabini	1000	elfu
78	sabini na nane	2000	elfu mbili
80	themanini	103	mia moja na tatu
89	themanini na tisa	110	mia moja na kumi
90	tisini	112	mia moja kumi na mbili

240	mia mbili arobaini	1 000 000	milioni
946	mia tisa arobaini na sita		
1492	elfu moja mia nne tisini na mbili (oder: moja elfu ...)		

11 Bücher = vitabu kumi na *ki*moja;   16 Bücher = vitabu kumi na sita.
11 Türen = milango kumi na *m*moja

ZOEZI LA PILI: Fasiri kwa Kiswahili

Eine breite Tür; die breite Tür; zehn kleine Kinder; 18 neue Bücher; alle fünf Zimmer; 400 Häuser; 11 Kranke; 6 andere Männer; viele andere Tafeln; wieviele Briefe? schmale Wege; zehn schwere Koffer; 32 gute Zähne; zwei tüchtige Blinde; viel weißer Zucker; teurer Tee; ein neues Lied; eine große Klasse; fünf reiche Deutsche; eine wichtige Sache.

PERSONALPRONOMEN (VIJINA BINAFSI)

mimi	ich	sisi	wir
wewe	du	ninyi	ihr
yeye	er, sie, es	wao	sie

Steht ein Adjektiv oder ein Substantiv unmittelbar nach dem Personalpronomen, dann bilden diese zwei Wörter bereits einen vollständigen Satz auch ohne Verb.

mimi mzima	ich bin gesund
yeye Mdachi	er ist Deutscher
wao wavivu	sie sind faul

Man merke: Im Deutschen wird das Adjektiv gebeugt, wenn es vor dem zugehörigen Substantiv steht; es bleibt unverändert, wenn es nach dem Hilfsverb sein (ist, sind) steht, z. B.:

der *kranke* Mensch   aber: der Mensch ist *krank*

Im Suaheli wird das Adjektiv in beiden Fällen gebeugt, z. B.:

    mtu mgonjwa   und   mtu yu mgonjwa
    watu wagonjwa   und   watu wa wagonjwa

Im Fragesatz bleibt die Wortstellung unverändert, z. B.:

    sisi wageni   wir sind Fremde
    sisi wageni?   sind wir Fremde?
    yeye Mzungu?   ist er Europäer?

Die Frage wird gekennzeichnet durch Erhöhung der Stimme.

Wortschatz: (maneno mapya)

na	und, mit, auch, von	pia	auch (steht hinter dem Wort, auf das es sich bezieht)
ni	ist, sind	Bwana	Herr
si	ist nicht, ist kein, sind nicht, sind kein	Bibi	Frau
		Binti	Fräulein
lakini	aber	sisi sote	wir alle
bali	sondern	ninyi nyote	ihr alle
kila	jeder (steht stets *vor* dem Hauptwort)	wao wote	sie alle
		yaani	das ist, das heißt, und zwar
wote wawili	alle beide		
sisi wawili	wir beide		

Zoezi la tatu: Fasiri kwa Kidachi

Bwana Müller, Bibi Weber na Binti Schmidt ni Wadachi. Lakini Bwana Boissier ni Mfaransa na Bibi Brown ni Mwingereza. Wao wote ni Wazungu, yaani Wadachi watatu, Mfaransa mmoja na Mwingereza mmoja. Warusi si Waafrika bali ni Wazungu. Wareno ni Wazungu pia. Kila Mdachi ni Mzungu.

Häufig tritt *na* an die Stelle der ersten Silbe des Personalpronomens:

    na mimi = nami   und ich, auch ich, mit mir
    na wewe = nawe   und du, auch du, mit dir
    na yeye = naye   und er, auch er, mit ihm
    na sisi = nasi   und wir, auch wir, mit uns

na ninyi = nanyi   und ihr, auch ihr, mit euch
na wao = nao   und sie, auch sie, mit ihnen

Sprichwörter und Aphorismen I (methali)

Ahadi ni deni   wörtlich: Ein Versprechen ist eine Schuld; was man verspricht, muß man halten
Akili (ni) mali wörtlich: Verstand ist Vermögen
                 Sinn: Wissen ist Macht (Bacon)

DEMONSTRATIVE

Man bildet drei Stufen der hinweisenden Fürwörter: (Demonstrative):

a. nahweisende Fürwörter
   mtoto huyu   dieses Kind   (dicht beim Redenden)
   watoto hawa   diese Kinder

b. fernweisende Fürwörter
   mtoto yule   jenes Kind   (weit entfernt vom Redenden)
   watoto wale   jene Kinder

c. rückweisende Fürwörter
   mtoto huyo   das »bereits erwähnte« Kind
   watoto hao   die »bereits erwähnten« Kinder

Man unterscheide nahweisende und rückweisende Demonstrative

Mwalimu wetu amekitunga kitabu kipya *hiki*. Kitabu *hicho* kina kurasa mia mbili.
Unser Lehrer hat *dieses* neue Buch verfaßt. *Das* Buch hat zweihundert Seiten.

Mwalimu wetu ana *nyumba* nzuri. Nyumba *hiyo* ina madirisha manane.
Unser Lehrer hat ein schönes Haus. *Das* Haus hat acht Fenster.

Mwalimu wetu alinunua motakaa *ile* ya Kifaransa. Motakaa *hiyo* ina milango minne.
Unser Lehrer kaufte *jenes* französische Auto. *Das* Auto ist viertürig.

   Wie die Beispiele zeigen, hat das **rückweisende Fürwort** des Suaheli die Funktion des **bestimmten Artikels** im Deutschen.
   Für die übrigen Klassen siehe Tabelle I, Spalte 11 bis 13.

Mtoto huyu hodari, lakini yule mvivu. Kitabu hiki kipya, lakini kile si kipya bali kikuukuu. Sisi **sote** wakubwa. Watoto wachanga ni wadogo. Paka ni mnyama mdogo. Panya ni wanyama wadogo pia. Mimea yote si miti. Mimea hii ni maua. Wakristo watakatifu ni watu wema. Wezi hawa si watu wema bali wabaya. Matunda haya mabovu na yale mabichi.

Man merke:

1. watoto wadogo hawa — diese kleinen Kinder
watoto wengine wale — jene anderen Kinder
watoto saba hawa — diese sieben Kinder
watoto wote hawa — alle diese Kinder

   Das Demonstrativ steht *hinter* dem Adjektiv.

2. watoto hawa wadogo — diese Kinder sind klein
watu hawa Waswisi? — sind diese Leute Schweizer?
vile vyekundu — jene (Dinge der Ki-Klasse) sind rot

   Steht das Demonstrativ vor einem Adjektiv oder Substantiv, dann besteht ein vollständiger Satz ohne Verb (vergl. Personalpronomen S. 34).

3. watoto wengine wengi wote hawa — alle diese vielen anderen Kinder

   Damit ergeben sich auch drei Stufen der Umstände des Ortes:

   a. bestimmt
   hapa   hier (dabei)   – dicht beim Redenden
   pale   dort   „   – weit weg vom Redenden
   hapo   da   „   – schon erwähnt, in unsichtbarer Ferne (auch zeitl.)

   b. unbestimmt
   huku   hier   „   – auf der Seite des Redenden
   kule   dort   „   – weit weg vom Redenden
   huko   da   „   – schon erwähnt, in unsichtbarer Ferne

   c. im Innern
   humu   hier (darin)   – dicht beim Redenden
   mle   dort   „   – weit weg vom Redenden
   humo   da   „   – schon erwähnt, in unsichtbarer Ferne

Vergleiche Tabelle I, Pa-Klasse, Spalte 11–13 und Seite 24.

4. dieser, jener und kein anderer; derselbe; gerade dieser

    mtoto huyu huyu   dieses Kind und kein anderes
    watoto wale wale   jene Kinder und keine anderen
    watoto hao hao   jene (erwähnten) Kinder und keine anderen

mti uu huu	ule ule	uo huo
miti ii hii	ile ile	iyo hiyo
kiti *ki*ki hiki	kile kile	*ki*cho hicho
viti *vi*vi hivi	vile vile	*vi*vyo hivyo
njia *ii* hii	lile lile	*li*lo hilo
matunda *a*ya haya	yale yale	*a*yo hayo
nija *ii* hii	ile ile	*i*yo hiyo
njia *zi*zi hizi	zile zile	zizo hizo
uma uu huu	ule ule	uo huo
nyuma *zi*zi hizi	zile zile	zizo hizo
mahali *pa*pa hapa	pale pale	*pa*po hapo
mahali *ku*ku huku	kule kule	*ku*ko huko
mahali *mu*mu humu	mle mle	*mu*mo humo
kufa *ku*ku huku	kule kule	*ku*ko huko

DIE KENNSILBEN DER PERSONALPRONOMEN
DAS HILFSVERB »SEIN«

Im Suaheli werden die Personalpronomen ähnlich wie im Lateinischen selten verwendet. Man gebraucht sie nur zur besonderen Betonung. Ansonsten stehen folgende Kennsilben:

        ni   ich bin   (an Stelle von mimi ni)
        u   du bist   („   „   „ wewe ni)
        yu   er, sie, es ist   („   „   „ yeye ni)
        tu   wir sind   („   „   „ sisi ni)
        m   ihr seid   („   „   „ ninyi ni)
        wa   sie sind   („   „   „ wao ni)

Diese Kennsilben der Personalpronomen sowie die Klassen-Kennsilben (siehe Seite 32!) werden als *Gegenwartsform* des Hilfsverbs »sein« verwendet, aber nur, wenn sie allein stehen.

Es gibt also drei Möglichkeiten, ein und denselben Satz auszudrücken:

        a. wewe Mdachi   du bist Deutscher

b. wewe ni Mdachi   du bist Deutscher
c. u   mgeni   du bist Gast
d. ni wewe   du bist es

Die Kopula kann *nur* in Verbindung mit einem Substantiv oder einem Personalpronomen stehen; dann kann man »ni« für alle Personen und alle Klassen gebrauchen. Steht sie dagegen allein, heißt es *nur*: ich bin.

Die Kennsilben der Personalpronomen brauchen nicht in Verbindung mit einem Subjekt zu stehen. Die Klassen-Kennsilben stehen nur in Verbindung mit einem Subjekt, z. B.:

ni mkalimani	ich bin Dolmetscher
u mwanafunzi	du bist Schüler
yu mwoga	er ist feige
tu Wakristo	wir sind Christen
m Wakatoliki	ihr seid Katholiken
wa hodari	sie sind tüchtig
mti **u** mrefu	der Baum ist groß
miti **i** mirefu	die Bäume sind groß
kiti **ki** chororo	der Stuhl ist weich
viti **vi** vigumu	die Stühle sind hart
tunda hili **li** bichi	diese Frucht ist unreif
mayai haya **ya** ghali	diese Eier sind teuer
nyumba hii **i** kubwa,	dieses Haus ist groß,
lakini zile **zi** ndogo	aber jene sind klein
ubao mmoja **u** hapa,	eine Tafel ist hier,
lakini mbao nyingine **zi** mle	aber die anderen sind dort drin
mahali hapa **pa** pakavu	dieser Platz ist trocken
mahali pangapi **pa** safi?	wieviele Plätze sind sauber?
kuimba **ku** kugumu	Singen ist schwierig

Die Kennsilben der Personalpronomen stehen am Satzanfang.

Die Verneinung (kukana)

Die Verneinung der Kopula »ni« und allen alleinstehenden Kennsilben ist **si**, und zwar immer in Verbindung entweder mit einem Personalpronomen oder mit einem Substantiv, z. B.:

mimi si mkalimani	ich bin kein Dolmetscher
yeye si Mwarabu	er ist kein Araber

wao si hodari	sie sind nicht tüchtig
mlango huu si mpana	diese Tür ist nicht breit
viti vile si vigumu	jene Stühle sind nicht hart
kuimba si kugumu	Singen ist nicht schwierig

Der Unterschied zwischen der allgemeinen Kopula »ni« (ist, sind) und der Klassen-Kennsilbe als alleinstehendes Hilfsverb **sein**:

yu mgonjwa	er ist krank
yeye mwalimu	er ist Lehrer
yeye *ni* Mjeremani	er ist Deutscher
walimu hawa *ni* Wajeremani	diese Lehrer sind Deutsche
simba *ni* mnyama	der Löwe ist ein Tier
kuiba *ni* kubaya	Stehlen ist schlecht

Die Kopula »**ni**« drückt eine selbstverständliche Tatsache oder einen dauerhaften Zustand aus. Sie steht auch vor Substantiven und Adverbien, wie z. B.:

ni upuzi	es ist Unsinn
ni jambo baya sana	es ist eine sehr schlimme Angelegenheit
ni wageni	es sind die Gäste (Ausländer)
ni hapa	hier ist es
si hapa bali pale	nicht hier, sondern dort
si leo bali kesho	nicht heute, sondern morgen
ni vigumu	es ist schwierig
ni vibaya	es ist schlecht

Ortsangabe beim Hilfsverb »sein«

mama yu mzuri	die Mutter ist schön
mama yu**po** sokoni	die Mutter befindet sich auf dem Markt; die Mutter ist auf dem Markt
mama yu**ko** nyumbani	die Mutter ist zu Hause
mama yu**mo** jikoni	die Mutter befindet sich in der Küche; die Mutter ist in der Küche
vikombe vi**po** mezani	die Tassen sind auf dem Tisch

Auf diese Weise kann man -po, -ko, -mo an alle Kennsilben anhängen, um eine Ortsangabe genauer zu bestimmen:

–po	festgelegter Ort

–ko   allgemein, nicht genauer festgelegt und bei Fragen
–mo   im geschlossenen Raum, innenbefindlich

Mit Ausnahme der ersten Person Singular erfolgt die Verneinung durch »*ha*«, das vorgesetzt wird:

nipo, niko, nimo	*si*po, siko, simo
upo, uko, umo	*hu*po, huko, humo (aus *ha*upo, *ha*uko, *ha*umo)
yupo, yuko, yumo	*ha*po, hako, hamo (aus hayupo, hayuko, hayumo)
tupo, tuko, tumo	*ha*tupo, hatuko, hatumo
mpo, mko, mmo	*ha*mpo, hamko, hammo
wapo, wako, wamo	*ha*wapo, hawako, hawamo
mwavali upo, uko, umo	mwavuli *ha*upo, hauko, haumo
miavuli ipo, iko, imo	miavuli *ha*ipo, haiko, haimo
kisu kipo, kiko, kimo	kisu *ha*kipo, hakiko, hakimo
visu vipo, viko, vimo	visu *ha*vipo, haviko, havimo
sanduku lipo, liko, limo	sanduku *ha*lipo, haliko, halimo
masanduku yapo, yako, yamo	masanduku *ha*yapo, hayako, hayamo
kofia ipo, iko, imo	kofia *ha*ipo, haiko, haimo
kofia zipo, ziko, zimo	kofia *ha*zipo, haziko, hazimo
upanga upo, uko, umo	upanga *ha*upo, hauko, haumo
panga zipo, ziko, zimo	panga *ha*zipo, haziko, hazimo
mahali papo, pako, pamo	mahali *ha*papo, hapako, hapamo
mahali kupo, kuko, kumo	mahali *ha*kupo, hakuko, hakumo
mahali mpo, mko, mmo	mahali *ha*mpo, hamko, hammo
kufa kupo, kuko, kumo	kufa *ha*kupo, hakuko, hakumo

Zur Verdeutlichung dienen *ndani* in Verbindung mit -mo und *nje* in Verbindung mit -po und -ko.

ndani	innen, drinnen	ndiyo	ja
nje	außen, draußen	hapana	nein
wapi?	wo?, wohin?, woher?	la	nein

mama yuko wapi?	wo ist die Mutter?
mama yumo ndani	die Mutter ist dort drinnen
mama yumo jikoni?	ist die Mutter in der Küche?
hapana, hamo jikoni;	nein, sie ist nicht in der Küche;

yuko nje	sie ist draußen
na watoto wako wapi?	und wo sind die Kinder?
watoto wamo shambani	die Kinder sind im Garten
vitabu vipya viko wapi?	wo sind die neuen Bücher?

Siko nje bali nimo humu ndani. Mwavuli haumo sandukuni. Visu sita vipo mezani. Suruali mbili zimo katika kabati lile. Upanga mpya upo uani. Watoto hawapo sokoni, bali wako nyumbani. Mahali pengine pako wapi? Wageni wamo nyumbani humu ama mle? Viatu vipya vimo sandukuni mle au humu? Na nguo zimo katika sanduku lile au hili? Maji hayamo ndani bali yako kule uani.

DAS HILFSVERB »HABEN«

Die Kennsilben + **na** ergeben die Gegenwartsform von »haben«. Da die Kennsilbe als Hilfsverb »sein« bedeutet, heißt »haben« wörtlich »sein mit«.

nina njaa	ich habe Hunger, ich bin hungrig
una kiu	du hast Durst, du bist durstig
ana kazi nyingi	er hat viel Arbeit
tuna homa	wir haben Fieber
mna wazimu	ihr seid verrückt
wana baridi	sie frieren, es ist ihnen kalt
Wazungu wana wivu	Europäer sind eifersüchtig
mti huu una matunda mengi	dieser Baum hat viele Früchte
kila kitabu kina kurasa	jedes Buch hat Seiten
matunda yana mbegu	Früchte haben Samen
kabati hili lina milango mingapi?	wieviele Türen hat dieser Schrank?
wembe una pande kali mbili	eine Rasierklinge hat zwei scharfe Seiten
kuzimu **kuna** pepo nyingi	in der Unterwelt **gibt es** viele Geister
kushona kuna kazi nyingi	Stricken macht viel Arbeit

Die Verneinung von »haben«

Zur Verneinung setzt man »ha« vor das Verb. Die erste Person Einzahl lautet jedoch sina. In der Wa-Klasse fällt in der zweiten und dritten Person Einzahl das »a« vor dem Vokal aus.

nina	ich habe	sina	ich habe nicht
una	du hast	huna (aus hauna)	du hast nicht

ana	er hat	hana (aus haana)	er hat nicht
tuna	wir haben	hatuna	wir haben nicht
mna	ihr habt	hamna	ihr habt nicht
wana	sie haben	hawana	sie haben nicht

mlima ule hauna nyasi — jener Berg hat kein Gras
cheti hakina muhuri — der Zettel hat keinen Stempel
madarasa hayana mwalimu — die Klassen haben keinen Lehrer
nyumba hii haina dirisha — dieses Haus hat kein Fenster
hapana watu sokoni — **es gibt keine** Menschen auf dem Markt
kupenda **hakuna** mwisho — Lieben **hat kein** Ende

Sprichwörter und Aphorismen II

Vita havina macho — wörtl.: der Krieg hat keine Augen
Haraka haraka haina baraka — wörtl.: Eile, Eile hat keinen Segen
Sinn: Eile mit Weile
(In der Ruhe liegt die Kraft)

kama	wie	leo	heute
pamoja	zusammen	pamoja na	zusammen mit
ingawa	obwohl	mfanya kazi	r Arbeiter
sana	sehr	bahati	s Glück
kuna	es gibt	hakuna	es gibt nicht, es gibt kein

ZOEZI LA NNE:

a. Fasiri kwa Kiswahili
Dieses Zimmer hat vier Fenster. Jenes Brot ist nicht trocken. Wieviele Schüler hat diese Klasse? Alle Vögel haben Flügel. Der Tourist (Reisende) hat keinen guten Dolmetscher. Haben Elefanten keine Zunge? Wieviele Dinge sind drei Taschen, zwei Stöcke und sechs Tassen? Ihr seid alle fremd hier. Die neuen Stühle sind nicht in der Küche. Die Kinder sind zu Hause, aber die Eltern sind auf dem Markt.

b. Fasiri kwa Kidachi
Mtu ana miguu mingapi? Sina fedha nyingi. Tuna bahati kubwa. Chai hii ina moto. Wao ni marafiki wema. Yeye mvivu sana kama wewe. Mwalimu yuko mjini pamoja na wanafunzi wapya. Wafanya kazi wako shambani ingawa hakuna kazi leo. Kuna taabu nyingi duniani. Nguo mpya ziko wapi?

DER GEBRAUCH DES GENITIVS

Im Deutschen richtet sich die Form des Genitivs nach dem Geschlecht des Substantivs. Im Suaheli bildet jede Klasse je eine Genitivsilbe für Einzahl und Mehrzahl. Diese Genitivsilbe besteht aus der Klassen-Kennsilbe +a. (Tabelle I, Spalte 3 und 4). Die Wa-Klasse gebraucht *nur eine Form* für Einzahl und Mehrzahl.

  kiko cha mwalimu   die Pfeife *des Lehrers*
  viko vya mwalimu   die Pfeifen *des Lehrers*
  viko vya walimu   die Pfeifen *der Lehrer*

Während sich der Genitiv im Deutschen auf das Substantiv, das ihm folgt (auf den Besitzer) bezieht, bezieht sich der Suaheli-Genitiv auf das Substantiv, das ihm vorangeht (auf den zu besitzenden Gegenstand).

  Watu wale ni wazazi wa mtoto huyu.
  Jene Leute sind die Eltern dieses Kindes.

  Paa la nyumba hii si jekundu sana.
  Das Dach dieses Hauses ist nicht sehr rot.

Die Bildung von Adjektiven durch Verwendung der Genitiv-Silbe

  mtoto wa Kidachi   ein deutsches Kind
  desturi za Kizungu   europäische Sitten
aber: mtoto wa Mdachi   ein Kind eines Deutschen
  jina la Mdachi   der Name eines Deutschen
  watu wa Udachi   das deutsche Volk
         eigentlich: das Volk Deutschlands

  Mito ya Afrika ina maporomoko mengi.
  Afrikanische Flüsse haben viele Wasserfälle.

  Mtoto yule ni wa jirani yangu.
  Jenes Kind ist das Kind meines Nachbarn.

Die Bildung neuer Begriffe durch Verwendung der Genitiv-Silbe

  gari la moshi   e Eisenbahn
  kalamu ya wino   r Feder-, Füllfederhalter
  sanduku la posta   s Postschließfach
  ndege Ulaya (ndege ya Ulaya)   s Flugzeug
  njia ya maji   e Wasserstraße
  mkono wa tembo   r Elefantenrüssel

mahali pa kulala		r	Schlafplatz
mahali pa kukaa		r	Sitzplatz
mnara wa kanisa		r	Kirchturm
wizara ya elimu		s	Erziehungsministerium
Agano la Kale		s	Alte Testament
mtoto wa meza		e	Schublade

Die Bildung der Ordnungszahlen (Ordinalia) durch Verwendung der Genitiv-Silbe

Nur zwei Ordnungszahlen sind unregelmäßig: *der erste* und *der zweite*.

	Zahl	Ordnungszahl
1	moja	*–a kwanza*
2	mbili	*–a pili*
3	tatu	–a tatu
4	nne	–a nne
6	sita	–a sita
10	kumi	–a kumi
11	kumi na moja	–a kumi na moja
23	ishirini na tatu	–a ishirini na tatu

somo la kwanza	die erste Lektion
kitabu cha pili	das zweite Buch
madarasa ya tatu	die »dritten Klassen«
mtume wa nne	der vierte Apostel
farasi wa sita	das sechste Pferd
amri ya kumi	das zehnte Gebot
saa kumi na moja	die elfte Stunde; fünf Uhr
ua la ishirini na tatu	die dreiundzwanzigste Blume

POSSESSIVPRONOMEN

–angu	mein	–etu	unser
–ako	dein	–enu	euer
–ake	sein	–ao	ihr

Die Possessivpronomen werden durch das Anhängen der oben angeführten Besitzbezeichnungen an die jeweilige Genitiv-Silbe gebildet, wobei das anlautende »a« derselben ausfällt:

kiti chako	aus chaako	dein Stuhl
viti vyako	aus vyaako	deine Stühle
kazi yetu	aus yaetu	unsere Arbeit, Aufgabe
darasa lenu	aus laenu	eure Klasse

Vergleiche Tabelle I, Spalte 4 bis 10!

Die Possessivpronomen bei Verwandtschaftsnamen

Die Verwandtschaftsnamen gehören grundsätzlich in die Wa-Klasse. Bei der Bildung ihrer Possessivpronomen herrscht jedoch Unregelmäßigkeit und auch Unklarheit. Vergleiche Tabelle I, Spalte 4 bis 10.

a. echte Wa-Klasse: wie mtoto

mwana	Sohn, Tochter
mjomba	Onkel (Mutter-Bruder)
mkwe	Schwiegervater, Schwiegermutter, Schwiegersohn, Schwiegertochter
mume	Ehemann
mke	Ehefrau
mjukuu	Enkel, Enkelin
mpwa	Neffe, Nichte
mwenzi	Gefährte, Genosse

b. nach der N-Klasse: wie baba

baba	Vater
mama	Mutter
ndugu	Bruder, Schwester, Verwandte
kaka	älterer Bruder
dada	ältere Schwester
babu	Großvater
nyanya	Großmutter
shangazi	Tante (Vater-Schwester)
ami	Onkel (Vater-Bruder)
shemeji	Schwager, Schwägerin
wifi	Schwägerin
binamu	Vetter

c. nach der Ma-Klasse: wie tunda

umbu	Bruder, Schwester
bwana	Herr, Meister

bibi	Großmutter, Herrin, Frau
binti	Tochter, Fräulein

Abkürzungen bei Verwandtschaftsnamen

Häufig werden die Verwandtschaftsnamen mit einigen Possessivpronomen zusammengezogen. Die Verkürzung geschieht auf zweierlei Weise, und zwar meistens in der ersten, zweiten und dritten Person Einzahl.

a. babangu (aus baba yangu) mein Vater
   mamako (aus mama yako) deine Mutter

Man hängt die letzte Silbe des Possessivs an den Verwandtschaftsnamen.

b. babaye (aus baba yake) sein Vater
   mwanawe (aus mwana wake) sein Sohn

Nach Verfahren b. wird die Genitivsilbe mit der Endung »–e« statt »–a« an das Substantiv angehängt.

Die Verkürzung kann nicht willkürlich zustandekommen, weil man auf den Klang des entstandenen Wortes achten muß. Umständliche Wörter sind unbeliebt. Zur Erläuterung seien hier die häufigsten Kurzformen gegeben:

	mein	dein	sein	unser	euer	ihr
baba	babangu	babako	babake babaye	babaetu	babaenu	babao
dada	dadangu	dadako	dadake	dadaetu	dadaenu	dadao
bwana	bwanangu	bwanako	bwanaye			
mama	mamangu	mamako	mamake mamaye	mamaetu	mamaenu	mamao
mke		mkeo	mkewe			
mume		mumeo	mumewe			
mwana	mwanangu	mwanao	mwanawe	mwenetu	mwenenu	
wana	wanangu	wanao	wanawe	wenetu	wenenu	
mwenzi	mwenzangu	mwenzako mwenzio	mwenzake mwenziwe	mwenzetu	mwenzenu	mwenzao
wenzi	wenzangu	wenzio	wenziwe	wenzetu	wenzenu	wenzao

ndugu nduguyo nduguye
rafiki rafikiyo rafikiye

Man merke:
   baba yake   sein Vater (Vater als Elternteil)
   baba wa taifa   der Vater dieses Kindes ist Arzt (Vater im soziologischen Sinn – Mensch mit väterlichem Status)
   rafiki yako wa Kiswisi   dein Schweizer Freund
   ndugu zake wa kiume   seine männlichen Verwandten
   mama yake mkubwa   seine Tante (Mutter-Schwester) d. h. die Tante ist älter als die Mutter
   mama yangu mdogo   meine Tante (Mutter-Schwester) d. h. die Tante ist jünger als die Mutter
   mama ya (yake) mtoto huyu   die Mutter dieses Kindes

Unregelmäßigkeiten bei Possessivpronomen

Alle Verwandtschaftsnamen nach der Mehrzahlbildung der Wa-Klasse bilden ihre Genitivsilben und Possessivpronomen wie *mtoto* (vergl. Tabelle I, Spalte 4–10). Das Wort *mke*, die Gattin ist jedoch eine Ausnahme:

Singular nach Wa-Klasse   mke   wangu wako wake wetu wenu wao
Plural nach N-Klasse   wake zangu zako zake zetu zenu zao

Die Verwandtschaftsnamen nach der Mehrzahlbildung der Ma- oder N-Klasse bilden Genitivsilben und Possessivpronomen der N-Klasse (vergl. kofia, Tabelle I).

Alle Tiere, Vögel, Insekten, Fische haben die Genitivsilben und Possessivpronomen der Wa-Klasse (Menschenklasse) im Singular und Genitivsilben und Possessivpronomen der N-Klasse (Tierklasse) im Plural.

Das Wort **mtoto** bedeutet **Kind im allgemeinen. Mwana** dagegen bezieht sich auf das **eigene Kind.** Der Lehrer kann also **watoto** (Schulkinder) oder **wana** (eigene Kinder) oder beides haben.

   vitabu vya mtoto   die Bücher des (einen) Kindes
   vitabu vya mwanangu   die Bücher meines Kindes

Redensarten (idiomatische Ausdrücke)

mbeleye   künftig   (aus: mbele yake = vor ihm)
hatimaye   schließlich, endlich, zuletzt   (aus: hatima yake = sein Ende)

mwishowe	schließlich, endlich, zuletzt	(aus: mwisho wake = sein Ende)
baadaye	danach, später	(aus: baada yake = nach ihm)
keshoye	am nächsten Tag	(aus: kesho yake)

Sprichwörter und Aphorismen III

Akili ni nywele, kila mtu ana zake.
   wörtl.: Die Intelligenz ist wie das Haar, jeder hat eigenes.
   Sinn: Keine zwei Menschen sind gleich intelligent.

Dalili ya mvua ni mawingu.
   wörtl.: Das Anzeichen für Regen sind Wolken.
   Sinn: Wo Rauch ist, da ist auch Feuer.

Pole ni mwendo.
   wörtl.: Langsamkeit ist auch eine Geschwindigkeit.
   Sinn: Langsam aber sicher.

DER GENITIV BEI GEOGRAPHISCHEN BEGRIFFEN

nchi ya Udachi   das Land Deutschland
ziwa Viktoria   der Viktoriasee
mto wa Kongo   der Kongofluß
mlima wa Kenya   der Kenyaberg
mji wa Mombasa   die Stadt Mombasa

In solchen Fällen bezieht sich die Kennsilbe nicht auf den Eigennamen selbst, sondern auf das Substantiv, das der Genitivsilbe vorangeht.

Nchi ya Udachi ina miji ya kale mingi.
Deutschland hat viele alte Städte.

aber: Kuna miji ya kale mingi katika Udachi.
      Es gibt viele alte Städte in Deutschland.
      In Deutschland gibt es viele alte Städte.

Lugha ya Kirusi ni ngumu.
Die russische Sprache ist schwer.

aber: *Kirusi* ni kigumu.
      Das Russische ist schwer.

Ziwa Viktoria lina maji matamu.
Der Viktoriasee hat Süßwasser.

aber: *Maji* ya ziwa Viktoria ni **matamu**.
Das Wasser des Viktoriasees ist süß.

Mto wa Kongo una viboko wengi.
Der Kongofluß hat viele Flußpferde.

aber: Kuna viboko wengi katika mto wa Kongo.
Es gibt viele Flußpferde im Kongofluß.

Mlima wa Kenya una theluji daima.
Der Keniaberg hat ewigen Schnee.

aber: Kuna thelnji daima katiba mlima wa Kenya,
Auf dem Keniaberg gibt es ewigen Schnee.

Mji wa Mombasa una bandari kubwa.
Die Stadt Mombasa hat einen großen Hafen.

Kisiwa cha Unguja kina mikarafuu tele.
Die Insel Sansibar hat viele Gewürznelken.

aber: Kuna mikarafuu tele katika kisiwa cha Unguja.
Es gibt viele Gewürznelken auf der Insel Sansibar.

Man merke folgende Wortstellung:

      viti   vyangu   vizuri   viwili   hivi
       1   2   3   4   5
Substantiv – Possessivpronomen – Adjektiv – Zahlwort – Demonstrativ

ZOEZI LA TANO:

a. Fasiri kwa Kidachi
Kuna samaki wengi katika mto huu. Daktari wako hana wakati leo. Huna haya? Masista wa hospitali yetu ni Waholanzi. Nduguyo ni mwalimu wa Kifaransa. Kenya, Uganda, Tanganyika na Unguja ni nchi za Afrika ya Mashariki. Mtoto huyu ana masikio kama nduguze. Leo kuna wapishi wa Kirusi wawili jikoni – mwanamume na mkewe. Yeye Mwamerika hata ingawa rangi ya ngozi yake ni nyeusi. Kila mtu (jeder) ni mhunzi wa bahati yake.

b. Fasiri kwa Kiswahili
Sein Vater ist Deutscher, aber seine Mutter ist Französin. Hast du meine Bücher? Es gibt keinen Baum in meinem Garten. Die Tür unseres Hauses ist

rot. Heute hat der Hund keinen Hunger. Wo sind deine Briefe? Diese Blinden haben einen Stock in der Hand. Deine Zimmernummer ist siebzehn. Dieses Wasser ist nicht sehr heiß. Der Großvater jenes Bauern ist uralt.

DAS VERB (VIARIFA)

1. Der Infinitiv

Der Infinitiv wird durch die vor den Stamm des Verbs vorgesetzte Silbe »ku-« gebildet:

kusoma	lesen	kuita	rufen
kuandika	schreiben	kusamehe	verzeihen
kusema	sagen	kusafiri	reisen

Manche Verben wie -*enda*, gehen und -*isha*, ›zu Ende sein‹, haben die Infinitiv-Vorsilben »**kw-**«: kwenda, kwisha.

Wie wir bei der Ku-Klasse gelernt haben, wird der Infinitiv auch als Substantiv gebraucht:

kusoma	lesen,	s	Lesen
kufa	sterben,	s	Sterben

Das »ku-« entspricht dem englischen »to« und manchmal dem deutschen »zu« und wird daher der Kürze halber im Lexikon und sonstigen Aufzählungen weggelassen.

Die Verneinung des Infinitivs

Zunächst muß man die einsilbigen von den übrigen Verben unterscheiden:

einsilbig		Verneinung kukana	
ku-la	essen	*kuto*kula	nicht essen
ku-wa	sein	*kuto*kuwa	nicht sein

Bei *einsilbigen* Verben wird zur Verneinung die Silbe »*kuto-*« *vor den Infinitiv* gesetzt.

Kuwa au *kutokuwa* hilo ndilo swali.	Sein oder *Nicht-Sein*, das ist die Frage.

zwei- und mehrsilbig		Verneinung	
ku-soma	lesen	*kuto*soma	nicht lesen
ku-samehe	verzeihen	*kuto*samehe	nicht verzeihen

Bei *zwei- oder mehrsilbigen* Verben wird zur Verneinung *die Silbe* »*kuto-*« *vor den Stamm* des Verbs gesetzt.

Kutojua si udhuru.   wörtl.: Nicht zu wissen ist keine Entschuldigung.
Sinn: Unwissenheit schützt vor Strafe nicht.

2. Der Imperativ (kuamuru)

a. Der Stamm der zwei- oder mehrsilbigen Verben ohne irgend eine Vorsilbe ist zugleich die Befehlsform:

Imperativ		Höflichkeitsform	
soma!	lies!	usome	(du mögest lesen)
andika!	schreib!	uandike	(du mögest schreiben)
ita!	rufe!	uite	(du mögest rufen)
someni!	lest!	msome	(ihr möget lesen)
andikeni!	schreibt!	mwandike	(ihr möget schreiben)
iteni!	ruft!	mwite	(ihr möget rufen)

Die Höflichkeitsform entspricht dem deutschen Konjunktiv Präsens (Möglichkeitsform der Gegenwart) und wird gebildet, indem man ein »u« in der Einzahl und ein »m« (vor Vokalen »mw«) in der Mehrzahl vor den Stamm setzt; das auslautende »-a« des Stammes wird zu »-e«. Wie wir schon wissen, sind »u« und »m« die Kennsilben der Personalpronomen (s. S. 38!).

Die Mehrzahlbildung des Imperativs

Das auslautende »-a« des Stammes wird zu »-e«, dann hängt man ein »-ni« an.

Die Verneinung des Imperativs ist nur in der Höflichkeitsform möglich:

usisome!	(du mögest nicht lesen) lies nicht!	msisome!
usiite!	(du mögest nicht rufen) rufe nicht!	msiite!

b. Einsilbige Verben behalten das »ku-« des Infinitivs bei:

kula!	iß!	kunywa!	trink!	kufa!	stirb!
kuleni!	eßt!	kunyweni!	trinkt!	kufeni!	sterbt!

Bei der Verneinung fällt das Infinitiv »ku-« aus. Dabei erfolgt die Verneinung wie bei Beispiel a.

usile!	(du mögest nicht essen) iß nicht!	msile!
usinywe!	(du mögest nicht trinken) trinke nicht!	msinywe!
usife!	(du mögest nicht sterben) stirb nicht!	msife!

c. Der Stamm aller Bantu-Verben endigt auf -a. Die Verben fremden Ursprungs endigen auf -e, -i und -u. Der Stamm der fremden Verben bleibt im Singular unverändert:

samehe!	verzeihe!	safiri!	reise!	jibu!	antworte!
sameheni!	verzeiht!	safirini!	reist!	jibuni!	antwortet!

Zur Mehrzahlbildung hängt man *nur* »-ni« an den Stamm.

usisamehe!	(du mögest nicht verzeihen) verzeihe nicht!	msisamehe!
usisafiri!	(du mögest nicht reisen) reise nicht!	msisafiri!
usijibu!	(du mögest nicht antworten) antworte nicht!	msijibu!

d. Unregelmäßige Verben im Imperativ

leta	bringen	ja	kommen	enda	gehen
lete!	bringe!	njoo!	komm!	nenda!	gehe!
leteni!	bringt!	njooni!	kommt!	nendeni!	geht!
usilete!	(du mögest nicht bringen) bringe nicht!				msilete!
usije!	(du mögest nicht kommen) komme nicht!				msije!
usiende!	(du mögest nicht gehen) gehe nicht!				msiende!

Das »-ni«, das die Mehrzahl von der Einzahl unterscheidet, findet auch bei den Grußformeln Anwendung:

Hujambo? (aus huna jambo?) Guten Tag! (zu einem einzelnen)
Hamjambo(ni)? (aus hamna jambo) Guten Tag! (zu mehreren)

Das »-ni« wird meistens ausgelassen.
Karibu! (aus karibia = sich nähern) Willkommen! (zu einem einzelnen)
Karibuni! Willkommen! (zu mehreren)
Kwa heri! (aus kwa = auf, heri = Wohl) Auf Wiedersehen!
Kwa herini! Auf Wiedersehen! (zu mehreren)

Um das »wiedersehen deutlich zu machen, setzt man noch »ya kuonana« (= bis wir uns wiedersehen) dazu:

Kwa heri ya kuonana! Lebe wohl bis wir uns wiedersehen!
Kwa herini ya kuonana! Lebt wohl bis wir uns wiedersehen!

Ngoja kwanza!   Warte einmal!
Ngojeni kwanza!   Wartet einmal! (Anrede an mehrere)
Ngoja kidogo!   Einen Augenblick!
Ngojeni kidogo!   Einen Augenblick! (Anrede an mehrere)

3. Die Grundzeitformen (Tempora)

Jede Zeit ist gekennzeichnet durch eine bestimmte Zeitsilbe. Diese Zeitsilbe wird zwischen die Kennsilbe und den Stamm des Verbs gesetzt.

Zeit	Zeitsilbe
Gegenwart (Präsens) – wakati uliopo	-na-
1. Vergangenheit (Imperfekt) – wakati uliopita	-li-
2. Vergangenheit (Perfekt) – hali timilifu	-me-
1. Zukunft (Futur I) – wakati ujao	-ta-

ni-na-soma   ich lese (gerade)

ni-   Silbe für das Personalpronomen (ich)
-na-   Zeitsilbe für das Präsens
soma   Stamm des Verbs

Ni*na*soma kitabu.	Ich lese ein Buch.
U*na*pika viazi vipya.	Du kochst neue Kartoffeln.
A*li*leta barua sita.	Er brachte sechs Briefe.
Tu*me*nunua chakula kingi.	Wir haben viel zu essen eingekauft.
M*ta*safiri leo.	Ihr werdet heute verreisen.
Wa*ta*rudi kesho.	Sie werden morgen zurückkommen.
Sukari hii i*ta*tosha.	Dieser Zucker wird genügen.
Kalamu yangu i*me*vunjika.	Mein Schreibzeug ist zerbrochen.

Neben »*ni*lisoma« ist in der ersten Person auch die Form »*na*lisoma« gebräuchlich.

Die Verben -enda, -isha und die einsilbigen Verben cha, chwa, fa, ja, la, nya, nywa, pa, pwa und wa behalten das Ku- bzw. kw- des Infinitivs in den vier Grundzeitformen bei:

Watoto wana*kw*enda shuleni.	Die Kinder gehen in die Schule.
Mafuta yame*kw*isha.	Das Öl ist zu Ende.
Sisi sote tuta*ku*fa.	Wir alle werden sterben.
Paka ali*ku*la nyama yangu.	Die Katze fraß mein Fleisch.

Die Verneinung der Grundzeitformen
a. Präsens — wakati uliopo: Zeitsilbe -na-
Verneinungs-Silbe ha

*ni*nasom*a*	*si*som*i*	ich lese nicht
*u*nakul*a*	*h*ul*i* (aus haul*i*)	du ißt nicht
*a*napik*a*	*h*apik*i* (aus haapik*i*)	sie kocht nicht
*tu*nasafiri	*h*atusafiri	wir reisen nicht
*m*nalet*a* barua	*h*amlet*i* barua	ihr bringt die Briefe nicht
*wa*najibu	*h*awajibu	sie antworten nicht
chumvi *i*na*kw*ish*a*	chumvi *h*aiish*i*	das Salz geht nicht zu Ende
matunda *y*anaiv*a*	matunda *h*ayaiv*i*	die Früchte reifen nicht
mahali *p*anaonekan*a*	mahali *h*apaonekan*i*	die Stelle ist nicht sichtbar

Man setzt »ha-« vor die Kennsilbe. In der Wa-Klasse wird »ni-«, wie wir schon wissen, zu »*si*-«; außerdem fällt vor Vokalen das »a« des »ha-« aus. Die Zeitsilbe »na« fällt ganz aus. Bei Bantu-Verben wird die Endung »-a« zu »-*i*«, fremde Verben bleiben unverändert. Einsilbige Verben verlieren auch das »ku-« bzw. »kw-« des Infinitivs.

Sprichwörter und Aphorismen IV

8. Mafahali wawili hawakai zizi moja.　　Zwei Bullen leben nicht in einer Hürde.
9. Paka wengi hawaguii panya.　　wörtl.: Viele Katzen fangen keine Maus.
　　Sinn: Viele Köche verderben den Brei.

b. Imperfekt — wakati uliopita:　　Zeitsilbe -li-
Verneinungs-Silben ha und ku

nilisoma, **na**lisoma	**si**kusoma	ich las nicht
alipika	**ha**kupika	sie kochte nicht
walijibu	**ha**wakujibu	sie antwortete nicht
chumvi **i**likwisha	chumvi **ha**ikwisha	das Salz ging nicht zu Ende
jua **li**likuchwa	jua **ha**likuchwa	die Sonne ging nicht unter

Man setzt auch hier die allgemeine Verneinungs-Silbe »**ha**« bzw. »**si**« (1. Person) vor die Kennsilbe. Die Verneinungs-Silbe des Imperfekts ist »*ku*«; sie tritt an die Stelle der Zeitsilbe »li«. Bei unregelmäßigen und einsilbigen Verben (s. Seite 51) kommt kein zweites »-ku« bzw. »kw-« mehr hinzu, da schon eines in der bejahten Form vorhanden ist.

c. Perfekt – hali timilifu   Zeitsilbe -me-
                                          Verneinungs-Silben ha und ja

nimesoma   sijasoma   ich habe *noch nicht* gelesen
amepika   hajapika   sie hat *noch nicht* gekocht
wamejibu   hawajajibu   sie haben *noch nicht* geant-
                                          wortet
chumvi imekwisha   chumvi haijaisha   das Salz ist *noch nicht* zu Ende
                                          gegangen
jua limekuchwa   jua halijachwa   die Sonne ist *noch nicht* unter-
                                          gegangen

Die allgemeine Verneinungs-Silbe »ha« bzw. »si« tritt vor die Kennsilbe. Die *Verneinungs-Silbe des Perfekts* lautet »ja«; sie tritt an die Stelle der Zeitsilbe »me«. Das »ku-« des Infinitivs fällt bei allen Verben aus.

Bei einsilbigen und unregelmäßigen Verben ist auch die Verneinungsform, in der das Infinitiv »ku-« erhalten bleibt, gebräuchlich.

    chumvi haijaisha oder chumvi haijakwisha   das Salz ist *noch nicht* zu
                                                                 Ende gegangen
    jua halijachwa oder jua halijakuchwa   die Sonne ist *noch nicht*
                                                                 untergegangen

Die beiden ersten Formen der Vergangenheit des Deutschen: ich las nicht, ich habe nicht gelesen, fallen im Suaheli zusammen. Sie werden durch das Imperfekt – wakati uliopita: sikusoma, ausgedrückt; es bedeutet, daß eine Handlung in der Vergangenheit völlig abgeschlossen ist. Die zweite Vergangenheit des Suaheli: sijasoma, bedeutet nämlich, daß eine Handlung in der Vergangenheit *noch nicht* stattgefunden hat, daß sie aber hoffentlich in der Zukunft *noch* erfolgen wird. Um das »noch nicht« zu verdeutlichen, fügt man im Suaheli das Wort »bado« = ›noch‹ hinzu:

    Mgeni hajafika **bado**   Der Gast ist *noch nicht* eingetroffen
                                        (wird aber hoffentlich kommen)

Man merke ferner: Das Verb Kwisha

    Mgeni amekwisha fika   Der Gast ist *schon* eingetroffen
                                      (abgeschlossene Handlung)

Nach dem Verb »-isha« fällt bei zwei- oder mehrsilbigen Verben das »ku-« des Infinitivs aus. Bei einsilbigen Verben bleibt das »ku-« erhalten:

Mgeni amekwisha kula   Der Gast hat *schon* gegessen
                       (der Gast ist fertig mit essen)
Watoto wamekwisha rudi Die Kinder sind **schon** zurückgekommen

d. 1. Futur – wakati ujao   Zeitsilbe -ta-
                                   Verneinungs-Silbe ha

nitasoma	sitasoma	ich werde nicht lesen
atapika	hatapika	sie wird nicht kochen
watajibu	hawatajibu	sie werden nicht antworten
chumvi itakwisha	chumvi haitakwisha	das Salz wird nicht zu Ende gehen
jua litakuchwa	jua halitakuchwa	die Sonne wird nicht untergehen

Auch hier tritt die allgemeine Verneinungssilbe vor die Kennsilbe. Die Zeitsilbe -ta- bleibt erhalten, ebenso bei einsilbigen Verben das ku- des Infinitivs.

Man merke: Die Verben der Bewegung

Stehen Verben der Bewegung im Präsens, so wird die Änderung der Lage, d. h. die Bewegung von einer Lage in eine andere, ausgedrückt; stehen sie im Perfekt, so wird die Lage selbst ausgedrückt (im Deutschen trotzdem Präsens!) z. B.:

ni*na*simama	ich stehe auf
ni*me*simama	ich stehe
ni*na*kaa	ich setze mich
ni*me*kaa	ich sitze
ni*na*lala	ich lege mich hin
ni*me*lala	ich liege

Übersicht über die Grundzeitformen

a. wakati uliopo   -na-

ninasoma	ich lese	sisomi	ich lese nicht
unasahau	du vergißt	husahau	du vergißt nicht
anapika	sie kocht	hapiki	sie kocht nicht
tunakula	wir essen	hatuli	wir essen nicht
mnaita	ihr ruft	hamwiti	ihr ruft nicht
wanakwenda	sie gehen	hawaendi	sie gehen nicht

b. wakati uliopita   -li-

nilisoma	ich las	sikusoma	ich las nicht
ulisahau	du vergaßt	hukusahau	du vergaßt nicht
alipika	sie kochte	hakupika	sie kochte nicht
tulikula	wir aßen	hatukula	wir aßen nicht
mliita	ihr rieft	hamkuita	ihr rieft nicht
walikwenda	sie gingen	hawakwenda	sie gingen nicht

c. hali timilifu   -me-

nimesoma	ich habe gelesen	sijasoma	ich habe noch nicht gelesen
umesahau	du hast vergessen	hujasahau	du hast noch nicht vergessen
amepika	sie hat gekocht	hajapika	sie hat noch nicht gekocht
tumekula	wir haben gegessen	hatujala	wir haben noch nicht gegessen
mmeita	ihr habt gerufen	hamjaita	ihr habt noch nicht gerufen
wamekwenda	sie sind gegangen	hawajaenda	sie sind noch nicht gegangen

d. wakati ujao   -ta-

nitasoma	ich werde lesen	sitasoma	ich werde nicht lesen
utasahau	du wirst vergessen	hutasahau	du wirst nicht vergessen
atapika	sie wird kochen	hatapika	sie wird nicht kochen
tutakula	wir werden essen	hatutakula	wir werden nicht essen
mtaita	ihr werdet rufen	hamtaita	ihr werdet nicht rufen
watakwenda	sie werden gehen	hawatakwenda	sie werden nicht gehen

4. Die drei Formen des Präsens

Man unterscheidet drei Formen des Präsens:

a. die *Verlaufsform* hat die Zeitsilbe –na– und bedeutet, daß etwas *gerade* stattfindet.

ninasoma	ich lese *gerade*
mti unaanguka	der Baum fällt *gerade*
nyumba zinajengwa	die Häuser werden *gerade* gebaut

b. die *unbestimmte Form* entspricht dem allgemeinen deutschen Präsens. Sie hat *keine Zeitsilbe*. Sie besteht aus der Kennsilbe des Personalpronomens der Wa-Klasse + –a und der Kennsilbe + –a der übrigen Klassen, was der Genitiv-Silbe entspricht. (Tabelle I, Spalte 3). Dabei treten in der Wa-Klasse folgende Lautveränderungen auf:

Einzahl:	1. Person	ni	+ a =	na-	ich
	2. Person	u	+ a =	wa-	du
	3. Person	a	+ a =	a-	er, sie, es
Mehrzahl:	1. Person	tu	+ a =	tw-	wir
	2. Person	m (früher: mu)	+ a =	mw-	ihr
	3. Person	wa	+ a =	wa-	sie

c. die *Gewohnheitsform* (Frequentativ) hat für alle Personen und Klassen in der Einzahl und Mehrzahl die Vorsilbe »hu-«. Sie kann daher *nur* in Verbindung mit einem Substantiv oder einem Personalpronomen stehen. Für die Übersetzung verwendet man »gewöhnlich« oder »man pflegt zu …«. Sie kann auch selbstverständliche Tatsachen ausdrücken:

Paka **hu**la panya	Katzen fressen Mäuse
Paka **hawa**li nyasi	Katzen fressen kein Gras
Ng'ombe **hu**la nyasi	Das Vieh frißt Gras
Ng'ombe **hawa**li nyama	Das Rind frißt kein Fleisch
Ndege **hu**ruka	Die Vögel fliegen
Ndege **hawa**zai, bali **hu**tage mayai	Vögel gebären nicht, sondern legen Eier
Sisi **hu**amka mapema	Wir stehen früh auf (wir pflegen früh aufzustehen)
Mimi **hu**lala sana	Ich bin Langschläfer (ich pflege sehr lange zu schlafen)

Wie die Beispiele zeigen, erfolgt die Verneinung aller dieser drei Formen wie im Präsens.

Verlaufsform	*unbestimmte Form*	*Gewohnheitsform*
ninasoma	nasoma	mimi husoma
unasahau	wasahau	wewe husahau
anapika	apika	yeye hupika
tunakula	twala	sisi hula
mnaita	mwaita	ninyi huita
wanakwenda	waenda	wao huenda

mti unaanguka	mti waanguka	mti huanguka
miti inaanguka	miti yaanguka	miti huanguka
kiti kinavunjika	kiti chavunjika	kiti huvunjika
viti vinavunjika	viti vyavunjika	viti huvunjika
jino linauma	jino lauma	jino huuma
meno yanauma	meno yauma	meno huuma
njia inajengwa	njia yajengwa	njia hujengwa
njia zinajengwa	njia zajengwa	njia hujengwa
uso unaonekana	uso waonekana	uso huonekana
nyuso zinaonekana	nyuso zaonekana	nyuso huonekana
mahali panapendeza	mahali papendeza	mahali hupendeza
jikoni mnanukia	jikoni mwanukia	jikoni hunukia
nyumbani kunapendeza	nyumbani kwapendeza	nyumbani hupendeza
kusoma kunakwisha	kusoma kwaisha	kusoma huisha

5. Die aus Verben gebildeten Ausdrücke

Manche Suaheli-Verben bieten eine Fülle von idiomatischen Ausdrücken. Solche Verben bestehen meistens aus zwei Wörtern. Auf diese Weise können auch die fehlenden abstrakten Begriffe gebildet werden. Verben dieser Gruppe dürfen **niemals** getrennt werden.

vua macho	einen Blick werfen	piga simu	anrufen

Haku*vua macho* hata mara moja.   Er *warf* nicht einmal *einen Blick*.
Tuli*piga simu* nyumbani.   Wir *riefen* zu Hause *an*.

Folgende idiomatische Ausdrücke hört man häufig:

chemsha ubongo	den Geist anregen
cheza ngoma	tanzen
chota kuni	Brennholz sammeln
chuma fedha	verdienen (durch Handel)
chuna mboga	Gemüse ernten
chuna ngozi	abhäuten
fanya biashara	handeln
fanya bidii	sich anstrengen; fleißig sein
fanya fitina	intrigieren
fanya fujo	Unruhe stiften
fanya kelele	lärmen
fanya kutu	rosten; schimmeln
fanya matata	Schwierigkeiten machen

fanya mzaha, mchezo	scherzen
fanya shauri	erwägen
fanya upesi	sich beeilen
fumba macho	e Augen zumachen
funga bao	Punkte zählen
funga safari	e Reise antreten
haribu mimba	abtreiben
jifunza kwa moyo	auswendig lernen
lala usingizi	schlafen
nyamaza kimya	stillschweigen
ona baridi	frieren
ona haya	s. schämen
ona kiu	dürsten
ona shida	Schwierigkeiten haben
ona usingizi	schläfrig sein
ota kutu	rosten; schimmeln
pa ruhusa	beurlauben
pasha moto	aufwärmen
pata hasara	Verlust erleiden
pata kujua	erfahren
pata moto	warm, heiß werden
pata nafasi ya	Gelegenheit finden zu
pata shida, taabu	Schwierigkeiten haben
piga bomba	pumpen
piga chafya	niesen
piga darubini	s Fernglas benutzen
piga fimbo	prügeln
piga hodi	anklopfen
piga kinanda	ein Musikinstrument spielen
piga konde	mit der Faust schlagen
piga magoti	knien
piga mbizi	tauchen
piga ngoma	trommeln
piga ngumi	mit der Faust schlagen
piga risasi	schießen
piga shoti	galoppieren
piga teke	ausschlagen
piga vita	Krieg führen
sikia harufu	riechen

songa mbele	nach vorn aufschließen
songa nyuma	nach hinten rücken
tangua sheria	ein Gesetz aufheben
teka maji	Wasser schöpfen
tia adabu	gutes Benehmen beibringen
tia aibu	blamieren; schänden
tia chumvi	salzen; übertreiben
tia gerezani	einsperren
tia hofu	erschrecken
tia maji	verdünnen
tia mashaka	Zweifel hegen
tia moyo, nia	ermutigen
tia nguvu	bekräftigen
tia rangi	malen, spritzen
tia sahihi	unterzeichnen, -schreiben
tia utumwani	versklaven
timiza deni	e Schuld begleichen
timiza wajibu	e Pflicht erfüllen
toa hadithi	eine Geschichte erzählen
toa makosa	korrigieren
toa mimba	abtreiben
toa nuru	funkeln
toa pumzi	ausatmen
toa salamu	grüßen, salutieren
toa siku	einen Tag festsetzen
toka damu	bluten
toka moshi	qualmen
toka usaha	eitern
tokwa na hari	transpirieren
tokwa na roho	sterben
toza faini	zu Geldstrafe verurteilen
toza ushuru	Steuer einziehen
tua tanga	s Segel einholen
tumia akili	den Verstand benutzen
tunga sentensi	einen Satz bilden
tunga usaha	eitern
tunga ushanga	Perlen fassen
uza magendo	schwarz verkaufen
vua samaki	fischen, angeln

vuta kasia	rudern
vuta pumzi	einatmen
vuta sigara	Zigarre rauchen
wa mgonjwa	erkranken
wa na njaa	hungern
weka akiba	aufheben, sparen
weka nadhiri	ein Gelübde ablegen
weka sanduku	einen Koffer aufbewahren
weka silaha	e Waffen niederlegen
fumbua macho	e Augen öffnen
funga biashara	handeln
funga vita	Kampf eröffnen
ingiza magendo	schmuggeln
kata tamaa	aufgeben
lipa hasara	wiedergutmachen
ona aibu	s. schämen
ona hasira	zornig sein
ona huzuni	trauern
ona njaa	hungern
ona uchungu	leiden
onea wivu	eifersüchtig sein auf
ota moto	s. erwärmen
pasha habari	benachrichtigen
pata faida	profitieren
pata homa	Fieber bekommen
pata mimba	schwanger werden
pata nguvu	genesen
pata ruhusa	Urlaub bekommen
pata usingizi	Schlaf finden
piga bunduki	mit dem Gewehr schießen
piga chuku	übertreiben
piga filimbi	pfeifen (Instrument)
piga hema	Zelt aufschlagen
piga kengele	klingeln, läuten
piga kofi	ohrfeigen
piga kura	losen, abstimmen
piga mbiu	verkünden
piga miayo	gähnen

piga picha	photographieren
piga randa	hobeln
piga shauri	s. beraten
piga simu	anrufen, telegraphieren
piga tupa	feilen
pisha wakati	e Zeit vertreiben
sikia njaa	hungern
Simile!	Paß auf!
taga mayai	Eier legen
teka mji	eine Stadt plündern
tema mate	spucken, aus ~
tia adhabu	verurteilen
tia alama	markieren
tia dawa	e Wunde behandeln
tia giza	verdunkeln
tia mafuta	ölen
tia makali	schärfen, spitzen
tia muhuri	versiegeln
tia nanga	ankern
tia pingu	fesseln
tia rangi	malen, anstreichen
tia wasiwasi	verwirren
tia sumu	vergiften
timiza ahadi	s Versprechen halten
timiza kazi	e Arbeit erledigen
toa hatarini	retten
toa kazi	Arbeit geben
toa masharti	Bedingungen stellen
toa njia	e Straße freigeben
toa nyumba	ein Haus entwerfen
toa sadaka	Almosen geben
toa shauri	einen Rat geben
toa utumwani	emanzipieren
toka jasho	schwitzen
toka njiani	den Weg freimachen
tokwa na damu	bluten
tokwa na machozi	Tränen vergießen
toza adhabu	bestrafen
toza kodi	Zoll erheben

tua mzigo	die Last niedersetzen
tuliza moyo	beruhigen
tunga kitabu	ein Buch verfassen
tunga sindano	e Nadel einfädeln
tunga mashairi	dichten
unga mkono	beistehen
vua macho	einen Blick werfen
vunja sheria	übertreten
vuta makamasi	schnüffeln
vuta sigareti	Zigarette rauchen
vuta upanga	e Waffe aus der Scheide ziehen
wa na	haben
wa na mashaka	zweifeln
weka hukumu	s Urteil aufschieben
weka msingi	den Grund legen
weka sheria	ein Gesetz erlassen
weka tayari	bereitstellen

Sprichwörter und Aphorismen V

10. Haba na haba hujaza kibaba.   wörtl.: Wenig und wenig füllt das Maß.
Sinn: Viele Wenig machen ein Viel.

11. Mungu hakuumba mtu mbaya.   wörtl.: Gott schuf keinen schlechten Menschen.
Sinn: »Der Mensch ist von Natur gut.« (Rousseau)

12. Mwenda pole hufika mbali.   wörtl.: Wer langsam geht, kommt weit.
Sinn: Schritt vor Schritt kommt auch ans Ziel.

ZOEZI LA SITA:

a. Andika sentensi zifuatazo katika wingi:
Chumba cha rafiki yangu kina dirisha zuri. Mtu mwema haibi. Nyumba ya posta hii ilijengwa na Mtaliani. Soma kitabu changu kipya hiki! Mtoto amekwisha kunywa maziwa yake? Mke yumo jikoni, anapika nyama ya nguruwe, lakini mume wake yumo shambani, anapanda mgomba. Ng'ombe wa mkulima huyu ana doa jeusi usoni na jeupe mgongoni. Baba yake hafanyi kazi mjini humu. Jirani yangu hana motakaa ya Kifaransa kama mimi. Mwana wa jirani huyo yu katika darasa la sita.

b. Andika sentensi zifuatazo katika umoja:
Wanafunzi wengine hodari wengi walijifunza Kihispania. Mtapata habari njema kutoka nyumbani. Kuku wale wametaga mayai makubwa. Leo mlikula hapa, lakini kesho mle nyumbani! Mbwa za majirani zetu hubweka sana. Mananasi ya Kizungu si matamu kama yale ya Kiafrika. Watoto hawa hawajui kusoma; wazazi wao hawataki kuwapeleka shuleni. Kuku wapofu hupata nafaka pia (deutsches Sprichwort!). Vijana warefu watatu wale wametoka Afrika ya Mashariki. Timizeni wajibu wenu, tutautimiza wetu (Goethe!).

c. Fasiri sentensi zifuatazo kwa Kiswahili:
Die Mädchen gingen Wasser schöpfen. Meine Mutter arbeitet in einem kleinen Büro. Heute werde ich meine neue Hose bügeln. Du hast noch keine Antwort aus London bekommen. Ich schließe gern Freundschaft mit Ausländern auf unserer Schule. Dort in Amerika haben die Schwarzen allerlei Schwierigkeiten. Ich glaube, sie hat nicht die Wahrheit gesagt. Im Kriege verbluten viele Verwundete. Das Rauchen ist in diesem Abteil verboten.

d. Fasiri sentensi zifuatazo kwa Kidachi:
Wazazi wako watarudi leo? Kuona ni kusadiki. Kusikia si kuona. Jifunze kila jina la kitu (Hauptwort) na wingi wake! Sisi sote twakaa Berlin; twafanya kazi huko. Kazi yake ni kulea watoto wachanga. Mume na mke ni mwili mmoja(bibl!). Louis Armstrong hupiga tarumbeta.

INTERROGATIVE

1. veränderliche Interrogative

a. *-ngapi* wie viele?   *-a ngapi?*   der, die, das, wievielte?
Wird genauso gebeugt wie die anderen Adjektive (s. Tabelle I, Spalte 21)

Swali: Darasa lako lina wanafunzi wangapi?
       Wie viele Schüler sind in deiner Klasse?
Jibu: Darasa langu lina wanafunzi kumi na wanane.
       In meiner Klasse sind achtzehn Schüler.

Swali: Kuna wavulana wangapi katika darasa lako?
       Wie viele Jungen sind in deiner Klasse?
Jibu: Kuna wavulana kumi katika darasa langu.
       Es sind zehn Jungen in meiner Klasse.

Bei der Antwort behält man die Satzstellung bei; in diesem Falle braucht man nur »lako« und »langu« umzutauschen; die Zahlangabe tritt an die Stelle des Interrogativs.

Jibu maswali yafuatayo:

Mtu ana miguu mingapi? Paka sita wana macho mangapi? Ndege wawili wana vidole vingapi? Mwaka una miezi mingapi? Juma lina siku ngapi? Watumia viatu vingapi mara moja?

b. -*pi?*   welcher, welche, welches?

Wird gebeugt, indem man die Kennsilbe der jeweiligen Klasse davorsetzt (s. Tabelle I, Spalte 3).

Mtoto **yu**pi ana njaa?	Welches Kind hat Hunger?
Mwashi **yu**pi ni Mfaransa?	Welcher Maurer ist Franzose?
Wanafunzi **wa**pi watasafiri leo?	Welche Schüler werden heute verreisen?
Nyumba **zi**pi zilijengwa na Wataliani?	Welche Häuser wurden von Italienern gebaut?

-pi steht unmittelbar *nach dem Substantiv*, auf das es sich bezieht. Ausnahme zu dieser Regel besteht bei mehreren Personen oder Dingen und in Relativsätzen:

Selektiv:

Mume na mke **ni** wapi?	Welche (Leute) sind Ehemann und Ehefrau? (Wer ist Mann und Frau?)
Matunda yako **ni** yapi?	Welche sind deine Früchte?
Matunda yapi **ni** yako?	Welche sind deine Früchte?

Die beste Stellung ist jedoch auch hier, wenn »*-pi*« möglichst *unmittelbar nach dem Substantiv* steht, auf das es sich bezieht.

Swali: Unatafuta vitabu vipi?
         Welche Bücher suchst du?
Jibu: Natafuta Biblia na kitabu cha nyimbo.
         Ich suche die Bibel und das Gesangbuch.

Swali: Nyumba ipi ni yako?
         Welches Haus ist das deinige? (Welches Haus gehört dir?)

Jibu: Ile ya pili.
Das zweite (Haus).

Swali: Wao wakaa katika barabara ipi?
In welcher Straße wohnen sie?
Jibu: Wakaa katika Kant-Straße namba nane.
Sie wohnen in der Kant-Straße Nummer 8.

2. unveränderliche Interrogative

a. *nani?*   wer? wem? wen? (für Dativ und Akkusativ siehe später!)
   -a nani?   wessen?
   kama nani?   wie wer? wie wer zum Beispiel?
   kwa nani?   bei wem?

Swali: Mnakaa *kwa nani?*
Bei wem wohnt ihr?
Jibu: Twakaa kwa kaka yetu.
Wir wohnen bei unserem älteren Bruder.

Nani steht meistens am Satzanfang außer nach dem Hilfsverb »ni«.

        Nani wewe?   Wer bist du?
aber: Wewe *ni nani?*   Wer bist du?

Swali: *Nani* mtoto huyu mchafu?
Wer ist dieses schmutzige Kind?
Jibu: Mtoto huyu mchafu ni rafiki yake Manfred.
Dieses schmutzige Kind ist Manfreds Freund.

Swali: Jina lake *nani?*
Wie heißt er?
Jibu: Jina lake Dieter.
Er heißt Dieter.

Swali: Yeye mtoto *wa nani?*   Sisi watoto *wa nani?*
Wessen Kind ist es?   Wessen Kinder sind wir?
Jibu: Ni mtoto wa jirani yangu; aenda shuleni pamoja na Manfred.
Es ist das Kind meines Nachbarn; es geht zusammen mit Manfred zur Schule.

Swali: Na kitabu kipya hiki (ni) *cha nani?*
Und wem gehört dieses neue Buch?

Jibu: Kitabu kipya hiki ni chake Dieter.
Dieses neue Buch gehört Dieter.

Swali: Dieter apenda vitabu *kama nani?*
»Wie wer« hat Dieter Bücher gerne?
Jibu: Apenda vitabu kama babaye.
Er hat Bücher gerne wie sein Vater.

b. *nini?* was? Steht an Stelle des Subjekts oder Objekts.
-a nini? wozu? Steht am Satzanfang oder Satzende.

Swali: Unatafuta *nini?*
Was suchst du?
Jibu: Ninatafuta miwani yangu nyeusi.
Ich suche meine dunkle Brille.

Swali: *Nini* hii?
Was ist das?
Jibu: Ni noti ya Kijeremani.
Es ist eine deutsche Banknote.
Swali: Wafanya *nini* huku Udachi?
Was machst du hier in Deutschland? (»huku« steht vor Udachi zur besonderen Betonung)
Jibu: Nasomea ualimu.
Ich studiere Pädagogik.

Swali: Utafanya *nini* baadaye?
Was wirst du später machen?
Jibu: Nakusudia kufanya kazi katika Wizara ya Elimu.
Ich beabsichtige, im Erziehungsministerium zu arbeiten.

Swali: *Cha nini* kitabu kikubwa hiki?
Wozu dient dieses dicke Buch?
Jibu: Kitabu hiki ni cha kufundishia.
Es dient als Unterrichtswerk.

Swali: *Nini* bei yake?
Wieviel kostet es? (Was ist sein Preis?)
Jibu: »Mark« thelathini *hivi.* Vitabu vya Kidachi ghali sana!
Etwa dreißig Mark. Deutsche Bücher sind sehr teuer!

c. *kwa nini (kwani)?*   warum? wozu?

Swali: *Kwa nini* huli nyama Ijumaa?
Warum ißt du am Freitag kein Fleisch?
Jibu: Sili nyama Ijumaa kwa sababu mimi Mkatoliki.
Ich esse am Freitag kein Fleisch, weil ich katholisch bin.

Swali: *Kwa nini* watoto huenda shuleni?
Warum gehen Kinder zur Schule?
Jibu: Watoto huenda shuleni kwa sababu wataka kujifunza.
Kinder gehen zur Schule, weil sie lernen wollen.

Swali: *Kwa nini* watoto hujifunza?
Wozu lernen die Kinder?
Jibu: Watoto hujifunza *ili* waweze kusoma, kuandika na kusehabu.
Die Kinder lernen, *damit* sie lesen, schreiben und rechnen können.

d. *mbona?*   warum? (Überraschung) wieso?, warum nicht?

Swali: Huli nyama?
Ißt du kein Fleisch?
Jibu: La.
Nein.

Swali: *Mbona* (huli nyama)?
Warum (nicht)? Wieso?
Jibu: *Kwa sababu* mimi Banyani.
Weil ich Hindu bin.

e. *kama nini?*   »wie was?«   »wie zum Beispiel?«

Dieter: Makaa haya meusi sana.
Diese Kohlen sind sehr schwarz.
Manfred: Ya meusi *kama nini?*
Wie schwarz sind sie (zum Beispiel)?
Dieter: Ya meusi kama lami.
Sie sind schwarz wie Teer (pechschwarz).

f. wapi?   wo? woher? wohin?
-a *wapi?*   von wo?

Swali: Wageni wa*ko wapi?*
Wo sind die Gäste?

Jibu: Wageni wamekaa uani, wanaota jua.
Die Gäste sitzen im Hof, sie sonnen sich.

Swali: Karin ataka kwenda *wapi*?
Wohin will Karin gehen?
Jibu: Ataka kwenda kutembea mjini.
Sie will in der Stadt spazierengehen.

Swali: Ataka kufanya *nini* mjini?
Was will sie in der Stadt machen?
Jibu: Anakusudia kununua viatu.
Sie beabsichtigt, Schuhe zu kaufen.

Swali: Atanunua *wapi* viatu?
Wo wird sie die Schuhe kaufen?
Jibu: Nadhani stesheni.
Ich glaube, am Bahnhof.

Swali: Naye atoka *wapi*?
(Und) woher kommt sie?
Jibu: Atoka Flensburg.
Sie kommt aus Flensburg.

Swali: Lakini wazazi wake ni *wa wapi*?
Aber woher stammen ihre Eltern?
Jibu: Nadhani ni wa Udachi ya Kaskazini pia.
Ich glaube, sie stammen auch aus Norddeutschland.

Wapi ist ein Adverb des Ortes. Es steht daher *immer nach dem Zeitwort*, auf das es sich bezieht. Er bedarf jedoch der Vorsicht nach dem Hilfsverb *ni*.

    Mume na mke ni wapi?   Welche (Leute) sind Ehemann und Ehefrau? (selektiv)

Wapi fragt nach mume und mke; da es sich auf diese Substantive bezieht, ist es ein Personalpronomen (vgl. 1 b, wapi aus -pi!).

Hier bezieht sich *wapi* auf das Hilfsverb wa:

    Mume na mke wa*ko wapi*?   Wo befinden sich der Ehemann und die Ehefrau? (Eindeutige Frage nach dem Ort wegen -**ko**) vgl. Wiederholung Seite 67/71!

    Amekwenda *wapi*?   Wohin ist er gegangen?
    Ametoka *wapi*?   Woher ist er gekommen?
    Akaa *wapi*?   Wo wohnt er?
        aber:
    Ni wapi alikokwenda?   In welche Richtung ist er gegangen?
        (Auswahl aus vielen möglichen Richtungen)
    Wamerudi *kutoka wapi*?   Von wo sind sie zurückgekommen?
    Wamerudi kutoka Kenya.   Sie sind aus Kenia zurückgekommen.

g. *gani*?   was für ein?
Es steht immer *nach* dem Substantiv, auf das es sich bezieht.

Swali: Wageni hawa (ni) watu *gani*?
        Was für Leute sind diese Gäste?
Jibu: Wageni hawa ni Waingereza.
        Diese Gäste sind Briten.

Swali: Nilete vitabu *gani*?
        Was für (welche) Bücher soll ich bringen?
Jibu: Lete vile vidogo!
        Bringe die kleinen!   (jene kleinen)

h. *kiasi gani*?   wieviel? (Menge),   wie teuer?

Swali: Wataka sukari *kiasi gani*?
        Wieviel Zucker möchtest du haben?
Jibu: Nataka ratili mbili.
        Ich will zwei Pfund haben.

Swali: Ratili mbili *kiasi gani*?
        Wieviel kosten zwei Pfund?
Jibu: Jumla shilingi moja.
        Einen Schilling zusammen.

i. *muda gani*?   wie lange?   (Zeitabstand)

Swali: Safari imechukua *muda gani*?
        Wie lange hat die Reise gedauert?

Jibu: Imechukua muda wa saa saba.
Sie hat sieben Stunden gedauert.

k. *namna gani?*   was für eine Sorte?, wie?, auf welche Weise?

Swali: Mume wako amenunua motakaa (ya) *namna gani?*
Was für ein Auto hat dein Mann gekauft?
Jibu: Amenunua Fodi.   (Ford)
Er hat einen Ford gekauft.
Swali: Wa fungua *namna gani* mlango huu?
Wie öffnest du diese Tür?

l. *mahali gani?*   welcher Platz?,   wo?

Swali: Mwalimu aketi *mahali gani?*
Wo sitzt der Lehrer?
Jibu: Huketi katika kiti hiki.
Er sitzt auf diesem Stuhl.

m. *kwa sababu gani?*   warum?   aus welchem Grunde?

Swali: *Kwa sababu gani* umekuja Udachi?
Warum bist du nach Deutschland gekommen?
Jibu: Nimekuja hapa ili nisomee uganga.   (s. Möglichkeitsform)
Ich bin hierher gekommen, um Medizin zu studieren.

n. *lini?*   wann?
Es steht meistens unmittelbar nach dem Verb, auf das es sich bezieht.

Swali: Ulirudi *lini* kutoka Nairobi?
Wann kamst du von Nairobi zurück?
Jibu: Nalirudi jana usiku.
Ich kam gestern abend zurück.

Swali: Utaanza *lini* kufanya kazi tena?
Wann wirst du wieder anfangen zu arbeiten?
Jibu: Labda kesho.
Vielleicht morgen.

Swali: Nadhani hukulala saa nyingi.   Umeamka **lini?**
Ich glaube, du hast nicht lange geschlafen. Wann bist du aufgestanden?

73

Jibu: Nimeamka sasa hivi.
Ich bin eben aufgestanden.

»lini« kann nur in der Vergangenheit und Zukunft verwendet werden. Steht im Deutschen eine Frage im Präsens, so muß sie im Suaheli in der Zukunft übersetzt werden:

Wann gehst du in die Stadt?	Utakwenda lini mjini?
Wann kommt ihr nach Hause zurück?	Mtarudi lini nyumbani?
Wann sehen wir uns wieder?	Tutaonana lini tena?

Allerdings kann eine deutsche Frage in der Gegenwart auch im Suaheli durch die Gegenwart ausgedrückt werden, und zwar entweder durch die Gewohnheitsform (man pflegt zu) oder die unbestimmte Form (ohne Zeitsilbe). In solchen Fällen bezieht sich die Frage auf genaue Zeitangaben:

Swali: Watu hulala lini?
Wann schläft der Mensch?

Swali: Mwala lini kijio?
Wann eßt ihr zu Abend?

Aussagen, die allgemeine Gültigkeit haben, werden im Suaheli in die Mehrzahl gesetzt. Im Deutschen stehen sie meistens in der Einzahl: Man geht zu Fuß, eine Brücke wird aus Stein gebaut, etc.

Wanadamu hutembea, ndege huruka, samaki huogelea.
Der Mensch geht, der Vogel fliegt, der Fisch schwimmt.

o. *tangu lini*? seit wann?

Swali: *Tangu lini* umekaa hapa? (Umekaa hapa tangu lini)
Seit wann wohnst du hier?
Jibu: Tangu mwaka wa 1950, yaani tangu miaka kumi na mitatu.
Seit 1950, das heißt seit dreizehn Jahren.

p. *vipi*? wie? auf welche Weise?
Es steht nach dem Verb, auf das es sich bezieht.

Swali: Mtoto alianguka *vipi*?
Wie fiel das Kind hin?
Jibu: Alianguka chali.
Es fiel auf den Rücken.

q. *-je?* wie? was?
Es wird an das Verb angehängt.

Swali: Waona*je*?
Wie siehst du die Sache an?
Was ist deine Meinung?
Jibu: Ni kesi ya jinai.
Es ist ein Kriminalfall.

Steht »je« allein am Satzanfang, dann kündigt es nur an, daß eine Frage folgt.

Swali: Je, mtafunga lini safari?
Nun, wann tretet ihr die Reise an?
Jibu: Twatumaini kuondoka kesho.
Wir hoffen morgen abzufahren.

ZOEZI LA SABA:
a. Maswali ya sentensi hizi nini?

Jirani yangu ana watoto watano. Colombus alivumbua Amerika. Baisikeli hii ya rafiki yangu. Jana tulikula samaki. Watu hula kwa sababu wanaona njaa. (Watu hula ili kuishi). Sukari ni tamu kama asali. Nalinunua sanduku jipya hili mjini. Wazungu hawa watoka Uswisi. Kenya itapatu uhuru mwaka huu. Amefariki tangu saa mbili.

b. Jibu maswali yafuatayo kwa Kiswahili

Tangu lini wajifunza Kiswahili? Kwa nini wajifunza Kiswahili? Wewe huenda lini kazini, asubuhi au jioni? Yachukua muda gani kutoka kwako mpaka hapa? Rafiki yako ana motakaa aina gani? Ulikwenda wapi shuleni? Kwa sababu gani watu huenda kwa daktari?Wafanya kazi gani? Watu hufanya nini vitani? Nani walioijenga motakaa ya kwanza katika Udachi?

DATIV UND AKKUSATIV

Soweit es sich um Substantive handelt, gibt es keinen Unterschied zwischen Nominativ, Genitiv, Dativ und Akkusativ. Dennoch gibt es Subjekt- und Objekt-Silben. Die Kennsilben der Personalpronomen dienen als Subjekt-

Silben (vgl. Seite 38!). Diese Silben sind in der Wa-Klasse unregelmäßig. Bei den übrigen Klassen lauten sie für Nominativ, Dativ und Akkusativ gleich. Es sind wiederum die Kennsilben der jeweiligen Klassen (Tabelle I, Spalte 3).

Wa-Klasse:

Subjekt-Silbe		Objekt-Silbe	
ni–	ich	–ni–	mir, mich
u–	du	–ku–	dir, dich
a–	er, sie, es	–m–	ihm, ihr; ihn, sie, es
tu–	wir	–tu–	uns
m–	ihr	–wa–	euch
wa–	sie	–wa–	ihnen, sie

Die Subjekt-Silbe *muß gebraucht werden,* auch wenn das Substantiv oder das Personalpronomen dabei steht:

Nominativ

anasoma	er liest (Subjekt-Silbe steht allein)
yeye anasoma	er liest (Personalpronomen + Subjektsilbe)
mtoto anasoma	das Kind liest (Substantiv + Subjekt-Silbe)
kisu kinang'aa	das Messer glänzt

Akkusativ

Subjekt	Prädikat	Objekt	
mtoto	anasoma	kitabu	(irgend ein Buch)
watoto	wanasoma	vitabu	
mtoto	anakisoma	kitabu	(ein bestimmtes Buch)
watoto	wanavisoma	vitabu	

        1 2 3 4
        a – na – ki – soma

1	a–	Subjekt-Silbe der 3. Person Einzahl
2	–na–	Zeitsilbe für Verlaufsform im Präsens
3	–ki–	Objekt-Silbe (Kennsilbe) der Ki-Klasse
4	–soma	Stamm des Verbs

Reihenfolge: Subjekt-Silbe – Zeit-Silbe – Objekt-Silbe – Verb
Swali: Watoto wanafanya nini?   Was machen die Kinder?
Jibu: Wanasoma vitabu.   Sie lesen Bücher.

Swali: Watoto wanasoma vitabu?   Lesen die Kinder Bücher?
Jibu: Ndiyo, wanasoma vitabu.   Ja, sie lesen Bücher.
Swali: Wanavisoma vipya vile?   Lesen sie jene neuen?
Jibu: Ndiyo, wanavisoma.   Ja, sie lesen sie.
Wanafunzi wanavisoma vitabu vipya vya Kiswahili.

Dativ
Wie wir gesehen haben, wird die Objekt-Silbe zwischen die Zeit-Silbe und den Stamm des Verbs gestellt. Diese Stellung gilt für Dativ und Akkusativ. Wie im Deutschen ist der jeweilige Fall vom Verb abhängig.

a – na – **ni** – ona   er sieht mich   (Akkusativ)
a – na – **ni** – ambia   er sagt es mir   (Dativ)

Man beachte in der Wa-Klasse die folgenden Lautveränderungen vor Vokalen:

ni-li-ku-ona = nili**kw**ona   ich sah dich
tu-li-m-onya = tuli**mw**onya   wir warnten ihn
a-ta-tu-ambia = ata**tw**ambia   sie wird es uns sagen

Nina**kw**onya kama binadamu na Mkristo
Ich warne dich als Mensch und Christ. (W. Busch)

Niimbie wimbo mzuri! (aus uniimbie – Höflichkeitsform)
Sing **mir** ein schönes Lied!

Niimbieni wimbo mzuri!
Singt **mir** ein schönes Lied!

Tuimbie (= **tw**imbie) wimbo mzuri!
Sing **uns** ein schönes Lied!

... ila **tu**okoe (= **tw**okoe) maovuni
... sondern erlöse **uns** von dem Übel (bibl.)

Man merke ferner die Lautveränderungen bei der unbestimmten Zeit! siehe Seite 59

tunakula   wir essen gerade
twala   wir essen

Orodha ya pili (Tabelle II)

		1 Subjekt	2 Subjekt-silbe	3 Zeit-silbe z. B.	4 Objektsilbe	5 Verb z. B.
I		(mimi) ich	ni-, na	-na-	-ni- mich, mir	andika
		(wewe) du	u-, wa-	-li-	-ku- dich, dir	angua
		(yeye) er, sie	a-	-me-	-m- ihn, ihm	endesha
		(sisi) wir	tu-, twa-	-ta-	-tu- uns	jaza
		(ninyi) ihr	m-, mwa-	-ka-	-wa- euch	jenga
		(wao) sie	wa-	-ki-	-wa- sie, ihnen	ambia
II	mti	Baum	u-, wa-	-nge-	-u- den, dem Baum	panda
	miti	Bäume	i-, ya-	-ngali-	-i- die, den Bäume(n)	ona
III	kiti	Stuhl	ki-, cha-	-napo-	-ki- den, dem Stuhl	uza
	viti	Stühle	vi-, vya-	-lipo-	-vi- die, den Stühle(n)	pangusa
IV	tunda	Frucht	li-, la-	-takapo-	-li- die, der Frucht	pa
	matunda	Früchte	ya-	-sipo-	-ya- die, den Früchte(n)	nunua
V	njia	Weg	i-, ya-	-liko-	-i- den, dem Weg	fuata
	njia	Wege	zi-, za-	-limo-	-zi- die, den Wege(n)	chimba
VI	uma	Gabel	u-, wa-	-liokuwa	-u- die, der Gabel	gundua
	nyuma	Gabeln	zi-, za-	- - -	-zi- die, den Gabeln	ficha
VII	mahali	Platz	pa-		-pa- den, dem Platz	kausha
	mahali	Ort	ku-, kwa-		-ku- die, den Orte(n)	nusa
	mahali	geschlossener Raum	m-, mwa-		-m- den, dem geschlossenen Raum	pamba
VIII	kufa	Sterben	ku-, kwa-		-ku- das, dem Sterben	shuhudia

Die Dativ- und Akkusativ-Silben können nicht nebeneinander im selben Satz vorkommen; wenn dies geschieht, fällt die Akkusativ-Silbe aus – dafür wird das Substantiv selbst im Akkusativ ausgedrückt:

Bwana anaionyesha **kazi**.	Der Herr zeigt **die Arbeit**.
Bwana anamwonyesha *mtumishi* kazi.	Der Herr zeigt **dem Diener** die Arbeit.
Bwana anamwonyesha kazi.	Der Herr zeigt **ihm** die Arbeit.
Mama amenunua **viatu**.	Die Mutter hat **Schuhe** gekauft.
Amevinunua dukani humu.	Sie hat **sie** in diesem Laden gekauft.
Amemnunulia mumewe.	Sie hat für **ihren** Gatten gekauft.

Amemnunulia mumewe **viatu hivyo**.	Sie hat **sie ihrem** Gatten gekauft.
Amemnunulia **viatu**.	Sie hat **sie** ihm gekauft.

vgl. die präpositionale Form der abgeleiteten Verben! (S. 145)

Manfred aliandika **barua**.	Manfred schrieb **einen Brief**.
Aliiandika **barua hiyo** jana.	Er schrieb gestern **den Brief**.
Alimwandikia Heinz barua hiyo.	Er schrieb den Brief **an** Heinz.
	Er schrieb den Brief **für** Heinz.

Um Mißdeutungen zu vermeiden, wählt man ein anderes Verb anstatt »andika« oder man ergänzt den Satz:

Alimsaidia Heinz kuiandika barua hiyo.	Er half Heinz, den Brief zu schreiben.
Alimwandikia barua hiyo, kwa sababu Heinz hajui kuandika bado.	Er schrieb den Brief **für ihn**, weil Heinz noch nicht schreiben kann.

Sprichwörter und Aphorismen VI

13. Njia ya mwongo ni fupi.   wörtl.: Der Weg eines Lügners ist kurz.
    Sinn: Lügen haben kurze Beine.

14. Mume ni kazi, mke ni nguo.   wörtl.: Der Mann denkt an die Arbeit, die Frau ans Kleid.

ZOEZI LA NANE

a. Fasiri kwa Kidachi

Naliwaona mjini jana. Baba yenu aliwapa fedha nyingi. Leo mtanunua viatu vya Kitaliani Mmekisoma kitabu hiki cha Kiswahili? Alitusimulia visa vya Kiarabu. Mbwa huyu mkali, atamwuma paka wako. Mbwa wa jirani yangu haumi wageni. Kamusi ya Kirusi haitakufaa kwa sababu hujui Kirusi. Mtoto yule anamtafuta nani? Mvinyo huidhuru afya? Watu hula matofaa. Meli inaikaribia bandari. Wasafiri watazinunua tikiti kesho. Nitaijibu barua hii leo. Watu werevu huweka akiba fedha zao katika banki. Waarabu, Wahispania, Waingereza na Wareno waliwatia utumwani Waafrika wengi sana. Mtumishi apiga pasi nguo za tajiri wake. Askari wanalala upande pande handakini. Watoto wema huwatii wazazi wao.

b. Jibu maswali haya

Wapishi hufanya nini? Mbwa humfuata nani? Ng'ombe hali nyama? Mganga huwaponya watu gani? Wana hufanana na nani? Watt aliunda nini? Jemadari huamuru nani? Warumi walisema lugha gani? Mwanahewa huendesha nini? Jaji huwahukumu watu wa namna gani? Upi ni mji mkuu wa Udachi? Mji huo una wakazi wangapi?

INFINITIVSÄTZE MIT »KU« (ZU)

Bei Infinitivsätzen steht das zweite Verb im Infinitiv, auch wenn ein Objekt von ihm abhängt. Auch zwei oder mehrere Verben können im Infinitiv stehen.

Nataka kuona.	Ich will sehen.
Nataka kumwona.	Ich will ihn sehen.
Nataka kumpa kitabu.	Ich will ihm ein Buch geben.
Nalitaka kuja kukwambia.	Ich wollte kommen und es dir sagen.

Man merke: Das Verb »-isha« II

Nach dem Verb »-isha«, wenn es als Hilfsverb gebraucht wird, stehen die darauffolgenden Verben *ohne* Infinitiv:

Amekwisha soma.	Er hat schon gelesen.
Amekwisha mwona.	Er hat ihn schon gesehen.
Amekwisha mpa kitabu.	Er hat ihm schon ein Buch gegeben.

Alle einsilbigen Verben sowie das Verb *enda* stehen im Infinitiv nach dem Hilfsverb »-isha«:

Wamekwisha kufa.	Sie sind schon verstorben.
Wamekwisha kwenda huko.	Sie sind schon hingegangen.

Ein Verb, das auf diese Weise nach dem einsilbigen Verb sowie nach dem Verb *enda* kommt, muß im Infinitiv stehen:

Amekwisha kwenda kutembea.	Er ist schon spazierengegangen.
Amekwisha kuja kukwambia.	Er ist schon hergekommen, um es dir auszurichten.

Man unterscheide:

Amekwisha ona.	Er hat schon gesehen.
Amekwisha kuona.	Er hat dich schon gesehen. (Das »ku« hier ist die Objekt-Silbe!)

Die folgenden Verben bilden Infinitivsätze. (Es sind nur die häufigsten.)
acha, anza, bembeleza, -enda, faulu, furahi, hitaji, -isha, jaribu, jifunza, jitahidi, jua, kataa, kawia, kubali, kusudia, lazimisha, ogopa, omba, pata, penda, ruhusu, sahau, saidia, shawishi, taka, tangulia, thubutu, tumaini, weza, zidi, zoea.

Beispiele:
    Mke wangu anaogopa **ku**safiri nami.
    Meine Frau fürchtet sich, mit mir zu reisen.
    Kesho nitaanza **ku**kisoma kitabu kipya hiki.
    Morgen werde ich beginnen, dieses neue Buch zu lesen.
    Umesahau **ku**vileta vyombo vyako.
    Du hast vergessen, deine Geräte mitzubringen.
    Tulikusudia **ku**rudi Afrika.
    Wir beabsichtigten, nach Afrika zurückzugehen.
    Twatumaini **ku**onana tena.
    Wir hoffen, uns wiederzusehen.

Verben der Pflicht   bidi, lazimu, pasa
    Alikuwa na njaa ikatubidi **ku**mnunulia chakula.
    Er hatte Hunger, und es war unsere Pflicht, ihm Essen zu kaufen.
    Tumechelewa, kwa hiyo yatulazimu **ku**chukua taksi.
    Wir haben uns verspätet, darum müssen wir ein Taxi nehmen.
    Yanipasa **ku**lipiga pasi shati hili kwa sababu nitalitumia kesho.
    Ich muß dieses Hemd bügeln, weil ich es morgen anziehen (benutzen) werde.

Das Verb kuwa: *sein, werden*

a. *werden*

		Verneinung
ninakuwa	ich werde gerade	siwi
nalikuwa	ich wurde	sikuwa
nimekuwa	ich bin geworden	sijawa
nitakuwa	ich werde werden	sitakuwa
nawa	ich werde	siwi
mimi huwa	ich pflege zu werden	mimi siwi
Kuwa!	Werde!	Usiwe!

b. *sein*

ni	ich bin	mimi si
nalikuwa	ich war	sikuwa
nimekuwa	ich bin gewesen	sijawa
nitakuwa	ich werde sein	sitakuwa
Kuwa!	Sei!	Usiwe!

c. Ulikuwa mwalimu.	Du wurdest Lehrer; du warst Lehrer.	
Umekuwa mgonjwa.	Du bist krank geworden.	
U mgonjwa.	Du bist krank.	
Unakuwa mgonjwa.	Du wirst gerade krank.	
Ulikuwa mgonjwa.	Du warst krank; du bist krank gewesen.	

Entweder: Sikuwa na fedha.   Ich hatte kein Geld.
Oder: Nalikuwa sina fedha. Ich hatte kein Geld.

d. Tulikuwa tunaimba.   Wir sangen gerade.
   Tulikuwa hatuimbi.   Wir sangen nicht.
   Hatukuwa tunaimba.   Wir sangen nicht.
   Tulikuwa tumeimba.   Wir hatten gesungen.
   Tulikuwa tumekwisha imba.   Wir hatten schon gesungen.
   Tulikuwa hatujaimba.   Wir hatten noch nicht gesungen.
   Hatukuwa tumeimba.   Wir hatten nicht gesungen.
   Tutakuwa tunaimba.   Wir werden gerade singen.
   Tutakuwa tumeimba.   Wir werden gesungen haben.

Man gebraucht »kuwa«, um die 2. Vergangenheit (Plusquamperfekt) und die 2. Zukunft (Futur) zu bilden. Die Verneinung erfolgt entweder bei »kuwa« oder bei dem darauffolgenden Verb.

Ninakuwa mwalimu. Siwi mwanafunzi tena. Unakuwa mrefu kama mimi, lakini huwi mzito kama mimi. Alikuwa mgonjwa miezi miwili na nusu. Hakuwa mvivu hata mara moja. Uganda imekuwa huru tangu miaka mingapi? Nchi zipi za Kiafrika hazijawa na uhuru kamwe? Utakuwa mjini mwezi huu? Nadhani hatutakuwa nyumbani jioni. Mbwa zako wawa wakali siku hizi. Wanashule wale wamekuwa wakaidi sana; inampasa mwalimu wao kuwatia adabu mara moja. Sikuweza kuja kwa sababu sikuwa na nafasi Hakuweza kuvinunua vitabu hivyo maana hakuwa na fedha; alikuwa hana hata senti moja mfukoni.
Wanafunzi walikuwa hawaimbi; wala hawakuwa wanacheza. Kila mara yeye huwa ana kazi nyingi. Tulikuwa tumekwisha kula, na wao walikuwa wamekwisha ondoka. Mapolisi walimtafuta sana mwizi huyo, wakapata amekwisha fariki. Kulikuwa na wakazi wengi zaidi nchini humu kabla ya vita. Hamkuwa na watu wengi kanisani kama kawaida.

ZOEZI LA TISA

Fasiri kwa Kiswahili
Der Schüler gewöhnt sich daran, Suaheli zu sprechen. Sie hat ihrer Mutter den Koffer tragen geholfen. Ich freue mich sehr, dich hier treffen zu können. Deine Kinder können noch nicht lesen. Wir fuhren fort, das zweite Kapitel zu lesen. Er weigerte sich, die Befehle zu befolgen. Wer wird wagen, voranzugehen? Wir bemühen uns sehr, Suaheli zu lernen. Meine Freunde sind einverstanden, mit uns zu kommen. Schulkinder lernen lesen, schreiben und rechnen. Die Frauen sind gegangen, Wasser zu holen. Du versuchtest nicht, ihn zu retten. Ich habe ihn schon zweimal gewarnt. Hört auf, Lotto zu spielen! Rede deinen Kameraden gut zu, mit dir zu kommen! Der Leopard frißt gerne Ziegen. Ich erfuhr es. Sie wird uns vielleicht überreden, morgen ins Kino zu gehen. Es wird der Polizei gelingen, den Dieb festzunehmen.

DIE WUNSCH- UND MÖGLICHKEITSFORM (KONJUNKTIV I)

Die Wunsch- und Möglichkeitsform wird wie die Höflichkeitsform des Imperatives gebildet (s. S. 52!). Sie besteht aus der Kennsilbe des Personalpronomens + Verb in der Wa-Klasse, in den übrigen Klassen aus Kennsilbe + Verb. An die Stelle des -a, auf das die Bantu-Verben endigen, tritt ein -e. Die Verben fremden Ursprungs ändern sich nicht. Bei der Verneinung tritt -si- zwischen die Kennsilbe und den Stamm des Verbs.

I.

	(wörtl.)	*Verneinung*
nisome	ich möge lesen	nisisome
ule	du mögest essen	usile
arudi	er möge zurückkommen	asirudi
tusome	wir mögen lesen	tusisome
mle	ihr möget essen	msile
warudi	sie mögen zurückkommen	wasirudi
mti uanguke	der Baum möge fallen	mti usianguke
miti ianguke	die Bäume mögen fallen	miti isianguke
chakula kiive	die Speise möge gar werden	chakula kisiive
vyakula viive	die Speisen mögen gar werden	vyakula visiive
tunda liive	die Frucht möge reifen	tunda lisiive
matunda yaive	die Früchte mögen reifen	matunda yasiive
mvua inyeshe	der Regen möge fallen	mvua isinyeshe

taa ziwake	die Lampen mögen brennen	taa zisiwake
uma uchome	die Gabel möge stechen	uma usichome
nyuma zichome	die Gabeln mögen stechen	nyuma zisichome
mahali paonekane	die Stelle möge sichtbar sein	mahali pasionekane
nyumbani kupendeze	das Zuhause möge gefallen	nyumbani kusipendeze
jikoni mnukie	es möge in der Küche duften	jikoni msinukie
kufa kuje	das Sterben möge kommen	kufa kusije

Die Verneinung ist bei Befehlsform und Wunschform gleich (s. unten).

II. Dativ und Akkusativ

Man unterscheide zwischen Befehlsform und Wunschform:

Befehlsform		Wunschform	*(wörtl.)*
Mtume!	Sende ihn!	Umtume	Du mögest ihn senden
Watume!	Sende sie!	Uwatume	Du mögest sie senden
Mpe!	Gib ihm!	Umpe	Du mögest ihm geben
Usimpe!	Gib ihm nicht!	Usimpe	Du mögest ihm nicht geben
Wape!	Gib ihnen!	Uwape	Du mögest ihnen geben
Nipe!	Gib mir!	Unipe	Du mögest mir geben
Usinipe!	Gib mir nicht!	Usinipe	Du mögest mir nicht geben
Niwie radhi!	Verzeihe mir!	Uniwie radhi	Du mögest mir verzeihen
Jihadhari usije ukateleza!		Paß auf, damit du nicht rutschst	

In der Befehlsform beginnt der Satz mit der *Objekt-Silbe*. Der Satz besteht aus Objekt-Silbe + Verb im Konjunktiv. In der Wunschform beginnt der Satz mit dem *Personalpronomen*. Der Satz besteht aus Personalpronomen + Objekt-Silbe + Verb im Konjunktiv; bei den übrigen Klassen tritt die Kennsilbe an die Stelle des Personalpronomens (vgl. S. 27–28 und 39).

Befehlsform		**Wunschform**	**Verneinung**
ohne Objekt-Silbe	mit Objekt-Silbe	(Höflichkeitsform)	
Lea mtoto	Mlee mtoto	Umlee mtoto	Usimlee mtoto
Tuma watoto	Watume watoto	Uwatume watoto	Usiwatume watoto
Ita paka	Mwite paka	Umwite paka	Usimwite paka
Fukuza paka	Wafukuze paka	Uwafukuze paka	Usiwafukuze paka

Kata mkate	Ukate mkate	Uukate mkate	Usiukate mkate
Funga mizigo	Ifunge mizigo	Uifunge mizigo	Usiifunge mizigo
Weka kisu	Kiweke kisu	Ukiweke kisu	Usikiweke kisu
Ficha vyeti	Vifiche vyeti	Uvifiche vyeti	Usivifiche vyeti
Soma jibu	Lisome jibu	Ulisome jibu	Usilisome jibu
Sahau maneno	Yasahau maneno	Uyasahau maneno	Usiyasahau maneno
Rithi mali	Zitumie taa	Uirithi mali	Usiirithi mali
Tumia taa	Irithi mali	Uzitumie taa	Usizitumie taa
Imba wimbo	Uimbe wimbo	Uuimbe wimbo	Usiuimbe wimbo
Chota kuni	Zichote kuni	Uzichote kuni	Usizichote kuni
Acha mahali	Paache mahali	Upaache mahali	Usipaache mahali
Fagia jikoni	Mfagie jikoni	Umfagie jikoni	Usimfagie jikoni
Sifu kwenu	Kusifu kwenu	Ukusifu kwenu	Usikusifu kwenu
Penda kuishi	Kupende kuishi	Ukupende kuishi	Usikupende kuishi

In der Mehrzahl ist die Unterscheidung eindeutig:

Twendeni!	Laßt uns gehen!	Twende	Wir mögen gehen
Tusomeni!	Laßt uns lesen!	Tusome	Wir mögen lesen
Tusafirini!	Laßt uns reisen!	Tusafiri	Wir mögen reisen
Mtumeni!	Sendet ihn!	Mmtume	Ihr möget ihn senden
Watumeni!	Sendet sie!	Mwatume	Ihr möget sie senden
Mpeni!	Gebt ihm!	Mmpe	Ihr möget ihm geben
Wapeni!	Gebt ihnen!	Mwape	Ihr möget ihnen geben
Niacheni!	Laßt mich!	Mniache	Ihr möget mich lassen

III. Die indirekte Rede

In der ›indirekten Rede‹ gebraucht man dieselbe Zeit, in der die ›direkte Rede‹ stand. Das Suaheli bevorzugt jedoch die ›direkte Rede‹.

Direkte Rede	*Indirekte Rede*
Rais wa Tanganyika aliwaambia raia wake,	Rais wa Tanganyika aliwaambia raia wake,
a. sifa *yetu* kubwa ni UMOJA.	(kwamba) sifa *yao* kubwa ni UMOJA.
unsere große Ehre ist die Einigkeit.	daß ihre große Ehre die Einigkeit sei; ihre große Ehre sei die Einigkeit.
b. *na*tazamia kila raia kutimiza wajibu wake.	(kwamba) *a*tazamia kila raia kutimiza wajibu wake.
ich erwarte von jedem Bürger, daß er seine Pflicht tut.	daß er von jedem Bürger erwarte, daß er seine Pflicht tut.

c. *tu*litaka uhuru kwa kila mwananchi.
wir wünschten Freiheit für jeden Staatsbürger.

(kwamba) *wa*litaka uhuru kwa kila mwananchi.
daß sie Freiheit für jeden Staatsbürger gewünscht hätten.

d. *ni*meyataja matatizo ha*ya* ...
ich habe diese Probleme erwähnt ...

(kwamba) *a*meyataja matatizo ha*yo* ...
daß er diese Probleme erwähnt habe ...

e. mpango *wetu* wa Miaka Mitatu utaendelea.
unser Dreijahresplan wird durchgesetzt.

(kwamba) mpango *wao* wa Miaka Mitatu utaendelea.
daß ihr Dreijahresplan durchgesetzt werde.

Die Satzstellung im Suaheli ist mit oder ohne »kwamba« = »daß« immer gleich, während sie sich im Deutschen ändert. Jedoch kommen im Suaheli vier Änderungen zustande:

	Direkte Rede	Indirekte Rede
Personalpronomen	mimi; ni; na; ni	yeye; yu; a; m
	wewe; u; wa; ku	yeye; yu; a; m
	sisi; tu; twa	wao; wa
	ninyi; m; mwa	wao; wa
Possessivpronomen	-angu	-ake
	-ako	-ake
	-etu	-ao
	-enu	-ao
Demonstrativpronomen	huyu; yule	huyo
	hawa; wale	hao
	hapa; pale	hapo
	huku; kule	huko
	humu; mle	humo
Adverbien der Zeit	sasa	wakati huo
	sasa hivi	wakati huo huo
	leo	siku hiyo
	jana	siku iliyopita
	kesho	kesho yake

Ali*ni*ambia *ni*ende *leo*.
Wali*tu*kataza *tu*siende.

Ali*mw*ambia *a*ende *siku hiyo*.
Wali*wa*kataza *wa*siende.

IV. damit, um ... zu   ili

a. Wamekuja ili waweze kuzungumza nami. (auch: ili kuweza)
Sie sind gekommen, um sich mit mir unterhalten zu können.
Sie sind gekommen, damit sie sich mit mir unterhalten können.

b. **damit, um ... zu**   kupata
Nipashe habari nami nipate kujua pia.
Benachrichtige mich, damit ich auch Bescheid weiß.
Twaenda stesheni tupate kumwaga.
Wir gehen zum Bahnhof, um uns von ihm zu verabschieden.

V. ohne daß, ohne ... zu

Alikuja mara nyingi as*i*nikute. (anstatt: bila kunikuta)
Er kam mehrmals, ohne mich zu treffen.
vergleiche:
Alikuja mara nyingi lakini hakunikuta.
Er kam mehrmals, aber er traf mich nicht.
Alipita nis*i*mwone.
Er ging vorbei, ohne daß ich ihn sah.
vergleiche:
Alipita lakini sikumwona.
Er ging vorbei, aber ich sah ihn nicht.

VI.

a. **Verben des Verbietens**   kataza, kanya, rufuku
Mwalimu aliwakataza watoto wasile darasani.
Der Lehrer verbot den Kindern, in der Klasse zu essen.

b. **Verben des Verhinderns**   zuia, pinga
Polisi huwazuia mahabusi wasitoroke.
Der Polizist hindert die Gefangenen daran, fortzulaufen.

Aber: Verb des Verneinens   kana
Alikana hakuwa nyumbani. (Doppelverneinung)
Er leugnete, daß er zu Hause gewesen sei.

VII. Zur Verstärkung wird oft »na« vorangesetzt

Na mfanye bidii.	Strengt euch (dennoch) an.
Na niambie unakwenda wapi.	(Aber) sag mir noch, wohin du gehst.
Na usisahau kununua sukari.	(Und) vergiß nicht, Zucker zu kaufen.

VIII. Ausdrücke der Verpflichtung

    Sharti uende.   Du mußt gehen; es ist notwendig, daß du gehst.

    Lazima tuwapashe habari.   Wir müssen sie benachrichtigen.

ZOEZI LA KUMI

a. Fasiri kwa Kiswahili

Sage ihm, er möge die Tür öffnen. Sage den Kindern, sie sollen nicht zu spät kommen. Tue einem Menschen Gutes, er kann dir nichts Böses antun. Sagt nicht, daß ihr kein Geld habt. Du sollst nicht stehlen. Gott möge euch behüten. Er machte viele Versuche, ohne Erfolg zu haben. Was sollen wir tun, damit er uns unser Geld zurückgibt? Lobe Gott, ehre deine Eltern, gehorche deinen Vorgesetzten, befolge das Gesetz! Weide meine Schafe!

b. Andika kwa maneno ya kuarifu   (Indirekte Rede)

Mwalimu aliwaambia, »M wanafunzi hodari. Kazi yenu ilinipendeza. Mniwie radhi kwa sababu sikusahihisha mazoezi yenu ya jana. Tuanze kusoma. Manfred aanze kusoma. Tumelimaliza somo hili la sita.«

Manfred alisimulia, »Mimi mtoto mdogo. Jina langu Manfred Schulze. Ni mwanafunzi wa skuli hii. Lakini sitaendelea na masomo kwa sababu wazazi wangu ni maskini. Baba yangu hapati fedha nyingi na mamangu hapati kazi. Pengine mama huuza matunda na mboga sokoni pale.«

Sprichwörter und Aphorismen VII

15. Uwongo una ncha saba.		wörtlich:	Die Lüge hat sieben Spitzen.
		Sinn:	Lüge vergeht, Wahrheit besteht.
16. Msema kweli hakosi		wörtlich:	Wer die Wahrheit sagt, geht nicht fehl.
		Sinn:	Ehrlich währt am längsten.

KONJUNKTIONEN

ama, au   *oder*

                 Nitanunua viatu *ama* suruali, nawe ununue shati *au* kofia.

ama ... ama (au ... au) *entweder ... oder*

                 Nitanunua *au* viatu *au* suruali, nawe ununue *ama* shati *ama* kofia.

bali	*sondern*
	Wewe si mwalimu *bali* mwanafunzi.
	Du bist kein Lehrer, sondern ein Schüler.
baada ya	*nachdem*
	Baada ya kumaliza masomo yangu nitarudi Afrika.
	Nachdem ich mein Studium beendet haben werde, kehre ich nach Afrika zurück.
basi	*und so, also, daher* (vorangesetzt)
	schon gut (nachgesetzt)
	Mume wangu amepata kazi ya afisi. *Basi*, ataanza kufanya kazi huko.
	Mein Mann hat Büroarbeit gefunden. Er wird daher beginnen, dort zu arbeiten.
bila	*ohne*
	Alikwenda *bila* kusema neno.
	Er ging, ohne ein Wort zu sagen.
halafu	*nachher, später, dann*
	Kwanza nitakuandikia barua *halafu* nitakupigia simu.
	Zuerst schreibe ich dir, dann rufe ich dich an.
hata	*selbst wenn, auch wenn, selbst dann*
	Hata ukiwa na njaa usiende barabarani kuomba.
	Auch wenn du Hunger hast, bettle nicht auf der Straße.
hata hivyo	*trotzdem*
	Sina nafasi, *hata hivyo* nitakwenda sinema.
	Ich habe keine Zeit, trotzdem werde ich ins Kino gehen.
ikiwa	*falls, wenn, gesetzt den Fall*
	Ikiwa utahitaji msaada wangu tena, nipigie simu.
	Falls du wieder meine Hilfe brauchst, rufe mich an.
ila	*außer wenn, ausgenommen daß*
	Inawabidi kulipa nauli yote *ila* m wanafunzi.
	Ihr müßt für die ganze Fahrt zahlen, außer wenn ihr Schüler seid.
ili	*um ... zu, damit*
	Wamekuja Udachi *ili* kujifunza utabibu.
	Sie sind nach Deutschland gekommen, um Medizin zu studieren.
	Wamekuja Udachi *ili* wajifunze utabibu.
	Sie sind nach Deutschland gekommen, damit sie Medizin studieren können.

ingawa	*obwohl, obgleich*

Alithubutu kuogelea *ingawa* kulikuwa na mamba wengi mtoni.
Er wagte zu schwimmen, obwohl es viele Krokodile im Fluß gab.

juu ya hayo	*überdies, außerdem*

Yeye mgeni hapa, na *juu ya hayo* amekuja Tanga mara ya kwanza.
Er ist fremd hier, und außerdem ist er zum erstenmal nach Tanga gekommen.

kabla ya	*bevor*

Aliniandikia barua *kabla ya* kufunga safari.
Er schrieb mir einen Brief, bevor er die Reise antrat.

kama	*wie, ob, wenn, als ob, so . . . wie*

Dieter ni mrefu *kama* baba yake.
Dieter ist so groß wie sein Vater.
Tutaona *kama* alisema kweli.
Wir werden sehen, ob er die Wahrheit sagte.
Wasafiri walionekana *kama* wamelala njaa siku nyingi.
Die Reisenden sahen aus, als ob sie viele Tage nichts gegessen hätten.
Kama tuna wakati tutakutembelea.
Wenn wir Zeit haben, kommen wir bei dir vorbei.

kama kwamba	*als ob*

Alionekana *kama kwamba* amelala njaa siku nyingi.
Er sah aus, als ob er viele Tage gehungert hätte.

kusudi	*damit, so daß*

Twaja hapa *kusudi* tujifunze Kiswahili.
Wir kommen hierher, damit wir Suaheli lernen.

kwamba	*daß*

Najua *kwamba* m wageni hapa.
Ich weiß, daß ihr hier fremd seid.

kwani	*denn, weil*

Sijui amekwenda wapi, *kwani* sikuwa nyumbani jana.
Ich weiß nicht, wohin sie gegangen ist, denn ich war gestern nicht zu Hause.

kwa hiyo	*darum, deshalb*

Masomo yataanza kesho, *kwa hiyo* mwalimu amekwisha rudi.

kwa maana	Der Unterricht beginnt morgen, darum ist der Lehrer schon zurückgekommen. *weil, denn* Mwalimu amekwisha rudi *(kwa)maana* masomo yataanza kesho. Der Lehrer ist schon zurückgekommen, weil der Unterricht morgen beginnt.
kwa sababu	*weil, denn* wie *kwa maana*
licha ya ... hata	*nicht nur .. sondern auch* *Licha ya* kutoroka, *hata* ameiba fedha. Er ist nicht nur fortgelaufen, sondern er hat auch Geld gestohlen.
lakini	*aber* Tutasafiri Jumamosi *lakini* hatujui tutarudi lini. Wir werden am Sonnabend verreisen, aber wir wissen nicht, wann wir zurückkommen werden.
mbele ya	*vor* Mwalimu amesimama *mbele* yetu. Der Lehrer steht vor uns.
na	*und* Petero *na* Paulo ni wavulana *na* ni wanafunzi wangu.
ndio sababu	*deshalb, darum*
tena	*wieder, auch, außerdem* Mwaka mmoja umepita *tena*. Wieder ist ein Jahr vergangen. Waandikie wazazi wako leo, *tena* watumie nauli. Schreib deinen Eltern heute; schick ihnen auch das Fahrgeld. Yu tabitu, *tena* afundisha. Er ist Arzt, außerdem lehrt er.
wala	*noch* (nach Verneinung), *auch nicht* Hatujui jina lake *wala* anwani yake. Wir kennen seinen Namen nicht, und seine Anschrift auch nicht.
wala ... wala	*weder ... noch* Sitanunua *wala* viatu *wala* kofia. Ich werde weder Schuhe noch einen Hut kaufen.
yaani	*das heißt, das ist, und zwar* Walisema kwamba watafika alasiri, *yaani* mnamo saa nane.

	Sie sagten, daß sie nachmittags ankommen würden, d. h. gegen zwei Uhr.
ya kuwa	*daß* wie *kwamba*

Sprichwörter und Aphorismen VIII

17. Usikate kanzu kabla mtoto hajazaliwa. wörtl.: Laß nicht das Kleid fürs Baby zuschneiden, bevor es geboren ist.
Sinn: Man soll den Tag nicht vor dem Abend loben.

18. Mapenzi hayana macho wala hayana maarifa. wörtl.: Liebe hat weder Augen noch Erkenntnis.
Sinn: Liebe macht blind. (Platon)

ZOEZI LA KUMI NA MOJA
Tia viungo katika nafasi zilizoachwa
1. Twala ... kuishi. 2. Aliniambia ... atakuja kesho. 3. Nchi yetu ya Afrika ina maadui watatu, ... ujinga, umaskini ... magonjwa. 4. Baba yangu alijifunza tu Kiingereza na Kifaransa shuleni, ... ajua Kirusi pia 5. Mwanangu hataki kujifunza Kihispania ... Kiitalia. 6. Sijui la kufanya ... la kusema. 7. ... alikuwa na homa alisafiri Ulaya. 8. Yanilazimu kuifanya kazi hii mbaya ... nahitaji pesa. 9. Ndege wana mabawa, ... waweza kuruka. 10. Kutoa jasho ni jambo zuri ... baya?

DIE ZEITFORMEN MIT »KA«

Der Konsekutivsatz

Im Suaheli wendet man die Zeitform mit »ka« häufig an. Im Deutschen übersetzt man »ka« mit »und«. Man wählt dieselbe Zeit, die das vorhergehende Verb hat. Sie wird vor allem bei Erzählungen, Möglichkeits- und Wunschform sowie Befehlsform verwendet.

Man merke:

1. Die Zeitsilbe *ka* deutet konsekutive Handlungen an.

2. Bei Erzählungen steht das vorangehende Verb bzw. eines der vorangehenden Verben *immer* in der Vergangenheit mit der Zeitsilbe *li*.
Alianguka, akazivunja chupa zote.
Er fiel um und zerschlug alle Flaschen.

Alikwenda kuuza mayai, akaweza kupata wanunuzi.
Er ging Eier verkaufen und konnte Käufer finden.

3. Die Zeitsilbe *ka* muß nach dem Imperativ mit »gehen« verwendet werden, aber *niemals* nach dem Imperativ mit kommen! Die Zeitsilbe *ka* deutet nämlich an: »Geh und tue es dort und nicht hier«!

Nenda ukamwite daktari!   Rufe den Arzt herbei!
Aje akalale hapa. (Konjunktiv)   Er möge kommen und hier schlafen.
Aber: Njoo ulale! (Imperativ)   Komm und schlaf!
                                   (Nicht: Njoo ukalale!)

4. Wenn ein Satz aus einer Reihe von Konjunktiven besteht, die *nicht* voneinander abhängen, genügt es, den *Ka-Konjunktiv* nach dem ersten (Konjunktiv) zu setzen.

Aliwaambia watumishi wake waende nyumbani, waka zioshe, nguo, wapike chakula, waitandike meza, wamngoje afike.
Er bat seine Diener, nach Hause zu gehen, die Kleider zu waschen, das Essen zuzubereiten, den Tisch zu decken und auf ihn zu warten, bis er käme.

Aber wenn die sukzessiven Handlungen voneinander abhängen, sollte man *nur* den reinen Konjunktiv gebrauchen.

Msome, mpate maarifa mengi, yawasaidie.
Ihr sollt zur Schule gehen, damit Ihr zu reichem Wissen kommt, das Euch helfen möchte.

5. Wenn der Konjunktiv in der ersten Person ist, oder wenn das erste Verb im Imperativ steht, dann muß der *Ka-Konjunktiv* verwendet werden, wenn die Handlung woanders oder weit vom Redenden stattfindet.

Twende tukamwone.   Wir wollen hingehen und ihn besuchen.
Safirini mkauone ulimwengu!   Reist, damit Ihr die Welt seht!

6. Wenn das erste Verb *verneint* ist, folgt die *Ka-Zeit ohne Konjunktiv*.

Usiende ukamwita daktari. Asije akalala hapa. Msisome, mkapata maarifa mengi, yakawasaidia. Tusiende tukamwona. Msisafiri mkaona ulimwengu. Tusiende tukamkosa (Laßt uns nicht hingehen, und dann feststellen, daß er nicht dort ist). Hakuwaambia waende nyumbani, wakaziosha nguo, wapike chakula, waitandike meza, wamngoje afike (vergl. 4).

I. Vergangenheit nach Zeitsilbe -li-

Tulikwenda mjini tukanunua vitu vingi.
Wir gingen in die Stadt und kauften viele Sachen.

Tumempigia simu tukamwandikia barua pia.
Wir haben ihn angerufen und ihm auch geschrieben.

II. Vergangenheit mit der Zeitsilbe ka
Die biblischen Geschichten beginnen oft ohne Zeitsilbe.
Petero akaanza kumwambia, »Tazama, sisi tumeviacha vyote tukakufuata wewe. (Markus 10:28)
Da sagte Petrus zu ihm: Siehe, wir haben alles verlassen und sind dir nachgefolgt.
Akawaita wale kumi na wawili wakusanyike, akawapa uwezo na nguvu za kufukuza pepo wote na za kuponya magonjwa. Akawatuma wautangaze ufalme wa Mungu na kuwaponya wagonjwa. Akawaambia, »Msichukue kitu cha njiani, wala fimbo wala mkoba wala chakula wala pesa, tena mtu asiwe na nguo mbili«. (Lukas 9:1-3)

III. Imperativ

Kanawe kwanza kabla ya kula!
Und wasche dir die Hände, bevor du ißt (vor dem Essen)!
Nenda kamwambie siji!
Gehe und sage ihm, ich käme nicht!

IV. Wunsch- und Möglichkeitsform
Twende tukamwamkie.
Laßt uns gehen und ihn besuchen!
Mögen wir gehen und ihn besuchen!
Manchmal besteht im Deutschen kein wesentlicher Unterschied zwischen Befehls- und Wunschform.
Ukaniletee vitabu vyangu pia.
Und mögest du mir meine Bücher auch mitbringen.

V. Die Konjunktion »damit nicht« -sije . . . . . ka– . . .
Usitembee ukingoni usije ukatumbukia majini!
Geh' nicht am Rande, sonst fällst du ins Wasser!
Jihadharini msije mkajikwaa!
Paßt auf, damit ihr nicht stolpert!

VI. Erzählungen
Im Suaheli gibt es keine strenge Regel, wie man eine Erzählung beginnt; es besteht daher eine Fülle von Möglichkeiten. Wir wollen die häufigsten kennenlernen:

Palikuwa na mvuvi mmoja, jine lake Abdula akawa na watoto wawili.
palikuwa   es war (einmal); eigentl. es gab
Zamani palikuwa na jogoo mmoja akakaa mjini na wake zake...
   zamani   einst, früher
Hapo kale katika nchi ya Uganda, watu hawakuweza kupata mavuno...
   hapo kale   in der schon vergangenen Zeit
Siko moja mwalimu wa shule alikuja shambani akataka kuonana...
   siku moja   eines Tages, einmal
   shambani   aufs Land
Zamani za kale kwa sababu kazi zote ziliendelea...
   zamani za kale einst vor langer Zeit
Ikatokea kama mara nyingi Kaka Sungura amemdanganya Kaka Fisi...
   ikatokea   und es geschah
Hapo zamani, kabla Wazungu hawajafika nchi ya Uganda, *mfalme* wa nchi alikwenda kupigana na maadui zake akawaleta *mateka*.
   hapo zamani   in schon lange vergangenen Zeiten
   mfalme   der König
   mateka   der Kriegsgefangene

VII. In Verbindung mit »huja« (aus ja), »huenda« (aus enda)
Kiswahili *huja* ki*ka*wa lugha ya Afrika nzima.
Es könnte geschehen, daß das Suaheli die Sprache für ganz Afrika wird.

Sprichwörter und Aphorismen IX

19. Akili yapita mali.   wörtl.: Verstand ist besser als Vermögen.
20. Wakati ni mali.   Sinn: Zeit ist Geld.

ZOEZI LA KUMI NA MBILI
Tia silabi za viarifa katika nafasi zilizoachwa
   kwa mfano: Mimi -jua watu wengi.   = Mimi najua watu wengi.
              A-teleza akaanguka.   = Aliteleza akaanguka.
Kaendelee!
Nadhani a-rudi kesho. Waliniuliza ni-waambia. U-kwisha kisoma kitabu hiki? Watoto -fanana na wazazi wao. Mtoto a-anguka chini akaanza kulia. Nendeni mle naye! Na-kusudia kusafiri Afrika lakini sikuweza kupata ruhusa. Mwambie rafiki yako kwamba ni-mkuta stesheni. Lakini kwani hukuniarifu ya kuwa u-kuja leo? Walimu -fundisha. Nilikuja, ni-ona, ni-shinda. Ndege wa- mabawa mangapi? Si-mwandikia barua bado.

ADVERBIEN

Das Suaheli hat verhältnismäßig wenig Adverbien des Bantu-Ursprungs. Jedoch gibt es zahlreiche Möglichkeiten, Adverbien zu bilden.

I. Adverbien werden durch Substantive ausgedrückt

Haikunyesha *usiku* huo.	Es regnete nicht jene *Nacht*.
Wanyama wapi huenda kula *usik*u?	Welche Tiere gehen *nachts* fressen?
Hatuipendi *taratibu* ya serikali yetu mpya.	Wir haben das *System* unserer neuen Regierung nicht gern.
Kayaandike maneno haya *taratibu!*	Und schreibe diese Wörter *ordentlich* ab!

II. Adverbien der Zeit stehen entweder am Satzanfang oder am Satzende

Leo nitafanya kazi nyumbani.	Heute werde ich zu Hause arbeiten.
Nitafanya kazi nyumbani *leo*.	Ich werde heute zu Hause arbeiten.
Jana tulikuwa mjini.	Gestern waren wir in der Stadt.

III. Einige Adjektive fremden Ursprungs werden auch als Adverbien gebraucht

k. m. dhahiri, ghali, hakika, kanuni, rahisi, sawa, wazi

Umenunua viatu *ghali*.	Du hast *teure* Schuhe gekauft.
Ameviuza viatu hivi *ghali*.	Er hat diese *teuren* Schuhe verkauft.
Ameviuza *ghali* viatu hivi.	Er hat die Schuhe *teuer* verkauft.

Das Adverb *sana* kann sich auf das Verb, Adjektiv und Substantiv beziehen:

Nchi yetu *huvuta sana* wasafiri.
Unser Land *zieht* Touristen *sehr* an.
Nani kazijenga barabara hizi *pana sana*?
Und wer baut diese *sehr breiten* Straßen?
Dada yako ni *mfasiri sana* wa lugha ya Kifaransa.
Deine Schwester ist eine *sehr gute Übersetzerin* des Französischen.
Man merke:
Ninyi m wageni hapa *bado*. Ihr seid *noch* fremd hier.
Wageni wetu hawajafika *bado*. Unsere Gäste sind *noch nicht* eingetroffen.

IV. Durch die Präfixe ki- oder vi- der Ki-Klasse werden einige Adverbien aus anderen Wortarten abgeleitet, meistens aus Adjektiven

Adjektiv		*Adverb*	
-baya	schlecht	vibaya	schlecht
-dogo	klein	kidogo	ein wenig, ein bißchen

-ema	gut	vema, vyema	gut
-gumu	hart	vigumu	schwierig
-zuri	schön, gut	vizuri	gut
-pi	welches?	vipi?	wie, auf welche Weise?
macho	die Augen	kimacho	wach, wachsam
pindi	ein Zeitabschnitt	kipindi	kurzfristig

Das Adverb *kidogo* wird auch als Adjektiv gebraucht.
Tucheze *kidogo*. Laßt uns *ein bißchen* spielen.
Tumeona watu *kidogo* tu kanisani. Wir haben nur *wenig* Leute in der Kirche gesehen.

V. Adverbien werden auch durch Iteration einiger Wörter gebildet

Ursprungswort		Adverb	
chini	unten	chinichini	unterirdisch, heimlich
juu	oben	juujuu	oberflächlich
kando	an der Seite	kandokando	seitwärts
maji	das Wasser	majimaji	naß, feucht
kati	zwischen	katikati	in der Mitte
mbali	weit	mbalimbali	unterschiedlich
ovyo	untauglich	ovyoovyo	aufs Geratewohl
-pole	sanft, mild	polepole	langsam
sawa	gleich, richtig	sawasawa	genau so, richtig
vile	jene (Ki-Klasse)	vile vile	ebenfalls, auch
wazi	offen, klar	waziwazi	offen, frei

Man merke:
Die verdoppelten Demonstrative sind *immer getrennt* zu schreiben! Man merke auch die Halbverdoppelung:

vile vile	ebenfalls, auch
hivi hivi	so und so
vivyo hivyo	genauso
papa hapa	hier und nicht anderswo
papo hapo	sofort, gleich danach

vergl. Demonstrative! (S. 36)

VI. Adverbien werden gebildet, indem man die Präposition »kwa« (auf) vor einige Substantive und Adjektive setzt

Ursprungswort				
bahati	s	Glück	kwa bahati njema	glücklicherweise
	s	Schicksal	„ bahati mbaya	unglücklicherweise

barua	r	Brief	„	barua	brieflich
ghafula		plötzlich	„	ghafula	plötzlich
hila	e	List	„	hila	listig
kusudi	e	Absicht	„	kusudi	absichtlich
kweli	e	Wahrheit	„	kweli	wahrhaftig, wirklich
maandiko	e	Schriften	„	maandiko	schriftlich
maneno	e	Wörter, Worte	„	maneno	wörtlich, mündlich
miguu	e	Füße	„	miguu	zu Fuß
motakaa	s	Auto	„	motakaa	mit dem Auto
moyo	s	Herz	„	moyo	freiwillig, auswendig
rahisi		billig	„	rahisi	leicht, billigerweise
shida	e	Schwierigkeit	„	shida	mühsam
simu	s	Telegraph	„	simu	telegraphisch
siri	s	Geheimnis	„	siri	heimlich
taratibu	s	System	„	taratibu	systematisch
taabu	e	Schwierigkeit	„	taabu	schwierig

VII. Die Präposition »kwa« wird auch vor den Infinitiv gesetzt

Verb		Adverb	
amini	vertrauen	kwa kuamini	vertraulich
amuru	befehlen	„ kuamuru	befehlend
danganya	betrügen	„ kudanganya	betrügerisch
eleza	erklären	„ kueleza	erläuternd

Sprichwörter und Aphorismen X

21. Amerudisha tende Manga.

    wörtl.: Er hat Datteln nach Arabien zurückgebracht.
    Sinn.: Er hat Eulen nach Athen getragen.

22. Hawi Musa kwa kuchukua fimbo.

    wörtl.: Keiner wird Moses dadurch, daß er einen Stab trägt.

ZOEZI LA KUMI NA TATU
Fasiri kwa Kidachi
Leo nimenunua nguo nzuri sana. Haandiki vibaya. Fanya upesi tusije tukalikosa gari la moshi. Ilitubidi kuufungua mlango polepole ili tusiwaamshe watu wengine. Siasa ya siku hizi ni mbaya kweli. Usiseme upuzi. Sisi sote maskini, wana wetu pia. Twajifunza Kiswahili mara moja kila juma. Tulikitafuta po pote lakini wapi. Wagonjwa hulala kitandani mchana kutwa.

Mpanda ovyo hula ovyo. Nadhani watafika salama. Mwanzoni Mungu aliziumba mbingu na nchi. Jana tulikuja nyumbani tukataka kupika chakula lakini hatukuwa na (kitu) cha kupika; basi, ilitulazimu kwenda kula katika mkahawa. Wazungu hupenda sana kuota jua, hasa wakati wa kiangazi. Alitusimulia hadithi za ajabu za Kihindi, Kiajemi na za Kijapani. Nyumba ya posta iko kushoto na kanisa upande mwingine wa mkono wa kulia.

DIE ZEITFORMEN MIT -KI- UND -PO-
A. Bejahung -ki-, Verneinung -sipo-

I. Im Konditionalsatz mit »wenn«

Die Zeitform mit einem eingeschobenen **ki** in einem Konditionalsatz deutet Futur an, das aber im Deutschen mit Präsens oder Futur übersetzt werden kann.

akiamka — *wenn er aufwacht, wenn er aufwachen wird*
akinidanganya — *wenn er mich betrügt, wenn er mich betrügen wird*

Die Verneinung erfolgt durch die Verneinungssilbe »-sipo-«.

asipoamka — *wenn er nicht aufwacht*
asiponidanganya — *wenn er mich nicht betrügt*

Akija umwambie nitarudi upesi.
Wenn er kommt, sage ihm, daß ich bald zurückkommen werde.
Ukinipiga nami nitakupiga vile vile.
Wenn du mich schlägst, werde ich dich ebenfalls schlagen.
Ikinyesha hatutakwenda sinema.
Wenn es regnet, gehen wir nicht ins Kino.
Isiponyesha tutakwenda sinema.
Wenn es nicht regnet, gehen wir ins Kino.
Nisipoufaulu mtihani baba yangu hatanisifu.
Wenn ich die Prüfung nicht bestehe, wird mein Vater mich nicht loben.

II. Im Konditionalsatz auch ohne »wenn«

Ukitaka kunitembelea nipigie simu kwanza.
Willst du mich besuchen, (dann) rufe mich zuerst an.
Ukiweza kumkamata simba, utakuwa mtu mashuhuri.
Kannst du einen Löwen fangen, (dann) wirst du ein berühmter Mann.

Ukitaka kujifunza Kiswahili mara moja waweza kuanza mwezi ujao.
Wenn du Suaheli sofort lernen möchtest, kannst du nächsten Monat anfangen.

Verneinungsmöglichkeiten:
a. **entweder mit -sipo-**
U*sipo*taka kujifunza Kiswahili mara moja, huwezi kuanza mwezi ujao (d. h. nur diejenigen, die sofort lernen möchten, werden zugelassen)
b. **oder mit kama**
Kama hutaki kujifunza Kiswahili mara moja, huwezi kuanza mwezi ujao.

Führen Sie das gleiche mit den übrigen Sätzen durch!

Anstatt des unpersönlichen *ikiwa* kann man die Silben der Personalpronomen gebrauchen: **ni**kiwa, **u**kiwa, **a**kiwa, **tu**kiwa, **m**kiwa, **wa**kiwa; mlango ukiwa, milango ikiwa; kiti kikiwa, viti vikiwa; sanduku likiwa, usw.

III. Bei Dauer in der Vergangenheit, Gegenwart und Zukunft
Deutsche Übersetzung erfolgt entweder durch *Infinitiv ohne zu* oder durch ein Partizip, das auch mit »indem« ausgedrückt werden kann.

Na**li**mwona akisoma Biblia.	Ich sah ihn die Bibel lesen (lesend).
Ni**me**msikia akilia.	Ich habe ihn schreien hören.
Ni**na**msikia akiniita.	Ich höre ihn mich rufen.
Ni**ta**mwacha akilala. (kama analala)	Ich werde ihn verlassen, während er schläft.
aber: Nitamwacha alale.	Ich werde ihn schlafen lassen.

Mtoto alilia akisema »Mama, mama...«
Das Kind schrie, indem es »Mutter, Mutter...« rief

Die Verneinung geschieht *nicht* im Verb, das -ki- enthält:
Si**ku**mwona akisoma Biblia.
Si**ja**msikia akilia.
Si**m**sikii akiniita.
Si**ta**mwacha akilala.
Mtoto **haku**lia akisema »Mama, mama...«

IV. In Verbindung mit KUWA

Alikuwa akisoma Biblia.	Er las gerade die Bibel.
Hakuwa akisoma Biblia.	Er las gerade nicht die Bibel.
Alikuwa akilia.	Er schrie gerade.

Mtoto alikuwa akilia na kusema »Mama, mama...«. Mimi huwa nikisikiliza radio.
Mtakuwa mkilala. Mtakuwa mkifanya kazi. Mwalimu huwa akifundisha.

B. -PO- und -SIPO-
Für das zeitliche »wenn«, »wann« und »als« wird die Zeitsilbe »-po-« gebraucht. Sie deutet die Übersetzung für »sobald« an.

I. Im Temporalsatz
Mtoto mchanga anapoamka huanza kunyonya titi la mama.
Wenn das Baby aufwacht, fängt es an, an der Brust der Mutter zu saugen.
Naliteleza nalipojaribu kuruka.
Ich rutschte, *als* ich zu springen versuchte.
Utafurahi pia nitakaponunua motakaa.
Du wirst dich auch freuen, *wenn* ich ein Auto kaufen werde.
Sijui ata*kapo*fika. (für sijui atafika lini)
Ich weiß nicht, *wann* er ankommen wird.

II. Ohne Zeitsilbe – das -po- wird an das Verb angehängt –
Alalapo hukoroma.   Wenn er schläft, pflegt er zu schnarchen.
Ulalapo utaota.   Sobald du einschläfst, wirst du träumen.
Man merke, daß die Zeit im Verb ohne »*-po-*« angegeben wird, und zwar im darauffolgenden Verb.
Mtoto alikuwa akilala nalipomwacha. Alipofika tulikuwa tumekwisha kula.
Yeye huwa ameondoka anapopigiwa simu. Utakaposafiri tutakuwa tumerudi.

Sprichwörter und Aphorismen XI

23. Paka akiondoka panya hutawala.   wörtlich: Wenn die Katze fort ist, regieren die Ratten.
Sinn: Wenn die Katze aus dem Haus ist, tanzen die Mäuse auf dem Tisch.

24. Likitoka liote.   wörtlich: Sonne dich, wenn die Sonne aufgeht.
Sinn: Man muß das Eisen schmieden, solange es heiß ist.

25. Usipoziba ufa utajenga ukuta.   wörtlich: Wenn du den Riß nicht leimst, mußt du eine (neue) Wand bauen.
Sinn: Was du heute kannst besorgen, das verschiebe nicht auf morgen.

25. Ukitaja nyoka shika kigongo.   wörtlich: Wenn du die Schlange erwähnst, ergreife einen Stock.
   Sinn: Wer A sagt, muß auch B sagen.

Zoezi la kumi na nne

a. Fasiri kwa Kiswahili

Helft uns helfen! Ich kam, sah und siegte. Jenes Kind geht ins Bett, weil es müde ist. Wir lernten Suaheli, weil wir nach Ostafrika gehen wollten. Welchen Weg nimmst (fuata) du, wenn du in die Schule gehst? Wir hofften viel zu reisen. Ich beginne gerade, Suaheli zu lernen. Jenes Zimmer scheint groß zu sein, obwohl es nur ein kleines Fenster hat. Was für Schuhe wünscht deine Tochter? Obwohl die Sonne scheint, ist es heute kalt. Ich werde mich sehr freuen, wenn du mir helfen kannst. Wir fuhren ab, damit wir dort vor zwei Uhr ankommen konnten. Ich werde heute verreisen, deshalb bin ich früh aufgestanden. Jeder Mensch muß seine Pflicht tun. Ihr begegnet ihm jeden Tag, wenn ihr in die Stadt geht. Sie hörte uns vorbeigehen. Wir schliefen, als sie nach Hause kam.

b. Fasiri kwa Kidachi

Tulitaka kuja lakini wazazi wetu walitukataza tusiende mvuani. Atakwenda kuitwa saa kumi (alasiri). Aliniambia niende naye. Watu wengi waliingia na kutoka. Mtaka yote hukosa yote. Ukikaa nyumba ya kioo, usitupe mawe. Utakapokiona utasadiki. Tulikuwa tukila walipofika. Je! Kipofu aweza kumwongoza kipofu mwingine? (Luka 6: 39). Hatukumwona akiyamwaga mafuta. Mwivi hushikwa na mwivi mwenziwe. Isiponyesha tutakwenda kutembea mjini. Msipotwona tutakuwa tumelikosa gari la moshi. Kawaonye watoto wako wasiende barabarani. Ukiwa tayari niite mara moja.

DIRA NA MAJIRA YA MWAKA

Dira ina *pembe kuu* nne.

kaskazini	Norden	mashariki ya kaskazini	Nordosten
kusini	Süden	mashariki ya kusini	Südosten
mashariki	Osten	magharibi ya kaskazini	Nordwesten
magharibi	Westen	magharibi ya kusini	Südwesten

Nchi za kaskazini, kwa mfano Ulaya, zina majira manne ya mwaka. Wakati mmoja wa mwaka Ulaya hu*inamia* jua. Kwa hiyo hupata joto jingi. Huu ni wakati wa *kiangazi*. Kuna kiangazi Ulaya katika miezi ya Juni, Julai na Agosti. Lakini miezi sita *baada ya* kiangazi Ulaya ina baridi nyingi. Wakati huu ni *kipupwe*. Miezi ya kipupwe ni Desemba, Januari na Februari. *Kabla ya* kiangazi ni wakati wa mvua chache, yaani *vuli*. Ulaya ina vuli katika miezi ya Machi, Aprili na Mei. *Muhula kati ya* kiangazi na kipupwe ni wakati wa mvua nyingi, yaani *masika*. Miezi ya masika katika Ulaya ni Septemba, Oktoba na Novemba.

Lakini *pembe za mwaka* katika Ulaya hazilingani *kamwe* na zile za Afrika karibu na ikweta ambazo hazina majira ya mwaka kamili kama Ulaya. Tuseme hata Ulaya haina majira ya mwaka kamili, labda Ulaya ya Katikati. Twajua kwamba nchi ya *Uswedi* yaweza kupata theluji mwanzo wa Novemba ingawa Washispania waweza kuwa wanaota jua wakati huo huo. Kwa hiyo yatubidi ku*jihadhari* tunapo*tafsiri* maneno ya Kiswahili kwa lugha nyingine. Katika Afrika ya Mashariki kiangazi ni muhula wa joto jingi. *Badala ya* kiangazi twaweza kusema *kaskazi* kwa sababu pepo kavu zavuma *toka* kaskazini wakati huo. Pepo hizo hazileti mvua maana zatoka nchi kavu. Desemba, Januari na Februari hasa ni miezi ya kiangazi katika pande nyingi za Afrika ya Mashariki na Machi, Aprili na Mei ni miezi ya masika. Baada ya masika ni wakati wa kipupwe. Badala ya kipupwe twaweza kusema *kusi* kwa sababu pepo zatoka mashariki ya kusini. Pepo hizo zina baridi maaana zavuma toka baharini. Afrika ya Mashariki ina vuli katika miezi ya Septemba, Oktoba na Novemba. Hata hivyo majira ya mwaka si sawasawa po pote katika Afrika ya Mashariki.

Basi, twaweza ku*aini* mwaka kwa namna mbalimbali. Mwaka una pembe nne: kiangazi, masika, kipupwe na vuli; au mwaka una miezi kumi na miwili. Pengine twasema mwaka una majuma hamsini na mawili.

Tena *hatuna budi* kukumbuka ya kuwa mwaka una siku mia tatu sitini na tano na robo. Basi, nadhani tumejifunza jiografia *punde*. Labda twaweza kuyajibu maswali yafuatayo kwa rahisi:

Nchi ya Kanada ina kiangazi miezi gani? Kuna theluji katika Afrika ya Mashariki? Wazikumbuka siku saba za juma? Mji wa Nairobi uko kaskazini au kusini ya ikweta? Wakulima wa Udachi huvuna nafaka wakati upi wa mwaka? Twapanda viazi katika majira gani ya mwaka?

MANENO MAPYA

pembe kuu   Haupthimmelsrichtungen
pembe za mwaka   Jahreszeiten

majira ya mwaka	Jahreszeiten
inamia, ku	sich neigen, sich vor jem. beugen
kiangazi, ki-	entspricht dem europäischen Sommer
baada ya	nach
kipupwe, ki-	entspricht dem europäischen Winter
kabla ya	vor
vuli, n-	entspricht dem europäischen Frühling
kati ya	zwischen
masika, n-	entspricht dem europäischen Herbst
kamwe	gar nicht (steht nach einer Verneinung)
Uswedi	Schweden
jihadhari	aufpassen, vorsichtig sein
tafsiri, ku	übersetzen
badala ya	anstatt, an Stelle von
kaskazi, n-	= kiangazi
kusi, n-	= kipupwe
toka	von (in Bezug auf Richtung)
aini, ku	definieren
hatuna budi	wir müssen
punde	ein wenig

Die Zeitrechnung

Die afrikanische Zeitrechnung beginnt mit dem Sonnenaufgang (um 7,00 Uhr nach europäischer Rechnung). Sie ist eine regelrechte Stundenaufzählung. Der 24-stündige Tag hat 12 Stunden »Tag« (mchana) und 12 Stunden »Nacht« (usiku). 7,00 Uhr morgens ist die erste Stunde am Tag. 18,00 Uhr ist die 12. Stunde am Tag. 19,00 Uhr ist die erste Stunde in der Nacht. In Zweifelsfällen muß man mit »mchana«, asubuhi, adhuhuri, alfajiri, alasiri, jioni, usiku ergänzen.

7,00 Uhr	saa moja (asubuhi) – eine Stunde seit Sonnenaufgang
9,00 Uhr	saa tatu (asubuhi) – drei Stunden seit Sonnenaufgang
12,00 Uhr	saa sita (mchana, adhuhuri)
13,00 Uhr	saa saba (alasiri)
15,00 Uhr	saa tisa (alasiri) – auch saa kenda
17,00 Uhr	saa kumi na moja (ya jioni) oder saa edashara (arabisch für elf)
18,00 Uhr	saa kumi na mbili (ya jioni) oder saa thenashara (arabisch für zwölf)

19,00 Uhr	saa moja (ya usiku) – eine Stunde seit Sonnenuntergang
21,00 Uhr	sasa tatu (ya usiku)
24,00 Uhr	saa sita (ya usiku) usiku wa manane
1,00 Uhr	saa saba (ya usiku)
4,00 Uhr	saa kumi (ya usiku oder alfajiri)
6,00 Uhr	saa kumi na mbili (alfajiri, asubuhi)

Mwezi wa Agosti una siku thelathini na moja. Siku moja ina saa ishirini na nne. Saa moja ina dakika sitini na dakika moja ina nukta sitini. Tena mwezi mmoja una majuma manne. Juma moja lina siku saba. Mwezi wa Februari una siku ishirini na nane kwa kawaida, lakini una siku ishirini na tisa kila mwaka wa nne, yaani katika *mwaka mrefu* (Schaltjahr).

Zeitangaben

Saa ngapi?	Wie viele Stunden? Wie spät ist es?
Sasa (ni) saa ngapi?	Wie spät ist es (jetzt)?
Saa tatu na dakika kumi.	Es ist zehn Minuten nach neun.
Saa tatu na robo.	Es ist Viertel nach neun.
Saa tatu na dakika ishirini na tano.	Es ist fünfundzwanzig Minuten nach neun.
Saa tatu na nusu.	Es ist halb zehn Uhr.
oder saa tatu u nusu.	
Saa tatu na dakika arobaini.	Es ist neun Uhr vierzig.
Saa tatu *kasa* robo.	Es ist Viertel vor neun (neun Uhr *weniger* ein Viertel).
Saa tatu na robo tatu.	Es ist drei Viertel zehn (neun Uhr und drei Viertel).
Saa tatu *kamili*.	Es ist *genau* neun Uhr (9,00 Uhr).
Saa tatu na dakika hamsini na tano.	Es ist neun Uhr fünfundfünfzig.
au Saa nne *kasoro* (weniger) dakika tano.	

Man merke:

saa nzima	eine (die) ganze Stunde
robo tatu	drei Viertelstunden
nusu saa	eine halbe Stunde
robo saa	eine Viertelstunde

Einige Jahresfeste und Feiertage

	sikukuu
Siku ya mwaka	Neujahr
Sikukuu ya uhuru	Tag der Unabhängigkeit

Sikukuu ya Noeli	Weihnachten
Mkesha wa sikukuu	Heiliger Abend (aus kesha = wach bleiben)
Ijumaa Kuu	Karfreitag
Sikukuu ya Pasaka	Ostern
Sikukuu ya Kupaa (Yesu mbinguni)	Christi Himmelfahrt
Sikukuu ya Pentekoste	Pfingsten
Sikukuu ya Watakatifu wote	Allerheiligen
Tarehe gani leo? au	Leo (ni) tarehe 27 Agosti (mwaka wa elfu moja, mia tisa sitini na tatu)
Mwezi ngapi leo?	Leo siku ya ishirini na saba (ya mwezi)
Angalia! au Leo tarehe 27 Agosti au Leo Agosti 27	
Siku gani leo?	Leo (ni) Jumanne.

Jumanne ni siku ya nne ya Waislamu, lakini ni siku ya pili ya Wakristo. Je, ni siku ya ngapi kwa Kiafrika?

ZOEZI LA KUMI NA TANO: Jibu maswali yafuatayo
    Ulizaliwa tarehe gani? Waamka saa ngapi asubuhi siku za kazi? Wafika nyumbani saa ngapi baada ya kazi? Toka kwako hadi afisi ni mwendo wa saa au dakika ngapi kwa miguu? Watu huota ndoto lini kwa kawaida? Jua lilitokea karibu saa ngapi leo? Saa nane kasa robo mpaka saa nane u nusu ni dakika ngapi? Saa moja na nusu ni dakika ngapi? Miezi ipi ina siku thelathini na moja?

DER RELATIVSATZ

I. Den Relativsatz bildet man im Suaheli auf zwei Arten

a. durch Anhängen von Relativsilben (Tabelle I, Spalte 14)
    der jeweiligen Klasse an *amba-* – welcher, welche, welches.
    Mwalimu ni mtu ambaye hufundisha.
    Ein Lehrer ist ein Mensch, *der* (welcher) lehrt.
    Wagonjwa ni watu ambao wanaugua.
    Kranke sind Menschen, *die* (welche) krank sind.
    Mlima ule ambao unaonekana dhahiri ni Kilimanjaro.
    Jener Berg, *der* gut sichtbar ist, ist der Kilimandscharo.

Kisu ambacho kilivunjika kilikuwa chako.
Das Messer, *das* zerbrach, gehörte dir.
Weka vyema barua ambazo zitakuja.
Bewahre die Briefe, *die* ankommen werden, gut auf!
Chuma matunda ambayo yameiva.
Pflücke die Früchte, *die* reif geworden sind!
Verneinung:
Mlima ule ambao unaonekana dhahiri si Kilimanjaro.   oder
Mlima ule ambao hauonekani dhahiri ni Kilimanjaro.   oder
Mlima ule ambao hauonekani dhahiri si Kilimanjaro.
Drei Verneinungsmöglichkeiten, drei Bedeutungen!

b. durch Zwischenstellen von Relativsilben ins Verb:
Mlima ule unaoonekana dhahiri ni Kilimanjaro.
Kisu kilichovunjika kilikuwa chako.
Weka vyema barua zitakazokuja.
Wagonjwa ni watu wanaougua.

Man merke: Mit Verfahren (b) kann die 2. Vergangenheit (Perfekt) nicht ausgedrückt werden. Dafür verwendet man *amba-* oder die 1. Vergangenheit (Imperfekt).
entweder: Chuma matunda ambayo yameiva. (Perfekt)
oder: Chuma matunda yaliyoiva. (Imperfekt)

Mit Verfahren (b) ist die Zeitsilbe in der Zukunft (Futur)-*taka-*:
Choma viti vi*taka*vyovunjika.
Verbrenne die Stühle, die zerbrechen werden!
Verneinung nach Verfahren (b) hat keine Zeitsilbe und ist deshalb ungenau:
Mlima ule usioonekana vyema ni Kilimanjaro.
Kisu kisichovunjika kilikuwa chako.
Watu wazima ni watu wasiougua.
Die Verneinungssilbe -si- tritt an die Stelle der Zeitsilbe.

II. Der Relativsatz im Dativ und Akkusativ

Im Dativ oder Akkusativ kann man den Relativsatz auch mit oder ohne *amba-* bilden.
entweder: Mbwa ambaye ulimfukuza ni wa jirani yangu.
            Der Hund, den du verjagtest, gehört meinem Nachbarn.
oder: Mbwa uliyemfukuza ni wa jirani yangu.

Verneinung: Mbwa ambaye hu**ku**mfukuza si (ni) wa jirani yangu.
Mbwa usiyemfukuza si (ni) wa jirani yangu.

Mifano mingine:
  au Vitabu amba**vyo** tunavisoma vilitoka Uingereza.
  au Vitabu tuna**vyo**visoma vilitoka Uingereza.

Im letzten Satz kann man den Relativteil in fünf Spalten zerlegen:
  Vitabu **tu-na-vyo-vi-soma**
    tu- Fürwortsilbe der 1. Person in der Mehrzahl
    -na- Zeitsilbe für Gegenwart
    -vyo- Relativsilbe der Ki-Klasse in der Mehrzahl
    -vi- Objektsilbe (Akkusativ) der Ki-Klasse in der Mehrzahl
    -soma Verb

Mifano mingine:
  Sanduku ali*lo*lifunga limepasuka.
  Majengo utaka*yoya*ona kushoto ni hospitali.

  Vi**ch**ome viti tuta**ka***vyo*vivunja.

Man merke:
  -ko- und **-mo-** sind die Relativsilben des Ortes
  -po- ist die Relativsilbe für Ort und Zeit

Sijui ana**ko**kwenda.	Ich weiß nicht, *wohin* er gerade geht.
Sijui ni nyumba gani ana**mo**kaa.	Ich weiß nicht, *in welchem* Hause er wohnt.
Ana**po**kaa pa majimaji.	Es ist naß, *wo* er sich gerade hinsetzt (Ort).
Haku**tu**ona tuli**po**kaa.	Er sah uns nicht, *als* wir uns setzten. Zeit, vergl. Seite 99)
Haku**pa**ona tuli**po**kaa.	Er fand (sah) nicht, *wo* wir saßen. (Ort)

III. Partizip Präsens

Mit Hilfe der Relativsilben, die man an das Verb der *unbestimmten* Gegenwart anhängt, wird das Partizip gebildet:

a. in Bezug auf ein Substantiv
  Mwalimu ni mtu afundisha**ye**.
  Ein Lehrer ist ein Mensch, *der* lehrt.
  Ein Lehrer ist ein lehren*der* Mensch.
  Walimu ni watu wafundisha**o**.
  Ng'ombe ni mnyama ala**ye** nyasi.
  Das Rind ist ein grasfressen*des* Tier.

Aber »Mnyama alaye nyasi ni ng'ombe« wäre ein falscher Schluß!
Alitoa mfano utishao.   Er gab ein abschreckendes Beispiel.
Tupe shauri lifaalo.   Gib uns einen nützlichen Rat.

  b. mit Silben der Personalpronomen

nichezaye	ich, *der* spielt; ich *der* Spielende
nisiyecheza	ich, der nicht spielt; ich der Nichtspielende
utaaliye	du, der studiert; du der Studierende
usiyetaali	du, der nicht studiert; du der Nichtstudierende
afundishaye	er, der lehrt; (er) der Lehrende
asiyefundisha	er, der nicht lehrt; der Nichtlehrende
tuchezao	wir, *die* spielen; wir *die* Spielenden
tusiocheza	wir, die nicht spielen; wir die Nichtspielenden
mtawalao	ihr, die regiert; ihr die Regierenden
msiotawala	ihr, die nicht regiert; ihr die Nichtregierenden
waumiao	sie, die leiden; die Leidenden
wasioumia	sie, die nicht leiden; die Nichtleidenden
Nani ajuaye?	Wer weiß?
kitambaacho	das, was kriecht (Insekt)
wajifunzao	die Lernenden (sie, die lernen)
yanipasayo	all das, was ich tun soll

Verneinung im Relativsatz: Zusammenfassung

    Ist der Relativsatz mit *amba-* gebildet, dann wird das Verb so verneint, daß die Wortstellung im Satz unverändert bleibt.

wanawake ambao wanashona	die Frauen, die stricken
wanawake ambao **hawash**oni	die Frauen, die nicht stricken
minara ambayo ilionekana	die Türme, die sichtbar wurden
minara ambayo **haiku**onekana	die Türme, die nicht sichtbar wurden
kikombe ambacho kimevunjika	die Tasse, die zerbrochen ist
kikombe ambacho **hakija**vunjika	die Tasse, die noch nicht zerbrochen ist
gunia ambalo litajaa	der Sack, der voll werden wird
gunia ambalo **hali**tajaa	der Sack, der nicht voll werden wird
herufi ambazo nitaziandika	die Buchstaben, die ich schreiben werde
herufi ambazo **si**taziandika	die Buchstaben, die ich nicht schreiben werde

    Steht die Relativsilbe im Verb oder am Ende des Verbs, so erfolgt die Verneinung in allen Zeiten durch **si**. Die Verneinungssilbe **si** steht zwischen Kennsilbe und Relativsilbe. Da die Verneinung mit diesem Verfahren ungenau ist, wird die Zeit dem Sinn entnommen.

wanawake wanaoshona	wanawake wasioshona
minara iliyoonekana	minara isiyoonekana
gunia litakalojaa	gunia lisilojaa
herufi nitakazoziandika	herufi nisizoziandika
watu niwajuao	watu nisiowajua

IV. dessen, deren (Genitiv des Relativpronomens)

Mtoto ambaye kidonda **chake** kinamwuma (au kinauma) analia.
Das Kind, *dessen* Wunde schmerzt, weint.
Watoto ambao vidonda **vyao** vinawauma (au vinauma) wanalia.
Die Kinder, *deren* Wunden schmerzen, weinen.
Nyumba ambayo mlango **wake** ni mwekundu ni ya kasisi wetu.
Mjane ni mtu ambaye mume au mke **wake** amekufa.
Kipofu ni mtu ambaye macho **yake** hayaoni.
Wazungu ni watu ambao rangi ya ngozi **yao** ni nyeupe.
Mtu ambaye wazazi **wake** ni tajiri, aweza kuwa tajiri pia.

V. Besonders gebräuchlich ist die Relativsilbe in Verbindung mit der Zeitsilbe -li- der Vergangenheit

In der Einzahl -ye-

niliye**lipa**	ich, der (ich) bezahlte (bezahlt habe)
uliye**kula**	du, der (du) aßest (gegessen hast)
aliye**pika**	sie, die (sie) kochte (diejenige, die gekocht hat)

In der Mehrzahl -o-

tulio**sema**	wir, welche (wir) sagten; diejenigen unter uns, welche sagten (gesagt haben)
mlio**shtaki**	ihr, welche (ihr) anklagtet
walio**rudi**	sie, welche (sie) zurückkamen

Waliomaliza wa hodari, waliochelewa hawatapata kitu.
Diejenigen, die vollendet haben, sind tüchtig; diejenigen, die spät kamen (gekommen sind), werden nichts bekommen.

miongoni mwetu	unter uns, von uns
miongoni mwenu	unter euch, von euch
miongoni mwao	unter ihnen, von ihnen

Kuna wageni kumi miongoni mwetu. Nani miongoni mwenu ni wauzaji?

Sijui ni watu wangapi miongoni mwao ni wanafunzi? Nini ilianguka?
Ulioanguka ni mchungwa. Nini kilichokuzuia? Ilikuwa homa iliyonizuia.

VI. Die Relativsilben werden in Ausdrücken wie »voriges« und »kommendes« gebraucht

mwaka uliopita (jana)	voriges Jahr (das vergangene Jahr)
mwaka ujao	nächstes Jahr (kommendes Jahr)
Jumatatu iliyopita	voriger Montag
Jumatatu ijayo	nächster Montag
juma lililopita (jana)	vorige Woche
juma lijalo	nächste Woche
Jibu maswali yafuatayo!	Beantworte die folgenden Fragen!

VII. na + Relativsilbe

Mkewe alikuwa na mtoto?	Hatte seine Frau ein Kind (bei sich)?
Ndiyo, alikuwa naye.	Ja, sie hatte es (bei sich).
Watu wataku na kazi?	Ndiyo, watakuwa nayo.
Alikwenda naye?	Ging er mit ihm?
Alikwenda nacho?	Nahm er es mit?
Una sanduku la mgeni?	Ndiyo, ninalo.
Una funguo zangu?	Ndiyo, ninazo.
Wana mahali pa kulala?	Ndiyo, wanapo.

VIII. Verbindung mit dem ausdrücklichen ndi- aller Klassen

ndimi	es bin ich, ich bin es	(aus ni mimi)
ndiwe	es bist du, du bist es	(aus ni wewe)
ndiye	es ist er, er ist es	(aus ni yeye)
ndisi	es sind wir, wir sind es	(aus ni sisi)
ndinyi	es seid ihr, ihr seid es	(aus ni ninyi)
ndio	es sind sie, sie sind es	(aus ni wao)

Klasse	Einzahl		Mehrzahl	
Wa-	ndiye	siye	ndio	sio
Mi-	ndio	sio	ndiyo	siyo
Ki-	ndicho	sicho	ndivyo	sivyo
Ma-	ndilo	silo	ndiyo	siyo
N-	ndiyo	siyo	ndizo	sizo
Pa-	ndipo	sipo		
	ndiko	siko		
	ndimo	simo		
Ku-	ndiko	siko		

Watoto hawa ndio waliompiga mbwa wako.
Es sind diese Kinder (und keine anderen), die deinen Hund schlugen.
Ndimi mtoto wako baba.   Ich bin es, Vater, dein Sohn.

Man merke: ndiyo (der N-Klasse)   es ist so = ja
                siyo   es ist nicht so = nein
                ndivyo (der Ki- Klasse)   es ist so = ja
                sivyo   es ist nicht so = nein

Ulimjua rafiki yangu, *sivyo*?   Hapana, sikumjua kamwe.
Du kanntest meinen Freund, *nicht wahr*? Nein, ich kannte ihn gar nicht.

IX. Im Ausdruck »viele andere«

watumishi wengineo	viele andere Diener
mifano mingineyo	„ „ Beispiele
visa vinginevyo	„ „ Erzählungen
namna nyinginezo	„ „ Sorten
kurasa nyinginezo	„ „ Buchseiten
mahali penginepo	„ „ Orte, Plätze, Stellen
kwingineko	in (vielen) anderen Richtungen
mwinginemo	in anderen Räumen
kufa kwingineko	viel anderes Sterben

X. Im Ausdruck »irgendeiner«

msaidizi ye yote	irgendein Helfer
wasaidizi wo wote	irgendwelche Helfer
mchezo wo wote	irgendein Spiel
michezo yo yote	irgendwelche Spiele
kioo cho chote	irgendein Spiegel
vioo vyo vyote	irgendwelche Spiegel
gurudumu lo lote	irgendein Rad
magurudumu yo yote	irgendwelche Räder
suruali yo yote	irgendeine Hose
suruali zo zote	irgendwelche Hosen
upande wo wote	irgendeine Seite
pande zo zote	irgendwelche Seiten
mahali po pote	irgendein Platz
„ ko kote	in irgendeine Richtung
„ mo mote	in irgendeinem (geschlossenen) Raum
kujaribu ko kote	irgendein Versuch
awaye yote	wer es sein mag
kiwacho chote	was es sein mag

XI. Das Anhängen von Relativsilben mancher Klassen an das Verb oder Zwischenstellen in das Verb
-cho bedeutet *was* und bezieht sich auf etwas Konkretes, auf das *kitu* (Ding)

Niambie unachotaka!	Sage mir, was du willst!
Nini unachotafuta?	Was suchst du?

Man unterscheide zwischen:

asomaye	er, der liest; der Leser
akisomaye	er, der es liest; wer es liest
akisomacho	das, was er liest

-ko drückt eindeutig *wohin* oder *woher* aus.

Usiniulize ninakotoka.	Frag mich nicht, *woher* ich komme.
Sitaki kujua unakokwenda.	Ich will nicht wissen, *wohin* du gehst.

Die Richtung *wohin* oder *woher* hängt vom Verb ab.

-lo und -yo (der Ma-Klasse) bedeuten *was* und beziehen sich auf etwas Abstraktes (gemeint ist *neno* – das Wort oder *jambo*, was »Sache« im abstrakten Sinne bedeutet)

tunalotaka	was wir wollen (Sache, Rat, Besprechung)
mnayoyapendelea	was ihr bevorzugt
ninalochukia	was ich hasse
unalokosa	was dir fehlt

-mo (der Pa-Klasse) drückt eindeutig *worin, darin (in dem)* aus.

nyumba ninamokaa	das Haus, *worin* (in dem) ich wohne
oder einfach: ninamokaa	(das Haus), *in dem* ich wohne
nikaamo	(das Haus), *in dem* ich wohne
(chumbani) tukusanyikamo kila Jumamosi	das Zimmer, *in dem* wir uns jeden Sonnabend versammeln

-po bedeutet entweder *wo* oder *wenn* und ist nur nach dem Sinne zu unterscheiden.

nijapo	jedesmal *wenn* ich komme
tulipojenga	*wo* wir bauten; *als* wir bauten
tutakapojenga	*wo* wir bauen werden; *wenn* wir bauen werden (vergl. S. 108)

-vyo bedeutet **wie**

nionavyo	*wie* ich sehe; meiner Meinung nach
upendavyo (anst. utakavyo)	*wie* du willst
upendezavyo	*wie* es dir gefällt

Tweleze mwindavyo. Erkläre uns, *wie* ihr jagt.
Tweleze mlivyowinda. Erkläre uns, *wie* ihr jagtet (gejagt habt)
Tazama anavyokwenda! Sieh, *wie* er geht!

Sprichwörter und Aphorismen XII

27. Mtoto umleavyo, ndivyo akua- Wie man die Kinder gewöhnt, so hat
    vyo.   man sie.
28. Usidharau adui ajapokuwa   Schätze keinen Feind gering, auch
    mdhaifu.   wenn er schwach ist.

Zoezi la kumi na sita:
   Fasiri kwa Kiswahili
   Ein Blinder ist ein Mensch, der nicht sehen kann. Bellende Hunde beißen nicht. Sage mir, was du willst! Wer lügt, der stiehlt. Wen wir lieben, den möchten wir nicht gern verlieren. Er gab mir alles, was er hatte. Billig kauft, wer bar zahlt (kwa nakidi). Geh dahin, wohin du willst! Das ist der Herr, dessen Frau gestorben ist. Es sind die Straßen, deren Namen wir ändern werden.

MWAMINI MUNGU SI MTOVU

Alikuwako mtu mmoja na mkewe. Hawakuwa na cho chote ila mali yao ilikuwa kondoo mmoja na jogoo mmoja tu. Siku moja walipata habari kama rafiki yao atakuja kuwatazama. Mke akamwambia mumewe: »Mume wangu, mgeni atakuja kesho, nasi hatuna kitu ila kondoo na jogoo huyu. Na sitaki kumchinja wala kondoo wala jogoo wangu.« Mumewe akamwambia: »Ikiwa hapana budi labda tutamchinja kondoo.« Lakini kondoo na jogoo walikuwa wakiyasikia maneno hayo. Hata usiku jogoo alianza kuwika kwa furaha akisema: »Usiku na uche tumchinje kondoo!« Na kondoo akamjibu: »Mungu ndiye ajuaye.« Jogoo aliendelea kuwika tangu saa tisa mpaka asubuhi kwa maneno yayo hayo. Na kondoo akimjibu kwa maneno yake vile vile. Lakini kulipokucha, wenye nyumba walizaa mashauri mengine. Mke alisema, Mgeni anayekuja ni mgeni wa siku moja; hakuna haja ya kumchinja kondoo aliye kitoweo cha siku tatu. Afadhali tumchinje jogoo.« Basi, akamkamata jogoo akamchinja, lakini kondoo aliyemwamini Mungu akaokoka. Usikate kanzu kabla mtoto hajazaliwa!

MANENO MAPYA
   afadhali   lieber; es ist besser
   hakuna haja   es ist nicht notwendig

ikiwa hapana budi			wenn es sein muß
kwa furaha			mit Freude, freudig
mpaka			bis
Mwamini Mungu si mtovu			Wer Gott vertraut, hat wohl gebaut
zaa mashauri mengine			anders überlegen

DIE ABGELEITETEN VERBEN

Das Suaheli hat zahlreiche Möglichkeiten, ein Verb so zu verändern, daß es neue Bedeutungen bekommt. Wir werden dies an 2 Verben veranschaulichen. Die deutschen Definitionen sind nur Annäherungen.

penda	lieben, gern haben	pendeza	gefallen, beliebt sein
pendwa	geliebt werden		
pendana	einander lieben	pendea	wegen etw. lieben
pendeka	liebenswert sein, populär sein	pendewa	wegen etw. geliebt werden
pendelea	begünstigen, bevorzugen	pendeleza	jdn. veranlassen zu begünstigen, zu bevorzugen
pendezea	sich einschmeicheln bei jdm.	pendezea	jdm. mit etw. Freude bereiten
pendekeza	jdn. veranlassen jdn. zu lieben	pendelewa	bevorzugt, begünstigt werden
pendeleka	begünstigt sein	pendezwa	etw. angenehm empfinden
pendezewa	sich über etwas freuen	pendezesha pendanisha	populär machen versöhnen
pendezana	gegenseitig angenehm empfinden	pendapenda pendezanisha	abwechselnd lieben veranlassen, gegenseitig angenehm zu empfinden
jipendeza	sich selbst beliebt machen		

funga	binden, (ver)schließen	fungwa	gebunden werden
fungika	sich binden lassen, verschließbar sein	fungua funguka	öffnen, losbinden sich öffnen, geöffnet sein
fungia	für jdn. binden, mit etw. binden	fungiwa	wegen etw. verhaftet

fungisha	veranlassen zu binden		werden; von jdm. geholfen werden, etw. zu binden
fungishwa	veranlassen gebunden zu werden	funganya	gemeinsam binden
fungana	einander festbinden, zusammenbinden	funganywa	gemeinsam gebunden werden
		fungama	sich in einer verworrenen Lage befinden
funganisha	veranlassen zusammenzubinden		
		fungamana	durchflochten, verwoben sein
funganishwa	veranlassen zusammengebunden zu werden		
		fungulia	für jdn. öffnen, mit etw. öffnen
funguliwa	mit etw. geöffnet werden; von jdm. geöffnet werden		
		fungiwa	ausgesperrt, eingesperrt werden
		funguza	veranlassen zu öffnen
funguzwa	von jdm. zu öffnen veranlaßt werden	funguana	einander losbinden
		jifunga	sich selbst binden

Wie schon erwähnt, ist die Übersetzung der abgeleiteten Verben des Suaheli nur eine Annäherung, denn das Suaheli ist hinsichtlich der Verben sehr ausdrucksvoll.

Nun können wir im einzelnen auf die verschiedenen Ableitungen eingehen.

A. Die reflexive Form

jinsi ya kujifanya
Präfix **ji-**

Die reflexive Form wird gebildet, indem man die Silbe **ji-** vor das Verb setzt. Die deutschen reflexiven Verben *müssen nicht* mit den Suaheli-Reflexiformen übereinstimmen.

ua	töten	jiua	Selbstmord begehen
ficha	verstecken, tr.	jificha	s. verstecken
sifu	loben	jisifu	s. rühmen
chosha	ermüden, tr.	jichosha	s. abarbeiten
funza	lehren, belehren	jifunza	lernen
nyosha	ausstrecken, tr.	jinyosha	s. ausstrecken
ona	sehen	jiona	s. einbilden
panga	ordnen	jipanga	s. aufstellen
vuna	ernten	jivuna	prahlen; stolz sein
dai	beanspruchen	jidai	fälschlich fordern
weka	bewahren, auf-	jiweka vema	s. gut benehmen

B. Das Passiv

Jinsi ya kufanywa
Suffix: -wa

Das Passiv hat die Endung -wa wie in dem Wort kufanywa (gemacht werden). Alle transitiven Verben bilden das Passiv.

Jinsi ya kufanya	Jinsi ya kufanywa	
Ninapenda	Ninapendwa	Ich werde (gerade) geliebt
Napenda	Napendwa	Ich werde geliebt
Mimi hupenda	Mimi hupendwa	Ich werde (immer) geliebt
Ulipenda	Ulipendwa	Du wurdest geliebt
Amependa	Amependwa	Er ist geliebt worden
Tutapenda	Tutapendwa	Wir werden geliebt werden

Dies ist nur das einfachste Beispiel. Man kann jedoch alle möglichen Passivformen mit Hilfe der folgenden Beispiele ohne weiteres bilden.

Bei Suffix auf:

1. -a kata katwa — Maneno haya yalisemwa na Mtakatifu Paulo.
   sema semwa
2. -aa kataa kataliwa — Mtoto yule analia kwa sababu tunda lake limetwaliwa na mtoto mwingine.
   twaa twaliwa
3. -ea pokea pokewa — Rais wa Guinea alipokewa kwa furaha alipoizuru Tanganyika.
   tendea tendewa
4. -ia ambia ambiwa — Chumba chako kilifagiwa na nani jana?
   fagia fagiwa
5. -oa oa olewa — Dada yetu ataolewa mwezi ujao.
   toboa tobolewa
6. -ua chagua chaguliwa — Mlango wako waweza kufunguliwa kwa ufunguo wangu mpya.
   fungua funguliwa
7. Einsilbige Verben
   cha chewa — Nimechewa leo. Bila shaka, sitawahi.
   chwa chwewa — Der Tag ist schon angebrochen. Zweifellos werde ich nicht rechtzeitig ankommen.
   fa fiwa — Wadachi wakifiwa huvaa nguo nyeusi. Die Deutschen tragen schwarze Kleidung, bei Trauer.
   ja jiwa — Leo nimejiwa na wageni. Heute sind Leute bei mir zu Gast.

	la	liwa	Panya huliwa na paka.
	nywa	nywewa	Maji yote yamenywewa na mbwa.
	nya	nyewa	Nguo zangu zimelowa kwa sababu nimenyewa kwa mvua.
	pa	pewa	Nabii Musa alipewa amri kumi. Dem Propheten Moses wurden die zehn Gebote gegeben.

Das letzte Beispiel zeigt, wie das Passiv zur Bildung des Dativs gebraucht wird.

8. -au	sahau	sahauliwa	Wezi hudharauliwa na jirani zao.
	dharau	dharauliwa	
9. -e	samehe	samehewa	Waliochelewa walisamehewa na mwalimu.
10. -i	amini	aminiwa	Makasisi huaminiwa na watu wengi.
	fasiri	fasiriwa	Den Pastoren wird von vielen Menschen vertraut.
11. -u	jibu	jibiwa	Watoto waliofaulu mtihani walisifiwa na wazazi wao.
	sifu	sifiwa	

Hakuna kuvuta!	Nichtraucher!
Kuvuta kumepigwa marufuku!	Das Rauchen ist verboten!
Atakayeivunja sheria hii atahukumiwa.	Wer dieses Gesetz verletzt, wird bestraft.

Im Passiv steht **na** vor dem Handelnden, und zwar nur bei Lebewesen außer Pflanzen, vor allen übrigen **kwa**.

Mtoto huyu alipigwa na baba yake kwa fimbo.
Dieses Kind wurde von seinem Vater mit dem Stock geschlagen.

Sprichwörter und Aphorismen XIII

29. Simba akiziliwa hula majani.	wörtl.:	Wenn der Löwe am (Fleisch) Fressen verhindert ist, frißt er das Grüne.
	Sinn:	In der Not frißt der Teufel Fliegen.
30. Vita vya panga haviamuliwi kwa fimbo.	wörtl.:	Ein Schwert-Krieg wird nicht mit einem Stock geschlichtet.
	Sinn:	Willst du Frieden, rüste dich zum Kriege! (Vegetius)

ZOEZI LA KUMI NA SABA

a. Andika jinsi ya kufanywa ya maneno yafuatayo, halafu tunga sentensi kwa matano kati yayo.
jenga, kaa, pendelea, chukia, ondoa, nunua, shtaki, amuru, rithi, zaa, heshimu, iba, hitaji, vaa, badili, onyesha, piga pasi, tia, adhibu.

b. Fasiri kwa Kiswahili
Von wem wurde mein Brief geschrieben? Wir werden die Tür mit diesem Schlüssel öffnen. Das Gepäck des Reisenden wird von den Gepäckträgern befördert. Gib mir irgend etwas, was du hast! Wir lebten mit ihm in brüderlicher Eintracht. Wo ist der Kranke, der hierher gebracht wurde? Man hat ihn schon dreimal gerufen. Das Fleisch wurde gestern von meiner Tochter gekocht. Der Palast wurde von den Römern aus Stein erbaut.

ADJEKTIVE II

A. Beschreibende Adjektive

Wir haben gesehen, daß es im Suaheli wenige Adjektive mit Bantu-Ursprung gibt. Dagegen bietet das Suaheli viele Möglichkeiten, Adjektive zu bilden. Wir werden nur die einfachsten betrachten.

I. -enye bedeutet »besitzend«, »habend« (Tabelle I, Spalte 23)

Um *-enye* zu deklinieren, setzt man die Genitiv-Silbe der jeweiligen Klasse davor. Für die Wa-Klasse im Singular gilt diese Regel nicht, sonst lauteten Singular und Plural gleich!

mwanasheria **mw**enye akili	ein kluger Anwalt
wanasheria wenye mali	reiche Anwälte
mzinga wenye asali	ein Bienenstock mit Honig
mizinga yenye asali	
chumba chenye giza	ein dunkles Zimmer
seng'enge yenye miiba	ein Stacheldraht
motakaa yenye milango minne	ein viertüriges Auto
Mtu **ni** kiumbe chenye miguu miwili.	Der Mensch ist ein zweibeiniges Geschöpf.
mwenye ukoma	r Aussätzige
mwenye wazimu	r Irre

Verneinung: mwanasheria *asiye na* akili   wanasheria *wasio na* akili
mzinga usio na asali   mizinga isiyo na asali
chumba kisicho na giza   vyumba visivyo na giza

II. -enyewe (enye + we) bedeutet »selbst«, »selber«

mimi mwenyewe	ich selbst	sisi wenyewe	wir selbst
wewe mwenyewe	du selbst	ninyi wenyewe	ihr selbst
yeye mwenyewe	er selbst	wao wenyewe	sie selbst
mdudu mwenyewe	das Insekt selbst		
nyumba yenyewe	das Haus selbst		

Man unterscheide: Nimejikata kidole (rein reflexiv)   unabsichtlich
                 Nimejikata nywele mwenyewe   absichtlich

III. -wapo   »einer von ihnen«

Man setzt die gebeugte Zahl »ein« vor *-wapo*.
Beim Ausdruck »einige von ihnen« wird die Zahl *ein* (-moja) im Plural gebeugt – wie ein gewöhnliches Adjektiv.

mmojawapo sisi	einer von uns
wamojawapo sisi	einige von uns
mmojawapo ninyi	einer von euch
wamojawapo ninyi	einige von euch
mmojawapo wao	einer von ihnen
wamojawapo wao	einige von ihnen
wengi wao	viele von ihnen
wachache wao	wenige von ihnen

Mmojawapo *wa* watoto hawa ni kiziwi.
Eines dieser Kinder ist taub.
Kimojawapo *cha* vitabu vilivyomo rafuni ni Biblia.
Eines der Bücher, die auf dem Regal sind, ist eine Bibel.
Hospitali mnayoitafuta ni mojawapo *ya* nyumba kubwa zile.
Das Krankenhaus, das ihr sucht, ist eines jener großen Häuser.
Waweza kununua kofia hii au ile, yote *mamoja*.
Du kannst entweder diesen Hut oder jenen kaufen, es ist *ganz gleich*.

IV. Durch die Genitiv-Silbe

a. zwei Substantive
     maji ya moto   heißes Wasser
     lugha ya Kidachi   die deutsche Sprache
     safari ya ajabu   abenteuerliche Reise

Im Deutschen werden solche Begriffe häufig zu einem zusammengesetzten Substantiv.
Wabavaria huvaa *kaputula za ngozi*.   Yu *mwalimu wa lugha*.
Die Bayern tragen kurze *Lederhosen*.   Er ist *Sprachlehrer*.
Watoto wa Kizungu hunywa *maziwa ya ng'ombe*.
Europäische Kinder trinken *Kuhmilch*.

Man merke: kikombe cha chai   die, eine Teetasse
           kikombe kimoja cha chai   eine Tasse Tee

Das umschreibende Adjektiv *steht vor* den anderen Adjektiven und Zahlwörtern!
           vikombe vya chai vipya vitano

b. Substantiv und Adjektiv
   kitabu cha tano   fünftes Buch
   tabia za kitoto   kindliches Benehmen
   mchezo wa kitoto   kindliches Spiel
   mchezo wa watoto   Kinderspiel (wie V a)

c. Substantiv und Adverb
   mavazi ya kisasa   moderne Kleidung
   matumaini ya mbali   entfernte Hoffnungen
   gazeti la leo   die heutige Zeitung
   watu wa mjini   Stadtbewohner

d. durch den Infinitiv
   Nunua petroli ya *ku*tosha.   Kaufe genug Benzin!
   Tuliona mambo ya *ku*tisha.   Wir erlebten erschreckende Dinge.
   Amechungua maelekeano ya *ku*pendeza.   Er hat interessante Wechselbeziehungen untersucht.

e. durch die Relativsilbe (vergl. S. 111, § 6)
   Nitafanya mtihani mwaka uj*ao*.   Ich steige nächstes Jahr in die Prüfung.
   Tusafishe vyombo viliv*yo*chafuka.   Laßt uns das schmutzige Geschirr abwaschen!

V. Zwei Substantive allein
Bei solchen Substantiven ist die Genitiv-Silbe ausgefallen.

   kijana mwanamke (wa kike)   junges Mädchen
   askari kanga   Polizist in Zivil

wiki jana vorige Woche
bata mzinga Truthahn, Puter
mbwa mwitu Wildhund
fundi mwalimu Instrukteur
mbuzi mwitu Klippspringer (Bergantilope)

B. Steigerung der Adjektive

Im Suaheli kann man die Adjektive nicht wie im Deutschen steigern. Die zu vergleichenden Adjektive werden einander gegenübergestellt oder hervorgehoben durch »Steigerungswörter« wie:

kama wie zaidi mehr
kushinda übertreffen sana sehr
kupita übertreffen kabisa absolut, äußerst
kuzidi übermäßig werden bora am besten
kuliko im Vergleich zu

Je nach dem Sinne kann man eines dieser Wörter zur Steigerung jeder Stufe gebrauchen. Das Steigerungswort wird dem Adjektiv nachgestellt.
Baisikeli ya Manfred ni *mpya kama* ya Dieter.
Manfreds Fahrrad ist *so neu wie* das von Dieter.
Lakini baisikeli yake Karin ni *mpya kuliko* zote mbili.
Aber Karins Fahrrad ist *neuer als* die beiden anderen.
(anstatt kuliko auch kushinda, kupita)
Na baisikeli yake Helga nayo *mpya kushinda* hiyo yake Karin. Kwa hiyo *inazidi* (inashinda, inapita) zote kwa upya, yaani baisikeli yake Helga ni *mpya sana* (kati) ya hizo zote.
Kazi yako inazidi yangu kwa ugumu.
Deine Arbeit ist schwieriger als meine (übermäßiger in Bezug auf Schwierigkeit).

Wapi mbali *zaidi* kutoka Paris, Berlin au Cologne?
Was ist weiter von Paris entfernt: Berlin oder Köln?
Motakaa ipi *bora*, Opel au Volkswagen? besser
Motakaa ipi *bora*, Opel, Volkswagen au Fiat? am besten
Nadhani Opel ni *nzuri kushinda* zote. am schönsten
Mshahara wako si *mdogo kuliko* wangu. weniger als
Paka ni *mdogo kuliko* chui. kleiner als
Simba ni *mkubwa kuliko* chui. größer als
Tembo ni *mkubwa kushinda* wanyama wote. am größten

Mwanadamu ni mnyama mbaya kabisa – mpe mshahara, hutaka zaidi; mpe mali, hutaka zaidi; mpe mapenzi, hutaka zaidi; mpe starehe, hutaka zaidi. Kwa ufupi, mwanadamu hatosheki!
Nikisema binadamu ni mnyama
Ni nani ninayemtukana?
Bila shaka, mnyama!
Nietzsche

Sprichwörter und Aphorismen XIV

31. Bora afya.	Es gibt nichts besseres als gute Gesundheit.
32. Heri adui mwerevu kama rafiki mpumbavu.	Lieber ein kluger Feind als ein dummer Freund.

KUBISHA

A. Hodi!
B. Karibu. Eh! Bwana Schultze. Je, hujambo!
A. Sijambo. Habari gani?
B. Njema, ila mke wangu hawezi makamasi. Kaa kitako.
A. Starehe, starehe. Nalikuja kukwamkia upesi tu.
B. Hata watoto wote wameambukizwa.
A. Pole. Na wazazi wako nao hawajambo?
B. Wazazi na ndugu hawajambo. Basi, nisimulie habari za safari ya Italia.
A. Safari yetu ilikuwa ya kupendeza sana, ijapokuwa hatukuwa na fedha ya kutosha. Lakini tulifanikiwa kupata hoteli rahisi. Juu ya hayo, tulialikwa na rafiki zetu kila jioni.
B. Mlirudije?
A. Tulirudi kwa motakaa pia, tukapitia Uswisi, Ufaransa, Ubelgiki hata Uholanzi mpaka Hamburg tena. Lakini niwie radhi; nalisahau kukununulia saa ya mkono huko Uswisi.
B. Haidhuru. Eh! Mmeona dunia nzima! Nitakapopata fedha na nafasi hata nami nitasafiri siku moja. Hamu yangu ni kuitembelea Afrika ya Mashariki. Wajua napenda sana kuwinda. Tena kama ujuavyo pande hizo za Afrika pamoja na Afrika ya Kusini zina wanyama wengi zaidi duniani – kwa mfano: tembo (ndovu), vifaru, twiga, nyati, simba, punda milia, chui, paa, ngiri, mbwa mwitu, mbuzi mwitu, akina fisi, kuro, mbweha, hata sungura. Nakwambia Afrika ndiyo azimio langu, hapa Ulaya hakuna mapya.
A. Huna azimio baya, isipokuwa kusafiri Afrika utahitaji livu ya muda

mrefu kuzidi mwezi mmoja. Ah! Nalikuwa karibu kusahau. Sasa saa ngapi?
B. Wahitajiwa mahali fulani?
A. Ndiyo. Mchumba wangu aningojelea saa kumi ili twende sinema. Basi, yanibidi kwenda sasa. Tutazungumza siku nyingine kama nina nafasi ya kutosha.
B. Marahaba!
A. Basi, kwa heri Bwana Schneider.
B. Kwa heri ya kuonana. Unisalimie wote nyumbani.

MANENO MAPYA

bisha, ku	Einlaß begehren
hodi	Darf ich eintreten?
karibu	Tritt ein! (zu zwei oder mehreren Personen »Karibuni«.)
hujambo	Wie geht es? (aus huna jambo; an mehrere Personen: »Hamjambo?«)
sijambo	Es geht mir gut. (aus sina jambo) Zwei oder mehrere Personen antworten *hatujambo*. Wörtlich heißen diese Ausdrücke »Hast du nichts auf dem Herzen?«. Die Antwort lautet stets »Sijambo«, bzw. »Hatujambo«, auch, wenn jemand etwas auf dem Herzen hat. In diesem Fall erfolgt eine Ergänzung, z. B.
Sijambo, ila nimefiwa.	Es geht mir gut, aber ein Verwandter ist gestorben. Der Kürze halber sagt man »Jambo«. Die Antwort dazu ist auch »Jambo«. An der ostafrikanischen Küste hört man folgende arabische Ausdrücke:
Sabalkheri!	Guten Morgen!
Shikamuu!	(aus nashika miguu yako) »Ihr ganz ergebener«. Der Ausdruck stammt aus der Sklavenzeit. Heute sagen es Kinder zu ihren Eltern bzw. Diener zu ihren Vorgesetzten.
Masalkheri	Guten Abend!
Salaam	allgemein für »Gruß«.
Starehe	Laß dich nicht stören!
U hali gani?	Wie geht es dir (gesundheitlich)? (an mehrere Personen: »M hali gani?«)

Habari gani?	Was für Nachricht bringst du (bringt ihr)?
Hawezi makamasi	Sie hat sich erkältet (so, daß die Nase läuft).
Pole!	Ausdruck des Mitleids
tulifanikiwa	es gelang uns; wir hatten das Glück ...
fanikia, ku	gelingen; Erfolg haben
Labda tutafanikiwa.	Vielleicht wird es uns gelingen.
Majaribio yetu hayakufanikiwa.	Unsere Versuche mißlangen.
kwa motakaa	im Wagen; per Auto
kwa miguu	zu Fuß
kwa baisikeli	mit dem Fahrrad
kwa farasi (juu ya ...)	auf dem Pferd
kwa eropleni (ndege)	mit dem Flugzeug
haidhuru	es macht nichts (eigentl.: es schadet nichts)
tembelea	bereisen, besuchen
hakuna mapya	es gibt nichts Neues (gemeint ist mambo mapya)
hitajiwa	verlangt werden; erwartet werden
Marahaba	Danke (zu einem Untergebenen)
heri	s Wohl
Kwa heri!	Lebe wohl! (wörtl. zum Wohl)
Kwa heri ya kuonana!	Lebe wohl bis zum Wiedersehen!

PRÄPOSITIONEN

Da das Suaheli keine Beugung kennt, hat es nur wenige Präpositionen im europäischen Sinn. Die Suaheli-Präpositionen werden im Verb oder auf andere Arten ausgedrückt.

I. Echte Präpositionen

a. bila, pasipo — ohne, ohne daß
   Alikuja *bila* rafiki yake. — Er kam ohne seinen Freund.
   Tulitembea maili nyingi *bila* kuchoka. — Wir gingen viele Meilen spazieren, *ohne daß* wir müde wurden (ohne müde zu werden).

b. hadi, hata, mpaka — bis, bis zu, sogar, nicht einmal, damit
   Tulikwenda kwa miguu *hadi* mjini. — Wir gingen zu Fuß *bis* in die Stadt.

Nitaendelea kufanya kazi *mpaka* jioni.	Ich werde weiterarbeiten *bis zum* Abend.
Haonekani ko kote, hata nyumbani hako.	Er ist nirgends auffindbar, *nicht einmal* zu Hause.
Tuuze nini *hadi* tutajirike upesi?	Was sollen wir verkaufen, *damit* wir schnell reich werden?

c. ila   außer
Ninyi nyote Waswisi *ila* yeye.   *Außer* ihm seid Ihr alle Schweizer.

d. kama, kwamba, kama kwamba   daß, als ob
Alisema *kama* hataki kwenda.   Er sagte, *daß* er nicht gehen wolle.
Alituarifu *kwamba* yu mgonjwa.   Er teilte uns mit, *daß* er krank sei.
Alionekana *kama kwamba* yu mgonjwa.   Er sah aus, *als ob* er krank wäre.

e. karibu   gegen
Tutaondoka *karibu* saa nane.   Wir werden *gegen* zwei Uhr fortgehen.

f. katika   bei, in, auf, an, aus, unter, von, während ...
Umezitia nguo *katika* sanduku?
Hast du die Kleider *in* den Koffer gelegt?
Umezitoa nguo *katika* sanduku?
Hast du die Kleider *aus* dem Koffer herausgenommen?
Tulijiingiza *katika* hatari kwa makusudi.
Wir begaben uns absichtlich *in* Gefahr.
Zamani tulikaa *katika* mji huu.
Früher wohnten wir *in* dieser Stadt.
Watoto wanayaandika maneno *katika* karatasi.
Die Kinder schreiben die Wörter *aufs* Papier.
Rais ataka kujenga jumba *katika* mlima.
Der Staatspräsident will *auf* dem Berg einen Palast bauen.
Labda nitakuwa *katika* kazi wageni watakapofika.
Vielleicht werde ich *bei* der Arbeit sein, wenn die Gäste ankommen.
Katika kula alijiuma ulimi.
Während er aß, biß er sich auf die Zunge.
Mabunda mengi yalianguka *katika* eropleni.
Viele Pakete fielen *aus* dem Flugzeug.
Tuliishi miaka mingi *katika* watu wageni.
Wir lebten viele Jahre *unter* fremden Völkern.
Waliamka *katika* usingizi.

Sie erwachten *aus* dem Schlaf.
Mlikuwa *katika* kulala nalipofungua mlango.
Ihr wart *im Begriff* zu schlafen, als ich die Tür aufmachte.
Sijui lo lote *katika* jambo hili.
Ich weiß nichts *im Zusammenhang mit* dieser Sache.
Yeye hutenda vizuri ila *katika* mambo ya siasa.
Außer *in* politischen Angelegenheiten handelt er gut.

Man merke:

au	au
katika sanduku	sandukuni
katika hatari	hatarini
katika mlima	mlimani
katika kazi	kazini
katika usingizi	usingizini
Mwalimu anayaandika mazoezi *katika* ubao (ubaoni).	Der Lehrer schreibt die Übungen *an* die Tafel.

Das *ni* darf nicht an einen Eigennamen angehängt werden!

g. kwa für, in, mit, zu, um, von, durch, nach, über, bei, sowohl ... als auch
Das *kwa* verbindet sich mit den Possessivpronomen

kwangu	bei mir (zu Hause)	kwetu	bei uns
kwako	bei dir	kwenu	bei euch
kwake	bei ihm	kwao	bei ihnen

Ni mamoja kwangu.   Es ist mir gleich.
Ni mamoja kwetu.   Es ist uns gleich.
Nenda zako!   Geh weg (deiner Wege!)
Nendeni zenu!   Geht weg (eurer Wege)!
Ninakwenda zangu.   Tulikwenda zetu.
Unakwenda zako.   Mtakwenda zenu.
Anakwenda zake.   Wamekwenda zao.
Asante sana *kwa* hisani yako.   Vielen Dank *für* deine Freundlichkeit.
Tumezoea kufasiri sentensi za Kidachi *kwa* Kiswahili.   Wir haben uns daran gewöhnt, deutsche Sätze *ins* Suaheli zu übersetzen.
Waweza kufungua mlango wa chumba changu *kwa* ufunguo wako.   Du kannst meine Zimmertür *mit* deinem Schlüssel öffnen.
Tulirudi *kwa* motakaa.   Wir kamen *mit* dem Auto (*im* Wagen) zurück.

Wapenda sana kwenda *kwa* miguu.	Du gehst sehr gern *zu* Fuß.
Watu gani huenda *kwa* daktari?	Welche Menschen gehen *zum* Arzt?
Mayai haya hayafai *kwa* chakula.	Diese Eier sind nicht *zum* Essen geeignet.
Watoto wenye akili huwajia wazazi wao *kwa* shauri.	Kluge Kinder fragen ihre Eltern *um* Rat.
Watato wenye akili hutaka shauri *kwa* wazazi wao.	Kluge Kinder erbitten einen Rat *von* ihren Eltern.
Msichana huyu anatoka *kwa* shangazi yake.	Dieses Mädchen kommt gerade *von* seiner Tante.
Tulikirarua kitambaa *kwa* kukivuta mara nyingi.	Wir zerrissen das Tuch *durch* mehrmaliges Ziehen (*indem* wir es mehrmals zogen).
Yu Mkristo *kwa* jina tu.	Er ist nur dem Namen *nach* Christ.
Nalijua yu Mwislamu *kwa* jina lake.	Ich wußte *aus* seinem Namen, daß er Moslem ist.
Twashangaa *kwa* mwenendo wake mwema.	Wir staunen *über* sein gutes Benehmen.
Rafiki yangu kutoka Tanganyika akaa *kwa* Bwana Müller	Mein Freund aus Tanganyika wohnt *bei* Herrn Müller.
Watu wahalifu watapata adhabu ya kupigwa, wakubwa *kwa* wadogo.	Die Verbrecher werden eine Prügelstrafe erleiden, *sowohl* die Erwachsenen *als auch* die Jugendlichen.
Dada yangu aniandikiapo hutumia bahasha *ile kwa ile*.	Jedesmal, wenn meine Schwester mir schreibt, benutzt sie den *gleichen* Briefumschlag.
Lakini: Naliiona bahasha *ile ile*.	Ich sah *denselben* Briefumschlag.
Mjasusi alitujia *kwa siri*.	Der Detektiv kam *heimlich* zu uns. (vergl. Adverbien)
Utanipa *mia kwa ishirini* ya faida?	Wirst du mir *zwanzig Prozent* des Gewinnes geben?
Siku hizi kuna wanafunzi wa Kiafrika wengi *huku kwetu* Udachi.	Heutzutage gibt es viele afrikanische Studenten *hier bei uns* in Deutschland.

Wie wir gesehen haben, sind *kwa* und *katika* die gebräuchlichsten Präpositionen im Suaheli. Beide lassen sich kaum mit nur einem bestimmten Wort übersetzen.

h. na — mit, von
Alikuja *na* rafiki yake. — Er kam *mit* (in Begleitung von) seinem Freund.
Barua hii iliandikwa *na* mamangu — Dieser Brief wurde *von* meiner Mutter geschrieben.

i. tangu, toka, tokea — seit, von her, ab
Anajua Kiswahili kwa sababu ameakaa Dar-es-Salaam *tangu* utoto. — Er kann Suaheli, weil er *seit* seiner Kindheit in Daressalam wohnt.
Tumemtafuta mbwa *toka* asubuhi hadi sasa, lakini wapi. — Wir haben den Hund *von* morgens bis jetzt gesucht, aber vergebens.

II. Präpositionen, die durch Konjunktionen und Adverbien + ya bzw. na ausgedrückt werden

a. baada ya — nach (zeitlich)
Mtoto hulia *baada ya* kuzaliwa. — Ein Kind schreit (kurz) *nach* der Geburt.

baada yangu	nach mir	baada yetu	nach uns
baada yako	nach dir	baada yenu	nach euch
baada yake	nach ihm	baada yao	nach ihnen

b. baadhi ya — einige von
Nitachukua *baadhi* ya vitabu usivyovitaka.
Ich werde *einige von* den Büchern, die du nicht haben willst, nehmen.

baadhi yetu	einige von uns	baadhi ya watoto	einige von den Kindern
baadhi yenu	einige von euch		
baadhi yao	einige von ihnen	baadhi ya viti	einige von den Stühlen

c. badala ya — (an)statt, an Stelle von
Nitanunua kofia *badala ya* viatu.
Ich werde einen Hut *anstatt* Schuhe kaufen.

badala yangu	statt meiner	badala yetu	statt unserer
badala yako	statt deiner	badala yenu	statt eurer
badala yake	statt seiner	badala yao	statt ihrer

d. baina ya — zwischen, miteinander, von ... nach
Hapakutokea ugomvi *baina yetu* hata mara moja.
Es entstand niemals ein Streit *zwischen uns*.

Fanyeni shauri *baina yenu*.
Beratet ihr *miteinander!*
Ni kilometa ngapi *baina ya* Hamburg na Berlin?
Wieviele Kilometer sind es *von* Hamburg *nach* Berlin?

baina yetu	zwischen uns	baina ya viti	zwischen den Stühlen
baina yenu	zwischen euch	baina ya miji	zwischen den Städten
baina yao	zwischen ihnen	baina ya baba	zwischen den Vätern

e. chini ya — unter

Baada ya vita vikuu vya kwanza, Tanganyika ilitiwa *chini ya* himaya ya Kiingereza.
Nach dem ersten Weltkrieg kam Tanganyika *unter* britische Schutzherrschaft.

chini yangu	unter mir	chini yetu	unter uns
chini yako	unter dir	chini yenu	unter euch
chini yake	unter ihm	chini yao	unter ihnen
chini ya mti	unter dem Baum	chini ya kitanda	unter dem Bett
chini ya mlima	am Fuß des Berges	chini ya meza	unter dem Tisch

f. juu ya — auf, über, von, trotz, außer, gegen, gegenüber

Weka kitabu hiki *juu ya* meza! — Lege dieses Buch *auf* den Tisch!
Alitueleza mambo mengi *juu ya* safari yake. — Er erzählte uns vieles *über* seine Reise.
Alishuka *juu ya* farasi. — Er stieg *vom* Pferd ab.
Aliiba *juu ya* mshahara mkubwa. — *Trotz* des großen Gehaltes stahl er.
Nalipewa posho *juu ya* ujira wangu. — Ich bekam noch Verpflegung *außer*
Walileta vita *juu ya* jirani zao. — Sie führten einen Krieg *gegen* ihre Nachbarn.
Hatuna nguvu *juu ya* umbo. — Wir haben keine Macht *gegenüber* der Schöpfung.
Ni *juu yako* usiponunua viatu. — Es ist deine Sache, wenn du keine Schuhe kaufst.

juu yangu	über mir; über mich; geht mich an; hängt von mir ab
juu yako	über dir; über dich; geht dich an; hängt von dir ab
juu yake	über ihm; über ihn; geht ihn an; hängt von ihm ab
juu yetu	über uns; geht uns an; hängt von uns ab
juu yenu	über euch; geht euch an; hängt von euch ab
juu yao	über ihnen; über sie; geht sie an; hängt von ihnen ab

Wewe kanunue chakula, lakini vinywaji juu yetu.
Sorgt für das Essen, wir übernehmen die Getränke.

g. kabla ya   vor (zeitlich)
   mbele ya   vor (räumlich, zeitlich)

Ulifika nyumbani *kabla* (*mbele*) *ya*ngu.
Du kamst *vor* mir zu Hause an.
Alifariki *kabla ya* vita.
Er starb *vor* dem Kriege.

kabla yangu	kabla yetu	mbele yangu	mbele yetu
kabla yako	kabla yenu	mbele yako	mbele yenu
kabla yake	kabla yao	mbele yake	mbele yao

h. kando ya   neben, längs, entlang

Polisi amesimama *kando ya* nyumba.   Der Polizist steht *neben* dem Hause.
Watoto wanatembea *kando ya* mto.   Die Kinder gehen *längs* des Flusses.
kando zote   auf allen Seiten

i. karibu na, ya   nahe bei; in der Nähe von

Watoto wanacheza *karibu na* nyumba.   Die Kinder spielen *in der Nähe* des Hauses.
Msitu uko *karibu na* mji wetu.   Der Wald liegt *nahe bei* unserer Stadt.
Tuliwasindikiza wageni hadi *karibu ya* daraja.   Wir begleiteten unsere Gäste bis *zur Nähe der* Brücke.
Es ist eine afrikanische Sitte, einen Gast ein Stückchen zu begleiten. Man darf den Gast jedoch nicht zu weit begleiten, sonst kommt er nicht wieder!
Twafanya kazi katika hospitali *karibu na*nyi.
Wir arbeiten in einem Krankenhaus *in eurer Nähe*.

karibu nami (yangu)   nahe bei mir; in meiner Nähe
karibu nawe (yako)   nahe bei dir; in deiner Nähe
karibu naye (yake)   nahe bei ihm; in seiner Nähe
karibu nasi (yetu)   nahe bei uns; in unserer Nähe
karibu nanyi (yenu)   nahe bei euch; in eurer Nähe
karibu nao (yao)   nahe bei ihnen; in ihrer Nähe
mtu *wa karibu*   ein naher Verwandter
Mtu huyu *karibu yako*. Dieser Mensch ist dein naher Verwandter.

Man merke folgende Umstandssätze (Adverbialsätze):
Ameajiri watu *karibu* sitini.   Er hat *ungefähr* sechzig Leute beschäftigt.

Nalikuwa *karibu* kuanguka (nia-   Ich wäre *beinahe* gefallen.
nguke).
Nalikuwa *karibu* kukupigia (ni-   Ich wollte dich *gerade* anrufen.
kupigie) simu.

j. kati(kati) ya, baina ya   zwischen, inmitten, in der Mitte von, umgeben von, unter.
   Nguzo inasimama *katikati ya* sebule.   Der Pfeiler steht *inmitten* des Empfangsraumes.
   Watu sita *kati* (miongoni mwenu) yenu waje nami.   Sechs Personen *unter* euch (sechs von euch) mögen mitkommen!
   Basi, tukutane *kati ya* saa saba na saa nane.   Also, treffen wir uns *zwischen* dreizehn und vierzehn Uhr!
   Udachi *ya Kati*   Mitteldeutschland

k. kwa hoja ya   wegen
   kwa ajili ya
   kwa sababu ya
   Amehukumiwa *kwa sababu ya* wizi.   Er ist *wegen des* Diebstahls verurteilt worden.
   kwa ajili yangu   wegen mir; in meinem Interesse
   kwa ajili yako   wegen dir; in deinem Interesse
   kwa ajili yake   wegen ihm; in seinem Interesse
   kwa ajili yetu   wegen uns; in unserem Interesse
   kwa ajili yenu   wegen euch; in eurem Interesse
   kwa ajili yao   wegen ihnen; in ihrem Interesse

l. kwa habari ya   betreffs, im Zusammenhang mit (wegen, in bezug auf)
   Naja hapa *kwa habari ya* kifo cha ndugu yangu.   Ich bin hier *im Zusammenhang mit* dem Tod meines Verwandten.

m. licha ya ... hata   nicht nur ... sondern auch
   Licha ya bei ya vitu, *hata* ada ya skuli imepanda.   *Nicht nur* die Preise sind gestiegen, *sondern auch* die Schulgebühren.

n. mahali pa, badala ya   an Stelle von, anstatt
   Alikwenda *mahali pa* rafiki yangu.   Er ging *an Stelle* von meinem Freund.

mahali pangu	an meiner Stelle	mahali petu	an unserer Stelle
mahali pako	an deiner Stelle	mahali penu	an eurer Stelle
mahali pake	an seiner Stelle	mahali pao	an ihrer Stelle

o. **mbali na, ya** — weit von, fern von

Yatulazimu kuchota maji kwa sababu tunakaa *mbali na* mji. — Wir müssen Wasser schöpfen, weil wir *weit von* der Stadt wohnen.

mbali nami (yangu) mbali nasi (yetu)
mbali nawe (yako)   mbali nanyi (yenu)
mbali naye (yake)   mbali nao (yao)

p. **mbele ya** — vor, diesseits (räumlich, zeitlich)

Walisimama *mbele ya* kanisa walipopigwa picha. — Sie standen *vor* der Kirche, als sie photographiert wurden.

Tuliwaona wakicheza *mbele ya* barabara. — Wir sahen sie *diesseits* der Straße spielen.

Aliahidi kurudi mbele ya saa nane. — Er versprach, daß er vor zwei Uhr zurückkommen würde. Er versprach, vor zwei Uhr zurückzukommen.

Tu sawasawa *mbele ya* sheria. — Wir sind gleich *vor* dem Gesetz.

mbele yako   vor mir   mbele yetu   vor uns
mbele yake   vor dir   mbele yenu   vor euch
mbele yangu   vor ihm   mbele yao   vor ihnen

Taa si kitu *mbele ya* jua. — Eine Lampe ist nichts *im Vergleich mit* der Sonne.

q. **miongoni mwa** — unter, von

Watu kumi *miongoni mwenu* watauzuliwa wiki ijayo. — Zehn Leute unter (von) euch werden nächste Woche entlassen.

miongoni mwetu unter uns   miongoni mwenu   unter euch
miongoni mwao   unter ihnen

Miongoni bezieht sich nur auf die Wa-Klasse (Lebewesen außer Pflanzen). Bei den übrigen Klassen wird *kati ya* gebraucht.

r. **ndani ya** — innerhalb, in

Miwani yako imo *ndani ya* sanduku. — Deine Brille ist *im* Koffer.
au Miwani yako imo *katika* sanduku.
Miwani yako imo sanduku**ni**.

s. **nje ya** — außerhalb, an der Oberfläche von

Baba yangu afanya kazi *nje ya* mji. — Mein Vater arbeitet *außerhalb* der Stadt.

Chupa hii i chafu *nje yake* tu. — Diese Flasche ist nur *an der Oberfläche* schmutzig.

t. **nyuma ya**   nach, hinter, jenseits (räumlich, zeitlich)

Kinyonga aweza kuona *nyuma yake*.   Das Chamäleon kann *hinter* sich sehen.
Kuna mto *nyuma ya* mlima ule.   Es gibt einen Fluß *jenseits* jenes Berges.

nyuma yangu	hinter mir, nach mir	nyuma yetu	hinter uns, nach uns
nyuma yako	hinter dir, nach dir	nyuma yenu	hinter euch, nach euch
nyuma yake	hinter ihm, nach ihm	nyuma yao	hinter ihnen, nach ihnen

Aliondoka *nyuma ya* mtihani.   Er reiste *nach* der Prüfung ab.

u. **pamoja na**   zusammen mit, miteinander

Walihukumiwa *pamoja na* wevi wengine watatu.   Sie wurden *zusammen mit* drei anderen Dieben verurteilt.

pamoja nami	zusammen mit mir	pamoja nasi	zusammen mit uns
pamoja nawe	zusammen mit dir	pamoja nanyi	zusammen mit euch
pamoja naye	zusammen mit ihm	pamoja nao	zusammen mit ihnen

v. **upande wa**   auf der Seite von
   pande za (Mehrzahl)   in der Gegend von

Nyumba ya posta iko *upande huu wa* mto.   Das Postamt ist *auf dieser Seite* des Flusses.
Alizaliwa *pande za* bara.   Er wurde auf dem Festland geboren.
Sisi sote tulikuwa *upande wake*.   Wir alle ergriffen Partei für ihn (traten auf seine Seite).

upande wangu	auf meiner Seite	upande wetu	auf unserer Seite
upande wako	auf deiner Seite	upande wenu	auf eurer Seite
upande wake	auf seiner Seite	upande wao	auf ihrer Seite
pande za bara	das Hinterland	pande za pwani	die Küstengebiete
upande wa chini	die Leeseite	upande wa juu	die Windseite
pande zote	nach allen Seiten, nach allen Richtungen		

w. **sawa na**   gleich (gleichen)
   sawa kama   gleich wie

Mshahara wako *sawa na* wangu.   Dein Gehalt *gleicht* meinem.
Mshahara wako *sawa kama* wangu.   Dein Gehalt ist *dem* meinen *gleich*.

sawa nami	gleich mit mir	sawa nasi	gleich mit uns
sawa nawe	gleich mit dir	sawa nanyi	gleich mit euch
sawa naye	gleich mit ihm	sawa nao	gleich mit ihnen

x. zaidi ya mehr als, mehr; außer
Nimepata *zaidi ya* wafanya kazi. Ich habe *mehrere* Arbeiter bekommen.
Amepata wafanya kazi *zaidi yangu*. Er hat *mehr* Arbeiter bekommen *als ich*.

zaidi yangu mehr als ich, außer mir zaidi yetu mehr als wir, außer uns
zaidi yako mehr als du, außer dir zaidi yenu mehr als ihr, außer euch
zaidi yake mehr als er, außer ihm, ihr zaidi yao mehr als sie, außer ihnen

III. Präpositionen durch Anhängen von *ni* an das Substantiv. Man darf das *ni* nicht an Eigennamen hängen!

Tulimwona nyumbani. Wir sahen ihn zu Hause.
Anakaa chumbani humu. Er wohnt in diesem Zimmer.
Alikwenda mjini. Er ging in die Stadt.
Wamenunua ng'ombe sokoni. Sie haben Rinder auf dem Markt gekauft.
Wanatoka mashambani. Sie kommen vom Lande.
Mwalimu anaandika ubaoni. Der Lehrer schrieb an die Tafel.
Anatoa funguo mfukoni. Er nimmt die Schlüssel aus der Tasche.

IV. im Verb

Watoka wapi? Wo kommst du her?
Natoka Nairobi. Ich komme aus Nairobi.
Wazazi wangu wanakaa Nairobi. Meine Eltern wohnen in Nairobi.
Kesho nitarudi Nairobi. Morgen werde ich nach Nairobi zurückkehren.
Utauhudhuria mkutano? Wirst du an der Versammlung teilnehmen?

Sprichwörter und Aphorismen XV

33. Kanga hazai ujane. wörtlich: Das Perlhuhn legt nicht im Junggesellentum.
  Sinn: Es gibt keine Wirkung ohne Ursache.

34. Zimwi likujualo halikuli likakumaliza. wörtlich: Ein böser Geist, der dich kennt, kann dich nicht ganz und gar auffressen.
  Sinn: Ein Freund ist immer ein Freund, wenn er auch den anderen ein Teufel sein mag.

ZOEZI LA KUMI NA NANE

Tia vitangulia katika nafasi zilizoachwa
kwa mfano: Tunaoga *katika* mto.
　　　　Ndege hawawezi kuruka *bila* mabawa.
Basi kaendelee!

　　Watoto wanacheza ... mbwa. Babangu anapanda maua ... bustani. Binadamu huenda ... miguu. Msafiri ameshuka ... ngamia. Wakati wa kiangazi hainibidi kuvaa fulana ... shati. Watoto hawa wanaimba ... sauti nzuri sana. Tulimwacha aende ... yake. Yafaa kunywa dawa fulani ... kula. Mbilikimo wakaa ... Kongo hadi Kameruni. Tutarudi nyumbani ... nawe. Alikanyagwa ... motakaa, Mwalimu husimama ... wanafunzi, Wanafunzi hurudi nyumbani ... masomo. Nadhani wageni watafika ... saa tisa na saa kumi. Watoto saba ... mwao waweza kusoma vizuri. Tulikula wali ... nyama. Ninakaa hapa ... siku nane. Nairobi ni mji mkubwa ... Afrika ya Mashariki. Nairobi ... Kampala lakini ... Nakuru. Kwa nini akaenda kukushtaki ... jumbe? Wasafiri wawili wamekufa ... njaa ... jangwa. Chagua neno moja ... haya. Mlima wa Kenya si ... Kilimanjaro kwa kimo. Mombasa ni bandari ... mashariki ya Afrika.

JOGOO, MBWA NA MBWEHA

　　Hapo kale palikuwa na jogoo mkali katika kijiji kimoja. Jogoo huyo alifanya urafiki na mbwa hodari na mwenye akili nyingi. Baada ya kuufanya urafiki huo hazikupita siku nyingi mji wao ukaingia njaa. Jogoo alipoona ya kuwa mji umeingiwa na njaa, alifanya mashauri na mbwa waende mji mwingine kutafuta chakula. Baada ya siku mbili walianza safari wakaenda maili nyingi hata wakachoka sana. Jogoo akaona mti mkubwa mbele yake, akamwambia mbwa: »Mwenzangu, ni afadhali twende tukalale kwenye mti ule hata asubuhi ndipo tukaendelee«. Mbwa akakubali, wakaenda wakalala pamoja chini ya mti huo. Lakini ilipotimia saa moja ya usiku, jogoo alishikwa na hofu sana akamwambia rafiki yake: »Rafiki yangu, mimi nakwenda kulala juu ya mti maana kuna vidudu vingi hapa chini.« Mbwa akamjibu: »Vema rafiki yangu, haya nenda ukalale, nami nitalala papa hapa chini kwa sababu sina mabawa ya kuniwezesha kuruka nikafika juu.«

　　Hata alfajiri jogoo aliwika kama ilivyo desturi yake. Mara alipowika alitokea mbweha akaja hapo mtini akasema, Ewe mwadhini uliyeadhini sasa hivi, shuka basi mle mtini uje tukasali. Jogoo akaona kwamba mbweha ataka kumla, akamjibu: »Mwamshe imamu yule aliyelala hapo chini atusalishe.« Lakini mbwa aliyasikia maneno hayo akajua ya kuwa rafiki yake ataka kumponza aliwe. Basi, mara mbweha alipotazama chini, mbwa alipiga mbio za kuponya roho yake. Jogoo alipoona mbwa aenda mbio vile alimwita akisema, Je, rafiki yangu mbona unakimbia? Hutaki kusali? Mbwa akamjibu: »Sikimbii bali nakwenda kutawadha nije nikasali.« Akaenda zake asirudi tena. Wale wawili walipoona anakawia, jogoo alimwambia mbweha: »Mfuate mbwa.« Mbweha akamfuata mbwa na jogoo akapata nafasi ya kukimbia.

Maneno mapya

mbweha	r	Schakal, Fuchs
fanya urafiki, ku		Freundschaft schließen
ingia njaa; ingiwa na njaa		Hunger leiden
anza safari, ku		die Reise antreten
ni afadhali		es ist besser, einem lieber
ilipotimia		als es . . . . . . wurde
shikwa na hofu, ku		Furcht haben; Angst bekommen
vidudu		Verkleinerung von »wadudu« (Insekten)
wezesha, ku		ermöglichen
kama ilivyo desturi yake		wie es bei ihm üblich ist
ewe		für »ee wewe« – Ach, du
mwadhini		Muezzin
adhini, ku		jdn. zum Gottesdienst rufen
imamu	r	Vorbeter, Gebetsleiter
salisha, ku		veranlassen zu beten
ponza, ku		in Gefahr bringen
roho	s	Leben
tawadha, ku		sich rituell waschen (bei Moslems)
haya		also

Zoezi la kumi na tisa

Jibu maswali yafuatayo kutoka somoni:
Unaweza kutaja majina kumi ya wanyama wa mwitu na majina matano ya ndege? Kwa nini jogoo na rafiki yake walikiacha kijiji chao? Walishika safari baada ya siku ngapi? Walilala wapi kwanza? Kwa nini jogoo akaenda juu ya mti? Jogoo alishikwa na hofu saa ngapi? Kwa nini mbwa hakuenda kulala juu ya mti vile vile? Watu hulia, jogoo huwika, basi, mbwa hufanya

nini? Unaweza kuandika mifano mingine ukitumia *kupiga* kama »kupiga mbio«, »kupiga pasi«?

KONDITIONALE UND IRREALE SÄTZE
DIE ZEITFORM MIT -NGE- UND -NGALI-

Die beiden Formen drücken die Bedingungsform (Konditional) und die Nichtwirklichkeitsform (Irrealis) aus. Die Zeitsilbe *-nge-* wird für Präsens und Futur gebraucht und die Zeitsilbe *-ngali-* für die Vergangenheit. Für die Zukunft vergleiche man auch die Zeitform mit *-ki-*. Die Formen mit *-nge-* und *-ngali-* stehen immer in parallelen Sätzen, wobei das, was zeitlich früher war bzw. wäre, in den ersten Teil des Bedingungssatzes kommt. Man kann den ersten Teil mit *kama* (wenn) einleiten. Bevor man sich mit dem Konjunktiv befaßt, muß man mit der 2. Vergangenheit (Plusquamperfekt) mit *kuwa* (s. S. 82) vertraut sein.

A. Konditional I
Präsens und Futur

I. Aktiv — Jinsi ya kufanya
- Ningepiga — Ich würde schlagen; ich schlüge
- Ungesahau — Du würdest vergessen; du vergäßest
- Angeona — Er würde sehen; er sähe

- Tungependa — Wir würden lieben
- Mngeita — Ihr würdet rufen; ihr riefet
- Wangehitaji — Sie würden benötigen

II. Passiv — Jinsi ya kufanywa
- Ningepigwa — Ich würde geschlagen werden
- Ungesahauliwa — Du würdest vergessen werden
- Angeonwa — Er würde gesehen werden
- Tungependwa — Wir würden geliebt werden
- Mngeitwa — Ihr würdet gerufen werden
- Wangehitajiwa — Sie würden benötigt werden

III. Negation — kukana
entweder mit *si* oder mit *ha-*
- Nisingepiga; Singepiga — Ich würde nicht schlagen; ich schlüge nicht
- Nisingepigwa; Singepigwa — Ich würde nicht geschlagen werden
- Usingesahau; Hungesahau — Du würdest nicht vergessen

Usingesahauliwa; Hungesahauliwa	Du würdest nicht vergessen werden
Asingeona; Hangeona	Er würde nicht sehen
Asingeonwa; Hangeonwa	Er würde nicht gesehen werden
Tusingependa; Hatungependa	Wir würden nicht lieben
Tusingependwa; Hatungependwa	Wir würden nicht geliebt werden
Msingeita; Hamngeita	Ihr würdet nicht rufen
Msingeitwa; Hamngeitwa	Ihr würdet nicht gerufen werden
Wasingehitaji; Hawangehitaji	Sie würden nicht benötigen
Wasingehitajiwa; Hawangehitajiwa	Sie würden nicht benötigt werden

IV. im Dativ und Akkusativ – Verneinung wie § III

Ningempiga	Ich würde ihn schlagen; ich schlüge ihn
Ningewapiga	Ich würde sie schlagen; ich schlüge sie
Nisingempiga	Ich würde ihn nicht schlagen
Singempiga	Ich würde ihn nicht schlagen
Hungewapiga	Du würdest sie nicht schlagen
Hamngewapiga	Ihr würdet sie nicht schlagen

V. mit *kama* (wenn) – Verneinung wie § III

kama ningempiga	wenn ich ihn schlagen würde
	wenn ich ihn schlüge
kama nisingempiga au	wenn ich ihn nicht schlagen würde
kama singempiga	wenn ich ihn nicht schlüge

VI. mit *sein* und *werden* – Verneinung wie § III

ningekuwa	ich wäre; ich würde ...
nisingekuwa; singekuwa	ich wäre nicht; ich würde nicht ...
tungekuwa	wir wären; wir würden ...
tusingekuwa; hatungekuwa	wir wären nicht; wir würden nicht ...
kama ningekuwa	wenn ich wäre
kama nisingekuwa, singekuwa	wenn ich nicht wäre

Man merke die 2. Zukunft

Nitakuwa nimepiga	Ich werde geschlagen haben
Sitakuwa nimepiga	Ich werde nicht geschlagen haben
Utakuwa umepigwa	Du wirst geschlagen worden sein
Hutakuwa umepigwa	Du wirst nicht geschlagen worden sein
kama nitakuwa nimempiga	wenn ich ihn geschlagen haben werde
kama sitakuwa nimempiga	wenn ich ihn nicht geschlagen haben werde

kama nitakuwa sijampiga	wenn ich ihn noch nicht geschlagen haben werde

anstatt **kama** kann man **ikiwa** gebrauchen

ikiwa atakuwa amepigwa	wenn (falls) er geschlagen worden sein wird
ikiwa atakuwa hajapigwa	wenn er **noch nicht** geschlagen worden sein wird

Man verneint entweder mit *kuwa* oder *piga* (vgl. S. 138 III).

Anwendung des Konditional I

Ungekuja ungekula nasi.	Kämest du, so würdest du mit uns essen; Wenn du kämest, äßest du mit uns; Wenn du kämest, würdest du mit uns essen.
Kitabu hiki kingekuwa rahisi ningekinunua.	Wäre dieses Buch billig, würde ich es kaufen.
Kama kitabu hiki kingekuwa rahisi ningekinunua.	Wenn dieses Buch billig wäre, kaufte ich es; Wenn dieses Buch billig wäre, würde ich es kaufen.
Kitabu hiki kisingekuwa ghali sana ningekinunua.	Wenn dieses Buch nicht zu teuer wäre, kaufte ich es; Wenn dieses Buch nicht zu teuer wäre, würde ich es kaufen.
Ningemwandikia angefurahi sana.	Wenn ich ihm schriebe, würde er sich sehr freuen.
Nisingemwandikia hangefurahi. Kama singemwandikia asingefurahi.	Wenn ich ihm nicht schriebe, würde er sich nicht freuen; Wenn ich ihm nicht schriebe, freute er sich nicht.
Ungeniambia mapema, ningejitayarisha tukaenda pamoja.	Wenn du es mir rechtzeitig sagtest, würde ich mich vorbereiten, zusammen mit dir zu gehen.

ZOEZI LA ISHIRINI

a. Fasiri kwa Kidachi

Baba yangu angesafiri Afrika ningekwenda naye. Ungeniarifu mapema tungekutana stesheni. Watu wasingekuwa wagonjwa wasingekwenda kwa daktari. Nguruwe wasingekuwa wachafu, Waislamu wangeila nyama yao. Tungekuwa na mabawa tungeruka kama ndege. Ningekuwa tajiri singehitaji tunzo. Ningezaliwa mara ya pili, singetaka kuzaliwa katika dunia ii hii. Kama tungeweza kuona gizani hatungehitaji mwanga. Ingenyesha tungepanda migomba. Jua lingeanga, ningezianika nguo za watoto. Nisingekuwa mfupi, ningekuwa polisi. Kama ningejua nisingeuliza.

b. Fasiri kwa Kiswahili
Wenn er viel Geld hätte, würde er zum zweiten Male heiraten. Wenn man ihm viel Geld gäbe, kaufte er sich ein Haus. Wenn er Deutsch fleißig lernte, spräche er besser. Wenn ich viel Zeit hätte, besuchte ich dich öfters. Wäre es nicht so weit, gingen wir dorthin zu Fuß. Wenn das Kind groß wäre, hülfe es mir beim Bauen. Wenn ich ihn gut kennte, hülfe ich ihm. Hätte der Mensch nur ein Bein, so würde er wie ein Pilz stehen bleiben. Wenn du Zeit hättest, lerntest du auch Suaheli. Wenn die Mutter nicht aufpaßte, würden die Babys alles essen. Was würdest du kaufen, wenn du reich wärest? Wären die Tiere so intelligent wie der Mensch, würde der Mensch schon vernichtet sein.

c. Fasiri kwa Kiswahili (Marudio)
Der Sklavenhandel:
Im Jahre 1492 entdeckte Kolumbus Amerika. Nach einigen Jahren wurden dort Menschen für die Arbeit auf den Plantagen benötigt. Deshalb kamen viele Europäer nach Westafrika, um dort Sklaven zu suchen. Die mächtigeren Eingeborenen überfielen und ergriffen ihre Gefährten, um sie an die Portugiesen, Spanier und Briten zu verkaufen. Es war ein sehr übles Geschäft.

Die ersten Europäer drangen niemals in das innere Afrika ein; sie kannten nur die Küste, weil sie die Eingeborenen fürchteten. Wegen der Wasserfälle konnten sie mit ihren Schiffen die Flüsse nicht befahren. Auf Pferden konnten sie auch nicht reiten, da diese von Tsetsefliegen gestochen wurden und starben. Vor allem hatten sie Angst vor der Malaria. Fast alle, die sich in diesen heißen Gebieten niederzulassen wagten, starben an Malaria.

B. Konditional II (Irrealis)

Vergangenheit
Der Konditional II wird genauso gebildet wie der Konditional I, nur mit dem Unterschied, daß **-ngali-** an die Stelle von **-nge-** tritt.

A**ngali**piga	Er hätte geschlagen
A**singali**piga; Ha**ngali**piga	Er hätte nicht geschlagen
A**ngali**pigwa	Er würde geschlagen worden sein
A**singali**pigwa; Ha**ngali**pigwa	Er würde nicht geschlagen worden sein
kama ni**ngali**mpiga	wenn ich ihn geschlagen hätte
kama nisi**ngali**mpiga; kama si**ngali**mpiga	wenn ich ihn nicht geschlagen hätte
ni**ngali**kwenda	ich wäre gegangen

ningalikuwa mjinga	ich wäre dumm gewesen
ningalikuwa nimekwenda	ich würde gegangen sein
ningalikuwa nimepiga	ich würde geschlagen haben
nisingalikuwa nimepiga	ich würde nicht geschlagen haben
singalikuwa nimepiga	„ „ „ „ „
ningalikuwa nimepigwa	ich würde geschlagen worden sein
nisingalikuwa nimepigwa	ich würde nicht geschlagen worden sein
singalikuwa nimepigwa	„ „ „ „ „ „
kama ungalikuwa umepiga	wenn du geschlagen haben würdest
kama hungalikuwa umepiga	wenn du nicht geschlagen haben würdest
kama ungalikuwa hujampiga	wenn du ihn *noch nicht* geschlagen haben würdest

Anwendung des Konditional II

Kama ungalikuja, ungalikula nasi.	Wenn du gekommen wärest, hättest du mit uns gegessen.
Ungalikuja, ungalikula nasi.	Wärest du gekommen, hättest du mit uns gegessen.
Kama kitabu hicho kingalikuwa rahisi, ningalikinunua.	Wenn das Buch billig gewesen wäre, hätte ich es gekauft.
Kitabu hicho ki*si*ngalikuwa ghali sana, ningalikinunua.	Wäre das Buch nicht zu teuer gewesen, hätte ich es gekauft.
Kitabu hicho hakingalikuwa ghali sana, ningali kuwa *nimekwischa* kinunua.	Wenn das Buch nicht zu teuer gewesen wäre, hätte ich es *schon* gekauft.
Tungalionwa na polisi, tungaliadhibiwa.	Wenn wir von dem Polizisten gesehen worden wären, wären wir bestraft worden sein.
Ningalimwandikia angalifurahi.	Hätte ich ihm geschrieben, hätte er sich gefreut.
Tungali wanashule. (Sisi bado wanashule)	Wir sind *noch* Schulkinder.
Kungali usiku.	Es ist *noch* Nacht.
Wangali wakicheza. (Bado wanacheza)	Sie spielen *noch*.
Walikuwa **wangali ku**cheza. (Walikuwa bado wanacheza)	Sie spielten *noch* (weiter).
Watakuwa **wangali ku**cheza. (Watakuwa bado wanacheza)	Sie werden *noch* beim Spielen sein.

Wangali wamechoka.	Sie sind *noch* müde.
Walikuwa wangali kuchoka.	Sie waren *noch* müde.
Watakuwa wangali kuchoka.	Sie werden *noch* müde sein.

Sprichwörter und Aphorismen XVI

37. Vita vya panzi ni furaha wörtl.: Ein Kampf zwischen Heuschrecken ist
    ya kunguru.   der Krähe eine Freude.
                                     Sinn: Wenn zwei sich streiten, freut sich der
                                                   Dritte.
38. Baada ya dhiki faraja. wörtl.: Nach der Not kommt der Trost.
                                     Sinn: Auf Regen folgt Sonnenschein.

Zoezi la ishirini na moja

a. Fasiri kwa Kidachi

Polisi angalituona, angalituadhibu. Tungalimtukana, tungalishtakiwa naye. Ungalikuja upesi, mwanangu hangalikufa. Wasingalikuwa wavivu, wangaliufaulu mtihani. Mtumishi wangu angalifanya kazi vyema, ningaliuongeza ujira wake. Ingalinyesha barabara zingalikuwa na matope mengi. Ungalinipa pesa, ningalikuwa nimekwisha nunua chakula. Kama angalikuwa mwangalifu, hangaliyafanya makosa mengi haya. Tungali binadamu kama ilivyokuwa mwanzoni. Ungalikuja mapema, ungalimkuta angali kulala. Mlango ulikuwa ungali kufungwa. Labda wanawake wangekuwa wanasiasa, vita visingekuwako. Babake anamkataza asioe kwa sababu angali mbichi.

b. Fasiri kwa Kiswahili

Hättest du mich gefragt, würde ich es dir gesagt haben. Wenn ich ein Auto hätte, führe ich jedes Jahr nach Hause. Wenn wir früher gebaut hätten, wäre es billiger gewesen. Auch wenn du das verlorene Geld gefunden hättest, würdest du es mir nicht gegeben haben. Wäre der Kunde aufmerksam gewesen, wäre er nicht betrogen worden. Wenn wir zu Fuß gekommen wären, hätten wir den Zug versäumt. Er predigte so, als ob er selber im Himmel gewesen wäre. Als du kamst, schliefen wir noch. Als wir aufwachten, war es noch früh. Wenn du mir vorige Woche geschrieben hättest, hätte ich dir das Buch schon geschickt.

MTAALA WA WANAWAKE NI ANASA?

Swali hili lingali likiulizwa na kuzungumzwa si katika nchi za Kiafrika peke yake tu, bali duniani mzima. Wanawake wabaki nyumbani kabisa ili walee watoto na kutunza nyumba au waende viwandani na waume wao? Inawabidi wanawake kwenda shuleni na kuhitimu hata mashuhuda ya vyuo vikuu? Mwanamke aweza kuutimiza wajibu wake kazini na nyumbani? Haya yote ni maswali yanayohusiana na mtaala wa wanawake siku hizi. Maswali hayo yote yaonyesha kwamba maendeleo kutoka jumuiya ya kikale hadi usawazisho timamu baina ya wanaume na wanawake yafanyika katika nchi zote.

Hapajapatikana njia ya kuusahihisha mvuto utokeao iwapo wanawake hufanya kazi maradufu – kutunza nyumba pamoja na kuchuma pesa. Inaweza kusemekana kwamba, wakati ujao mtu mmoja hataweza kutunza nyumba na jamii pamoja na kwenda kazini. Hata ingefaa kama mume angemsaidia mkewe kulinda watoto na kufanya kazi jikoni. Ikiwa wanawake watatimiza wajibu wao, itatubidi kuaini »kazi ya wanawake« ni nini. Tusipofanya hivyo, tukawaacha wanawake kupambana na amali maradufu, bila shaka, watashindwa.

Kuna hitilafu ya kustusha siku hizi kuona jinsi jumuiya mpya inavyowafungulia wanawake mlango wa kwenda kazini na upande mwingine yawaachilia desturi ya zamani ya kuwakalisha nyumbani na jikoni. Watu wengi wangali wakidhani ya kuwa mwanamke ambaye maisha yake si ya kuolewa na kutunza nyumba tu, si mwanamke wa kawaida. Zamani ya ufundi wa mashine yahitaji wataalamu wengi. Kwa hiyo, ikiwa matakwa ya wataalamu yatazidi, yataweza kutimizwa tu kama wanawake wenye vipaji watatumiwa. Lazima tutupilie mbali ubaguzi wa kusema kwamba wanawake hupoteza uke wao au ubaguzi wa kuwapa wanawake amali fulani tu za »kike«. Nadhani methali yake J. E. K. Aggrey aliye mmojawapo wa Waafrika wa kwanza kuhitimu chuo kikuu katika Uingereza ingetusaidia kidogo. Alisema hivi:

> Ukimwelimisha mwanamume, unaelimisha mtu mmoja
> Ukimwelimisha mwanamke, unaielimisha jamii nzima.

MANENO MAPYA

mashuhuda ya vyuo vikuu	akademische Grade
chuo kikuu	e Universität

husiana, ku		betreffen
usawazisho	e	Angleichung
timamu		perfekt, vollkommen
mvuto, mi-	e	Spannung
chuma pesa, ku		Geld verdienen
pambana na, ku		bekämpfen
hitilafu, –	r	Unterschied
fungulia, ku		jdm. etw. öffnen
kalisha, ku		veranlassen zu bleiben
zamani za ufundi wa mashine	s	Zeitalter der Technik
matakwa	e	Nachfrage
-enye kipaji		begabt
tupilia mbali ubaguzi		das Vorurteil ablegen

DIE ABGELEITETEN VERBEN

C. Die präpositionale Form

Jinsi ya kufanyia
Suffix -ia, -ea

Die Verben dieser Gruppe werden an Stelle von Präpositionen gebraucht. z. B.

Jinsi ya kufanya (Aktiv)		*Jinsi ya kufanyia (präpositionale Form)*	
andika	schreiben	andikia	an, für jdn. schreiben; mit etw. schreiben
cheza	spielen	chezea	für jdn. spielen; über jdn. spotten; mit etw. spielen

Nimekwisha waandikia wazazi wangu barua.	Ich habe **an** meine Eltern schon einen Brief geschrieben.
Kama hujui kuandika, nitakuandikia barua kwa wazazi wako.	Wenn du nicht schreiben kannst, werde ich **für** dich den Brief an deine Eltern schreiben.
Huna mahali pa kuandikia?	Hast du keinen Platz **zum** Schreiben?
Inaonekana kama aliandikia kalamu ya risasi.	Es scheint, als ob er **mit** einem Bleistift schrieb.
Angekuwa angali akiugua, ningemchezea.	Wenn er noch krank wäre, spielte ich **für** ihn.
Nalimpiga kofi kwa sababu alinichezea.	Ich ohrfeigte ihn, weil er **über** mich spottete.

Wacheza mpira wa Kiafrika huchezea viatu siku hizi.
Die afrikanischen Fußballspieler spielen heutzutage in Schuhen.

Apenda sana kucheza karata, lakini si kuchezea pesa.
Er spielt sehr leidenschaftlich Karten, aber nicht um Geld.

Nun können wir lernen, wie man die präpositionale Form bildet. Sie berücksichtigt vor allem die Vokalharmonie.

I. Verben, die auf -ea, -oa endigen, erhalten -le-

bomoa	niederreißen	bomolea	für jdn. mit etw. niederreißen
tembea	spazierengehen	tembelea	jdn besuchen; einen Ort bereisen

Rafiki zangu wa Kichina walinitembelea jana.
Meine chinesischen Freunde besuchten mich gestern.

II. Verben, die auf -aa, -ia, -ua, endigen, erhalten -li-

zaa	gebären	zalia	jdm ein Kind gebären; eine Stelle zur Geburt benutzen
tia	setzen	tilia	für jdn setzen; etw. zum Setzen benutzen
chagua	wählen	chagulia	für jdn wählen

Anahuzunika kwa sababu mkewe amemzalia mapacha.
Er ist traurig, weil seine Frau ihm Zwillinge geboren hat.

III. Verben, deren Wurzel auf -a, -i, -u lautet, erhalten -i-

pata	erhalten	patia	jdm etw. besorgen; mit etw. versorgen
lipa	bezahlen	lipia	für jdn bezahlen; für etw. bezahlen
uza	verkaufen	uzia	für jdn verkaufen; jdm etw. verkaufen

Mama yake amemlipia ada ya skuli.
Seine Mutter hat die Schulgebühren für ihn bezahlt.

IV. Verben, deren Wurzel auf -e, -o lautet, erhalten -e-

leta	herbringen	letea	jdm etw. herbringen
shona	stricken	shonea	jdm etw. stricken; für jdn stricken

Ningekuwa na mke, angenishonea suruali.
Wenn ich eine Frau hätte, würde sie mir eine Hose nähen.

V. Verben, die auf -sha endigen, erhalten -i-, wenn die vorletzte Silbe -a, -i, -u lautet und -e-, wenn die vorletzte Silbe -e, -o lautet

washa	anzünden	washia	für jdn. etw. anzünden

kodisha	vermieten	kodishia	für jdn etw. vermieten
angusha	fällen	angushia	etw. auf jdn fallen lassen
komesha	enden	komeshea	für jdn etw. zu Ende führen
osha	waschen	oshea	für jdn etw. waschen

Watoto hawa wakaidi wameniangushia yai bovu kichwani. — Diese unartigen Kinder haben mir ein faules Ei auf den Kopf fallen lassen.

VI. Arabische Verben, die auf -i endigen, erhalten die Endung -a

furahi	sich freuen	furahia	sich über, auf etw. freuen
sali	beten	salia	für jdn beten; um etw. beten

Anasalia afya. — Er betet um gute Gesundheit.

VII. Arabische Verben, die auf -u endigen, erhalten -ia an Stelle von -u

adhibu	bestrafen	adhibia	für jdn bestrafen
hesabu	zählen	hesabia	für jdn rechnen, zählen

Mwuzaji anamhesabia mtoto mapesa. — Der Verkäufer zählt das Geld für das Kind.

VIII. Arabische Verben, die auf -e endigen, erhalten die Endung -a

samehe	verzeihen	samehea	jdm etw. verzeihen
starehe	sich bequem machen	starehea	eine Stelle der Bequemlichkeit wegen benutzen

Anastarehea motakaa. — Er macht es sich in dem Auto bequem.

IX. Arabische Verben, die auf -au endigen, erhalten die Endung -lia

sahau	vergessen	sahaulia	jdm etw. vergessen
dharau	verachten	dharaulia	jdm jdn verachten

X. Einsilbige Verben

cha	anbrechen, aufgehen	chea	verspätet sein, d. h. die Sonne ging auf, während man noch schlief
chwa	untergehen	chwea	verspätet sein, d. h. die Sonne ging unter, während man noch unterwegs war
fa	sterben	fia	für jdn sterben; an einem Ort sterben
ja	kommen	jia	zu jdm kommen; um etw. kommen; auf einem Weg kommen
la	essen	lia	für jdn essen; mit etw. essen; aus einem Gefäß essen
nya	tröpfeln	nyea	auf jdn etw. tröpfeln; auf etw. regnen

nywa	trinken	nywea	für jdn trinken; aus etw. trinken; ausgesaugt sein; abtrocknen
pa	geben	pea, pia	für jdn geben; etw. gegen jdn geben
wa	sein, werden	wea, wia	sein bei, mit, in; Schulden

Ni**wie** radhi. — Entschuldige mich.
Alini**jia** jambo hili. — Er kam zu mir wegen dieser Angelegenheit.

Najua unawapenda njiwa, lakini ungeudhika kama wangeku**nyea** kichwani.
Hatuwezi kuwahi mkutano kwani (jua) limekwisha tu**chea**.
(Jua) likitu**chwea**, basi tulale hoteli.
Unaweza ku**lia** uma au vidole
Wapanda mlima wawili wame**fia** huko.
Mpe mtoto (chombo) cha ku**nywea** uji.

(Europäer essen Suppe, Afrikaner trinken Suppe)

Man merke die Anwendung des Passivs aus präpositionalen Formen:

Jinsi ya kufanya	Jinsi ya kufany**ia**	Jinsi ya kufany**wa**	
cha	chea	chelewa	Utachelewa Du wirst zu spät (an)kommen.
fa	fia	fiwa	Umefiwa? Ist bei dir jemand gestorben?
ja	jia	jiwa	Ulijiwa na wageni wangapi? Wie viele Gäste bekamst du?
la	lia	liwa	Wajinga ndio waliwao. Es sind die Dummen, denen viel weggenommen wird (Sie werden betrogen).
pa	pea	pewa	Umepewa nini? Was hast du bekommen (erhalten)?
wa	wia	wiwa	Unawiwa naye. Du bist ihm (Geld) schuldig.

Sprichwörter und Aphorismen XVII

39. Mtot akililia kisu mpe   wörtl.: Wenn das Kind um ein Messer schreit, gib es ihm.
                                     Sinn: Ein gebranntes Kind scheut das Feuer.

40. Mungu huwasaidia wale   wörtl.: Gott hilft denjenigen, die sich
    wanaojisaidia wenyewe.   selbst helfen
                             Sinn: Hilf dir selbst, dann hilft dir Gott.

ZOEZI LA ISHIRINI NA MBILI

a. Andika jinsi za kufanywa mbili za viarifa vifuatavyo, halafu tunga sentensi kuonyesha tofauti kati ya maneno hayo.
   k. m.: leta–letwa, letewa:
                Barua zililetwa na nani?
                Nani aliletewa barua?
   tia, pata, lipa, uza, shona, washa, kodisha, angusha, komesha, osha, acha, agiza, andika, beba, changa, funga, iba, ita, jenga, panga.

b. Andika jinsi ya kufanyia ya viarifa vifuatavyo halafu tunga sentensi kwa kumi kati ya maneno hayo:
   toboa, amuru, ngojea, rudi, twaa, soma, nunua, sema, lia, tuma, tupa, kata pika, tumika, chemsha, weka, vua, tafsiri, salimu, taka.

NJIA YA KUMKAMATA MWIZI

Zamani za kale alikuwako mtu mmoja aliyekuwa na shilingi elfu, akazitia ndani ya mfuko akazifungia ndani ya sanduku lake. Hapana mtu aliyejua habari hii ila yeye na mkewe. Siku moja mwenye nyumba huyo alipatwa na safari ya kwenda mbali, akamwacha mkewe nyumbani. Baada ya siku kupita akaja mwizi nyumbani huko, akaivunja nyumba, akalivunja sanduku, akauchukua mfuko huo na bibi hana habari.

Mke alipoamka asubuhi yake, aliona sanduku limevunjwa na mfuko umechukuliwa. Lakini hakusema neno mpaka mumewe aliporudi ndipo akampasha habari yote. Bwana huyo mwenye nyumba alisikitika sana kuona ameibiwa mali yake, akainama, akawaza, akanena: »Najua fedha yangu haikwenda mbali, bali imeibiwa na jirani, ila simjui; lakini haidhuru.« Akanyamaza kimya, asiseme neno.

Siku moja akamwambia mkewe atengeneze chakula maana ana karamu, anataka kuwakaribisha jirani zake. Vyakula vingi vikatengenezwa, akawaalika jirani zake wote kuja karamuni, nao wakahudhuria wote. Wageni wote walipokuwa wamekwisha kaa na kuona raha, mwenye nyumba aliinuka, akawasalimu wote na kuwashukuru kwa kuhudhuria. Halafu akaendelea kuwaambia: »Waungwana mniwie radhi sana, nimewaita kwa maana mbili.

Kabla ya kufunga safari yangu naliahidi ya kuwa, nikirudi salama nitafanya karamu kidogo nitajamali na rafiki na jirani zangu. Basi nimerudi salama ndipo nikawaalika kuja kwangu. Sasa kuleni, nimewaambia sababu ya kwanza.«

Walipokwisha kula aliwaambia: »Sasa sikilizeni niwaambieni maana ya pili: »Mimi niliposafiri niliacha ndani ya nyumba yangu shilingi elfu ndani ya sanduku. Nyuma yangu mtu amekuja akalivunja sanduku akaziiba, na hii ndiyo mali yangu. Na mimi nimepiga bao, nimemjua mwizi wangu, naye yupo hapa. Basi nimewaita mshuhudie, kwa kuwa mimi sitaki kufanya neno kando, nataka kumwua mbele yenu ili kulipa kisasi cha fedha zangu.«

Aliposema hivyo alifuta upanga wake, akasongea huko walikoketi watu kama ataka kumkata mtu. Mara jizi hilo likaruka na kutoka mbio. Ikawa watu kupiga kelele wakisema Hilo! Hilo! Wakalifukuza hata wakalikamata.

Mwenye nyumba akaendelea: »Haja yangu siyo kumwua, mimi nataka fedha zangu tu.« Akaulizwa ni wapi alikoweka fedha hizo, akawachukua kwenda kuwaonyesha alipozifukia, akazifukua na zote zilikuwa kamili. Mwenye nyumba akamshukuru Mungu, akaenda nyumbani kwake, wala hakushughulika na nia ya kumshtaki. Akasema haja yake ilikuwa fedha zake, amezipata basi.

Maneno mapya

mwenye nyumba	r	Hauseigentümer – Mann oder Frau, Gastgeber
patwa na safari	e	Reise machen müssen
baada ya siku kupita		nachdem einige Tage vergangen waren
asubuhi yake		am folgenden Morgen
pasha habari		wissen lassen
funga safari	e	Reise antreten
tajamali		jdm einen Gefallen erweisen
ona raha		sich wohl fühlen
piga bao		ein Orakel befragen
shuhudia		bezeugen
lipa kisasi		rächen
songea		jdm näherkommen
jizi		Vergrößerung von »mwizi«
toka mbio		schnell fortlaufen
zote zilikuwa kamili		(das Geld) war unangetastet

DIE ABGELEITETEN VERBEN

D. Die intransitive Form   *Jinsi ya kufanyika*
Endung -ika, -eka

Diese Form drückt den Zustand aus. Die Regeln der Vokalharmonie gelten auch hier. Die Endung auf **-ikana** oder **-ekana** ist eine Verstärkung (Intensive Form), z. B.

Jinsi ya kufanya (Aktiv)		*Jinsi ya kufanyika (intransitive Form)*	
fanya	tun, machen	fanyika	ausführbar sein; stattfinden
soma	lesen	someka	lesbar sein; leserlich sein
Kazi haikufanyika.		Die Arbeit wurde nicht durchgeführt.	
		(Die Arbeit ließ sich nicht machen.)	
Kazi hii haifanyiki.		Diese Arbeit ist nicht durchführbar.	
Mwandiko wako unasomeka.		Deine Schrift ist leserlich.	

Ableitung der intransitiven Form

I. **Verben mit Wurzel auf -a-, -i-, -u- erhalten** *-ika*

kata	schneiden	katika	zerschnitten sein
lima	hacken, behauen	limika	pflügbar sein
vunja	zerbrechen	vunjika	zerbrochen sein
pata	erhalten	patikana	erhältlich sein

II. **Verben mit Wurzel auf -e-, -o- erhalten** *-eka*

penda	lieben	pendeka	liebenswert sein
shona	nähen	shoneka	sich nähen lassen (nähbar sein)
ona	sehen	onekana	sichtbar sein; erscheinen
weza	können	wezekana	möglich sein

III. **Verben, die auf -aa, -ia, -ua endigen, erhalten** *(li)ka*

vaa	sich anziehen	valika	tragbar sein
tumia	gebrauchen	tumika	brauchbar sein; dienen
fungua	öffnen	funguka	geöffnet sein; offen sein
nunua	kaufen	nunulika	verkäuflich sein

IV. **Verben, die auf -ea, -oa endigen, erhalten** *-(le)ka*

enea	sich verbreiten	eneka	verbreitet sein
okoa	erlösen, retten	okoka	erlöst sein; gerettet sein
lea	aufziehen (Kind)	leleka	erziehbar sein

V. **Arabische Verben, die auf -i, -e endigen, erhalten** *-ka*

badili	verändern	badilika	veränderlich sein

rithi	erben	rithika	erblich sein
samehe	verzeihen	sameheka	verzeihlich sein

VI. Arabische Verben, die auf -u endigen, erhalten -*ika*

haribu	zerstören; verderben	haribika	zerstört, verdorben sein
hesabu	zählen	hesabika	zählbar sein

VII. Arabische Verben, die auf -au endigen, erhalten -*lika*

sahau	vergessen	sahaulika	in Vergessenheit geraten
dharau	verachten	dharaulika	nicht achtenswert sein

VIII. Verben, die von anderen Wortarten abgeleitet worden sind

-chafu	schmutzig	chafuka	schmutzig sein
elimu e	Erziehung	elimika	erzogen, gebildet sein
-erevu	klug, schlau	erevuka	klug, schlau werden
huzuni	Trauer	huzunika	traurig sein
imara	fest	imarika	fest sein, werden
-pofu	blind	pofuka	erblinden
lewa	betrunken sein	levuka	nüchtern werden
mtoro	Flüchtling	toroka	fortlaufen, flüchten
shughuli	Beschäftigung	shughulika	beschäftigt sein
-staarabu	zivilisatorisch	staarabika	zivilisiert werden, sein
taabu	Schwierigkeit	taabika	in Schwierigkeiten sein
tajiri	reich	tajirika	reich werden

Sprichwörter und Aphorismen XVIII

41. Kikiharibika ni cha fundi, kikifaa ni cha bwana.   Sinn: Der Arbeiter wird mit seiner schlechten Arbeit identifiziert; ist seine Arbeit gut, dann will sein Herr mit ihr identifiziert werden.

42. Ukiona neno, usiposema neno, hupatikani na neno.   Sinn: Wenn du etwas siehst und du sagst nichts, dann kann dir auch nichts passieren.

ZOEZI LA ISHIRINI NA TATU

Tia maneno yafuatayo katika jinsi ya kufanywa, kufanyia na kufanyika, halafu tunga sentensi kwa jinsi ya kufanyika.
k. m.

Jinsi ya kufanya	*Jinsi ya kufanywa*	*Jinsi ya kufanyia*	*Jinsi ya kufanyika*
kata	katwa	katia	katika

pasua	pasuliwa	pasulia	pasuka
zaa	zaliwa	zalia	zalika

Basi kaendelee! pima, la, funga, lipa, shinda, panda, bomoa, toboa, chagua, pita.

CHUNGU NA MZUNGU

Njiani walitembea chunguchungu;
Ikapita motakaa iliyoendeshwa na Mzungu.
Wakapona wengine, wakafa watatu
Wakashtuka wote: »Mauti ya watu
Tunaifahamu, lakini hawa
Walikufa vibaya, walikosa dawa!«
Wakafika shimoni wakashtakiana.
Wakafanya shauri, wazee na vijana.
Mwisho wote wakatetemeka, waoga
Wakasema: »Ndugu zao wamewaloga.«

MANENO MAPYA

mauti, n- r	Tod
shtakiana	einander beschuldigen
shtuka = stuka	erschrecken (intr.)

DIE ABGELEITETEN VERBEN

E. Die kausative Form   Jinsi ya kufany*iza*
Endung meistens -*za*, -*sha*

Da es viele Verben dieser Gruppe gibt, werden nur die wichtigsten Ableitungen behandelt werden.

Jinsi ya kufanya (Aktive Form)		*Jinsi ya kufanyiza (Kausative Form)*	
fanya	lesen	somesha	veranlassen zu tun
soma	können	wezesha	veranlassen zu lesen
weza	tun, machen	fanyiza	ermöglichen

Ableitung der kausativen Form
I. Wenn das Verb auf zwei Vokale endigt, wird das letzte -a zu -*za*

a. jaa	voll sein	jaza	füllen, voll machen
kataa	verweigern	kataza	verbieten

b. enea	sich ausbreiten	eneza	ausbreiten
legea	locker sein	legeza	lockern
potea	verloren gehen	poteza	verlieren
c. ingia	hineingehen	ingiza	(hin)einführen, hinein-bringen
tulia	ruhig sein	tuliza	beruhigen
d. oa	heiraten	oza	verheiraten
toa	herausnehmen	toza	herausnehmen lassen; Steuer erheben, Miete einnehmen
e. pungua	sich verringern	punguza	verringern, abziehen
ugua	krank sein	uguza	Kranke pflegen; krank machen

Kitabu cha mtoto huyu kimepote**a**.   Das Buch dieses Kindes ist verloren gegangen.
Mtoto huyo amekipote**za** kitabu chake.   Dieses Kind hat sein Buch verloren.

Ausnahmen:

vaa	sich anziehen	vika	etw. ·upſanziehen, kleiden
kaa	sitzen, wohnen	kalisha	setzen, ansiedeln

II. Endung auf -ka sowie Endung arabischer Verben auf -e und -i wird zu -sha

amka	aufwachen	amsha	aufwecken
kodi	mieten	kodisha	vermieten
shuka	ab-, aussteigen	shusha	herabsetzen, her-, hinunterbringen
badili	verändern	badilisha	tauschen
anguka	fallen	angusha	fällen; fallen lassen
nyoka	ausgestreckt sein	nyosha	ausstrecken, gerademachen
kauka	trocknen (intransitiv)	kausha	(ab)trocknen (transitiv)
rudi	zurückkehren	rudisha	zurückbringen
waka	brennen (intransitiv)	washa	anzünden
chemka	sprudeln (kochen)	chemsha	zum Kochen bringen, erwärmen
samehe	verzeihen	samehesha	zur Verzeihung veranlassen
zunguka	herumgehen	zungusha	herumführen

Msipige kelele msije mkamwamsha mtoto.
Lärmt nicht, damit ihr das Kind nicht aufweckt!

III. Manche Verben folgen der Regel der Vokalharmonie. Verben mit Wurzel auf -a-, -i-, -u- erhalten die Endung auf -isha; Verben mit Wurzel auf -e-, -o- erhalten die Endung auf -esha

amuru	befehlen	endesha	ermächtigen
hama	um-, wegziehen	hamisha	versetzen; zum Umzug zwingen
la	essen	lisha	zu essen geben, weiden
zama	sinken	zamisha	versenken
shiba	satt sein	shibisha	sättigen
simama	stehen	simamisha	aufrichten, aufstellen, anhalten
uma	beißen	umisha	veranlassen zu beißen
enda	gehen	cho(ke)sha	fahren (Fahrzeug)
choka	müde werden	kopesha	ermüden
kopa	sich etw. leihen	amurisha	verleihen

Man merke:

nya	tröpfeln	nyesha	regnen, regnen lassen
nywa	trinken	nywesha	tränken, zu trinken geben
lala	liegen	laza	legen
sahau	vergessen	sahaulisha	veranlassen zu vergessen

IV. Bei manchen Verben kommen Lautveränderungen vor: n+-ya=nya, p+-ya=fya, w+-ya=vya

changana	sich mischen	changanya	vermischen, mischen
gawana	sich gruppieren	gawanya	verteilen, teilen
gona	schlafen	gonya	veranlassen zu schlafen
kana	(ab)leugnen	kanya	verbieten
ona	sehen	onya	warnen
ona	sehen	onyesha	zeigen (anstatt onesha)
ogopa	sich fürchten	ogofya	bedrohen; ängstigen
lewa	betrunken sein	levya	betrunken machen
nawa	sich die Hände, das Gesicht waschen	navya nawisha	jdm. die Hände waschen

V. Manchmal wird -ta- zu -sa, sha

fuata	folgen	fuasa	folgen lassen
		fuatisha	kopieren

pata	bekommen, erhalten	pasa	obliegen, angehen
		pasha	(zu)kommen lassen; etw. reichen
pita	vorbeigehen	pisha	vorbeigehen lassen
		pitisha	jdn od. etw. vorbeiführen
takata	rein sein	takasa	reinigen
tota	ertrinken	tosa	ertränken, versenken

VI. Mit der Endsilbe -za bildet man die Verstärkungsform (intensive Form)

apa	schwören	apiza	verfluchen
	aber	apisha	jdn vereidigen
gomba	streiten, verbieten	gombeza	veranlassen zu streiten; streng verbieten, sich zanken
lipa	bezahlen	lipiza	sich an jdm rächen
	aber	lipisha	jdn veranlassen, zu zahlen
nena	sprechen	neneza	zum Sprechen aufhetzen, aufreizen, erbittern
sikia	hören	sikiza	veranlassen, zu hören; gehorchen; verstehen
	aber	sikiliza	aufmerksam zuhören
uma	beißen	umiza	weh tun

VII. Verben, die aus anderen Wortarten abgeleitet sind

bahati	s	Schicksal	bahatisha	(er)raten, spekulieren
fundi	r	Meister	fundisha	lehren, unterrichten
hakika	e	Gewißheit	hakikisha	sich vergewissern
haraka	e	Eile	harakisha	zur Eile antreiben; beschleunigen
hatari	e	Gefahr	hatarisha	gefährden
imara		fest	imarisha	befestigen
safi		sauber, rein	safisha	säubern, reinigen
sahihi		korrekt, richtig	sahihisha	korrigieren
sawa		gleich, ähnlich	sawazisha	vergleichen, gleichstellen
tajiri		reich	tajirisha	bereichern
tayari		fertig, bereit	tayarisha	fertig machen, vorbereiten

Sprichwörter und Aphorismen XIX

43. Ukienda kwa wenye chongo nawe vunja lako jicho.
wörtlich: Wenn du ins Land der Einäugigen gehst, erblindet dir auch ein Auge.
Sinn: Mit den Wölfen muß man heulen.

44. Elimu ni bahari.
wörtlich: Das Lernen ist ein Meer, d. h. unendlich umfangreich; man lernt nie aus.

ZOEZI LA ISHIRINI NA NNE

Tia viarifa vifuatavyo katika jinsi ya kufanyiza, halafu tunga sentensi kwa kumi kati yavyo:
elea, angamia, angaa, kimbia, nyamaa, kumbuka, kasirika, stuka, furahi, panda, pona, cheka, baki, ondoa, hara.

TUHESABU

I. *Kujumlisha* (Addition)
- A. Tatu na tano ni ngapi? $3+5=?$
- B. Tatu na tano ni (huleta) nane. $3+5=8$
- A. Jumla ya tatu, tano na sita huja nini? $3+5+6=?$
- B. Jumla yake kumi na nne. $3+5+6=14$
- A. Jawabu lako sawa. Kajaribu tena. Tisa na saba huja nini? $9+7=?$
- B. Nadhani huja kumi na tano. $(=15)$
- A. Sasa umekosea kidogo kwa sababu jumla ya tisa na saba si (haiji) kumi na tano bali kumi na sita. Basi, jawabu lako si sawa.
- B. Sikukosea bali mwalimu alinifundisha hivyo.

II. *Kutoa* (Subtraktion)
- A. Nane ukitoa tatu hubaki ngapi? $8-3=?$
- B. Nadhani baki ni tano.
- A. Sahili. Nane ukipunguza tatu huja tano. Lakini twaweza kuthibitishaje kama hii ni kweli?
- B. Hii ni kweli kwa sababu kitoleo na baki huja nane $(3+5=8)$. Kitoleo ndio tatu na baki ndio tano.

III. *Kuzidisha* (Multiplikation)
- A. Tano mara tatu ni ngapi? $5\times3=?$
- B. Tano ukizidisha kwa tatu huja kumi na tano.

A. Jawabu sahihi tena. Mara hii mwalimu hakukosea. Lakini kaniambie namna ya kuthibitisha kwamba jawabu lako ni kweli.
B. Naweza kuthibisha kwa kugawanya 15 kwa 3. Jawabu likija 5 najua kwamba ni sawa.
A. Au?
B. Au kwa kugawanya 15 kwa 5, jawabu likija 3 najua kwamba ni sahihi pia.
A. Twaitaje 5, 3 na 15 katika mfano huu?
B. 5 ndio kizidishe, 3 ndio kizidisho na 15 ndio jumla.

IV. *Kugawanya* (Division)
A. 8 ukigawanya kwa 4 huja ngapi?
B. Hii rahisi. 8 ukigawanya kwa 4 ni 2.
A. Na 9 ukigawanya kwa 6 ni ngapi?
B. Ni moja na nusu ($1^1/_2$)
A. Waweza kuthibitisha?
B. Ndiyo. 6×1 ni 6. Halafu $6 \times 1/2$ (nusu) = 3. Kwa hiyo $6+3=9$.
A. Sawa kabisa. Lakini namba ya namna ya $1^1/_2$ huitwaje?
B. Namba ya namna hiyo huitwa fungu.
A. Haya, taja mafungu kadha wa kadha!
B. $1/_3$ theluthi (moja), nayo ni sehemu ya hesabu
$2/_5$ mbili kwa tano, nayo ni sehemu ya hesabu pia
$1^2/_3$ moja na theluthi mbili – hili ni fungu
$8^2/_5$ nane na mbili kwa tano, nalo ni fungu pia
$1/_8$ thum(u)ni
$1/_4$ robo
$1/_2$ nusu
$3/_4$ robo tatu
$3/_{10}$ tatu kwa kumi
$10/_{100}$ kumi kwa mia
A. Na 10% huitwaje?
B. Mia kwa kumi.
A. Asante. Katika kusawazisha huku
$\frac{8}{4} = 2$, tarakimu hizi huitwaje?
B. 8 ndicho kigawanye au kigawe
4 ndicho kigawanyo au kigawo
2 ndiyo hisa.
A. Umeyajibu maswali yangu vyema kabisa; sasa swali la mwisho. Na mba ya namna ya 4.3 (4,3) huitwa nini?

B. Namba ya namna hiyo huitwa nambari ya miongo nayo hutamkwa: nne nukta tatu.

MANENO MAPYA

huleta	ist, sind, ist gleich	theluthi	Drittel
huja	ist, ist gleich	robo	Viertel
jumla	Summe, Produkt	nusu	Hälfte, halb
jawabu	Lösung	robo tatu	drei Viertel
toa	subtrahieren	tatu kwa kumi	drei Zehntel
baki	Differenz	-a kumi	Zehntel
punguza	abziehen	kumi kwa mia	zehn Hundertstel
kitoleo	Substrahend	mia kwa kumi	zehn Prozent
mara hii	diesmal	kusawazisha	Gleichung
kizidishe	Multiplikand	tarakimu	Ziffer
kizidisho	Multiplikator	kigawanye	Dividend, Zähler
fungu	gemischte Zahl	kigawanyo	Divisor, Nenner
kadha wa kadha	verschieden	hisa	Quotient
sehemu ya hesabu	Bruch	nambari ya miongo	Dezimalzahl
thum(u)ni	Achtel	nne nukta tano	vier Komma fünf

DIE ABGELEITETEN VERBEN

F. Die reziproke Form   Jinsi ya kufanyana
   Endung auf -na

Die reziproke Form wird gebildet, indem man -na an den Verbstamm anhängt; die einsilbigen Verben sowie die Verben fremden Ursprungs muß man zuerst in die präpositionale Form (jinsi ya kufanyia) setzen.

I. Bei der gewöhnlichen reziproken Form wird -na an den Stamm des Verbs angehängt

Jinsi ya kufanya		*Jinsi ya kufanyana*	
chunga	hüten	chungana	aufeinander aufpassen
kuta	treffen, begegnen	katana	zusammentreffen; einander begegnen
paka	die Grenze bestimmen	pakana	aneinander grenzen

pata	bekommen, erhalten	patana	übereinkommen
penda	lieben	pendana	einander lieben
piga	schlagen	pigana	kämpfen; einander schlagen
saidia	helfen	saidiana	einander helfen

II. Die einsilbigen Verben werden zuerst in die präpositionale Form gesetzt

Jinsi ya kufanya   *Jinsi ya kufanyia*   *Jinsi ya kufanyana*

ja	kommen	jia	jiana	zueinander kommen
pa	geben	pea	peana	einander etw. geben
wa	sein, werden	wia	wiana	einander etw. schuldig sein

III. Die Verben arabischen Ursprungs werden zuerst in die präpositionale Form gesetzt, (wie § II oben)

dharau	verachten	dharaulia	dharauliana	einander verachten
hesabu	zählen	hesabia	hesabiana	einander zählen
kubali	einwilligen	kubalia	kubaliana	sich vertragen
salimu	begrüßen	salimia	salimiana	sich grüßen
samehe	verzeihen	samehea	sameheana	einander verzeihen
shiriki	sich gesellen zu	shirikia	shirikiana	zusammenarbeiten

Tutakutana mbele ya nyumba ya posta. Vijana waliopigana walifungwa miezi miwili. Sikuinunua motokaa yake maana hatukuweza kupatana bei. Nchi zipi zapakana na Kenya? Wakati umefika ambapo mataifa ya Kiafrika yaweza kushirikiana na kusaidiana. Haifai kuoza watu wasiopendana. Watu ambao ni lazima wachungane, hawawezi kuamiana. Katika Biblia imeandikwa kwamba tusameheane sabini mara sabini. Heri watu kuonyesha wazi kwamba hawakubaliani kuliko kujisingizia (vorgeben) urafiki. Taja nchi za kwanza sita kushirikiana katika Soko la Ulaya (Europäische Wirtschaftsgemeinschaft). Tuonyeshe jinsi Wajapani wanavyosalimiana. Tungalihesabiana mwanzoni, kosa hili halingalitokea. Wanaodharauliana hawawezi kufahamiana. Wazazi wetu walijiana wiki jana kwa shauri hili. Kwetu tukisalimiana twapeana mikono. Ikiwa mnawiana sawasawa, basi, haifai kulipana. Mpaka hapo, kwa heri ya kuonana!

Sprichwörter und Aphorismen XX

45. Saburi ni ufunguo wa faraja.   wörtl.: Geduld ist der Schlüssel zur Bequemlichkeit.

46. Neno ulikataalo ndilo Mungu apendalo.

Sinn: Mit Geduld und Spucke fängt man eine Mucke.
wörtl.: Die Sache, die du nicht haben willst, ist gerade die, die Gott haben will.
Sinn: Der Mensch denkt, Gott lenkt.

ZOEZI LA ISHIRINI NA TANO

Tia viarifa vifuatavyo katika jinsi ya kufanyana, halafu kaandike sentensi kwa kumi kati yavyo:
acha, aga, arifu, busu, ficha, funga, gonga, husu, iga, jua, kinga, la, ngojea, nusa, shinda, shtaki, tegemea, uliza, vuta, pasha, haribu, piga, paka, unga mkono.

TUANDIKIANE BARUA

Im Suaheli ist ein Brief eine persönliche Angelegenheit und keine Sache der Formalität. Da der Afrikaner früher keine Briefe schrieb, hat man die englische Anrede und Adressierung übernommen. Es ist also nicht falsch, wenn ein Deutscher jemanden auf deutsche Art anredet und ebenso einen Brief an ihn adressiert. Man schreibt in Suaheli genau wie man redet. Jene strenge Form im Briefverkehr ist also rein europäisch.

Die Anwendung von *mpenzi* (für Lieber, Liebe, Liebes) beschränkt sich nur auf die Geliebten. Man merke, daß *kipenzi* (Schätzchen) noch stärker ist. Man kann wohl sagen, daß die Anrede mit »liebeanzeigenden« Begriffen ein europäischer Einfluß ist. Außerhalb des »Geliebtenbereiches« wendet man die Leideform *mpendwa* an, in der Annahme, daß der Angeredete von irgend jemandem, nicht direkt vom Anredenden geliebt wird.

Je nach dem Grad der Verwandtschaft ist die Anrede mit *kwa* (an) am leichtesten.

Kwa Bwana (Bibi, Binti) Schmidt (auch mit Vornamen) au Mpendwa ......
Kwa rafiki yangu Horst, Marianne, au Mpendwa Horst, Marianne,
Kwa ndugu yangu Udo au Ndugu yangu ......
Kwa dada yangu Ursula au Dada yangu ......
Kwa baba yangu Josef (Schmidt)
Kwa mume wangu Karl (Schmidt)
Kwa Mpenzi wangu Anna, Heinz
Kwa kipenzi changu Helga, Paul

und zum Schluß: Mimi mwana wako; Mimi rafiki yako; Mimi ndugu yako; Mimi kipenzi chako; Mimi mume wako; Mimi mwanafunzi wako n. k.

Karl Neumann   Rotenburg, tarehe 17 Oktoba, 1963
6442 Rotenburg/F
Hauptstraße 15

Kwa Bwana Kölle,
Salamu sana na baada ya salamu, nakushukuru kwa barua yako ya tarehe 3 Septemba. Sikuwezt kukujibu kabla ya kuanza safari yangu mwanzo wa Oktoba kwa sababu sikujua kipindi kipya cha masomo kitaanza lini.

Nafurahi kuona jinsi unavyofanya bidii kujifunza Kiswahili. Bila shaka, utaingia darasa la tatu, nami nakusudia kuunganisha darasa lenu na la Volkshochschule maana mmebaki wachache tu. Lakini yafaa kuendelea tokea kipindi cha kipupwe maana mpaka hapo darasa la pili katika Volkshochschule litakuwa limehitimu kipindi cha pili, kwa hiyo, laweza kuanza nanyi kipindi cha tatu.

Kipindi cha kipupwe kitaanza tarehe 14 Januari, 1964. Mwanzo wa Januari nitakuarifu ni wapi na saa ngapi darasa la tatu litakapokuwa likijiri.

Kwa leo nakutakia fanaka katika masomo yako.

                                Kwa heri ya kuonana,
                                    Mimi wako
                                  Karl Neumann

Juu ya bahasha:

Bwana Peter Kölle
8 München 55
Willibaldstr. 108

Mpendwa Simeon,
          Salamu za siku nyingi na baada ya salamu asante kwa barua yako ya kupendeza naliyoipokea kitambo kidogo. Uniwie radhi maana sijakuandikia tena tangu milele! Huku Ulaya, hasa huku Ujerimani, binadamu hana wakati. Nasi Waafrika tulio huku tumeambukizwa ugonjwa huu pia. Mimi sijambo ila nina shughuri nyingi mno – masomo, kufundisha Kiswahili na kutoa hutuba siku za livu ili kuchuma pesa kwa sababu tunzo yangu hapa haitoshi hata kidogo. Wajua kwamba Udachi ya Magharibi yajivunia »Mwujiza wa Iktisadi« yake, lakini sisi tunaopata tunzo hapa tu karibu maskini wa kwanza.

Ndungu yangu mdogo alioa mwezi wa Aprili. Nami ningependa kuoa pia upesi iwezekanavyo, lakini nitamwoa nani? Mambo si rahisi kama yanavyoonekana.

Nadhani nyumbani wamekwisha anza kufanya matayarisho ya Uhuru wa Kenya tarehe 12 Desemba. Bila shaka, jambo muhimu hasa litakuwa kuunda Shirikisho la Afrika ya Mashariki. Huku Udachi ya Magharibi, wanafunzi wa Afrika ya Mashariki na Afrika ya Kati wamefaulu kuunda Chama cha Wanafunzi wa Afrika ya Mashariki na Afrika ya Kati.

Usinikasirikie kwa kutokuandika waraka mrefu – nina mengi ya kuandika lakini wakati wanikaba.

Wasalimie wote nyumbani, na Mungu akuweke.

Mimi wako
Musa Kipanda

Juu ya bahasha:

Bw. Simeon Shitemi
University Hall
Makerere College
P. O. Box 16013
Kampala
Uganda.

DIE ABGELEITETEN VERBEN

G. Die inversive Form Jinsi ya kufanyua
Suffix auf -ua, oa

Die inversive Form drückt die Umkehrung aus. Man setzt »u« bzw. »o« vor das -a, auf das die Bantu-Verben endigen. Aus phonetischen Gründen können die Verben, die auf -e, -i und -u endigen, die inversive Form nicht bilden. Man merke wieder die Vokalharmonie.

I. Verben mit Wurzel auf -o- erhalten die Endung auf oa

choma	stechen	chomoa	aus der Scheide ziehen
shona	nähen	shonoa	auftrennen

II. Verben mit Wurzel auf -a-, -e-, -i-, -u- erhalten die Endung auf -ua

nasa	mit einer Falle fangen	nasua	aus der Falle nehmen
tega	eine Falle stellen	tegua	die Falle außer Betrieb setzen
ziba	(ver)stopfen	zibua	entkorken
funga	binden, schließen	fungua	losbinden, öffnen

III. Bei mehrsilbigen Verben kommt das Umkehrungs- »u« vor den zweiten Vokal, wobei die Endung immer -ua lautet

anika	zum Trocknen aufhängen	anua	abnehmen (Wäsche)
ezeka	bedachen	ezua	Dach abdecken
inama	sich bücken	inua	aufheben
pakia	(ver)laden	pakua	ausladen, abladen
tangaza	bekanntmachen	tangua	rückgängig machen

IV. Manche Verben, die auf -oa oder -ua endigen, haben wenig mit der inversiven Form direkt zu tun. Manche von ihnen bilden eine intensive Form

chana	kämmen	chanua	aufkämmen
chonga	behauen	chongoa	spitzen
chimba	graben	chimbua	ausgraben, tief graben
chunga	sieben, sichten	chungua	(er)forschen
daka	auffangen; schnell ergreifen	dakua	schwatzen, indiskret reden
epa	ausweichen	epua	aus dem Wege nehmen
ganga	ärztlich behandeln	gangua	entzaubern, überwinden
kama	melken	kamua	(aus)pressen
komba	schaben, kratzen	komboa	auslösen, freikaufen
pinda	biegen	pindua	umdrehen, umstürzen
puma	schlagen (Puls)	pumua	atmen
sumba	quälen	sumbua	stören, belästigen

V. Verben, die von anderen Wortarten stammen

boma	e	Festung	bomoa	niederreißen
-chafu		schmutzig	chafua	beschmutzen
mkojo		Urin	kojoa	urinieren
nyoya	s	Haar	nyoa	rasieren
-pana		breit	panua	spreizen, ausbreiten

VI. Verben, deren Grundformen verloren gegangen sind

agua	vorhersagen	okoa	erlösen, retten
amua	schlichten, richten	ongoa	führen, rechtfertigen
chagua	(er)wählen	opoa	herausnehmen, retten
chubua	abschürfen	poa	abkühlen
chukua	nehmen, tragen	pogoa	stutzen, kappen (Ast)
fua	waschen, schmieden	potoa	krümmen

gundua	zufällig aufstöbern	rarua	zerreißen
jua	wissen, kennen, können	stua	erschrecken, versetzen
kagua	nachprüfen, besichtigen	sugua	reiben, putzen (Zähne)
katua	putzen (Silber, Gold)	sukutua	gurgeln
kenua	Zähne fletschen	tambua	erkennen
konyoa	brechen (Korn)	tanua	ausstrecken
kua	wachsen	tatua	zerreißen
kutua	zucken, verrenken	toa	herausnehmen, herausgeben
noa	schleifen	toboa	durchlöchern
nunua	kaufen	tua	landen
nyonyoa	rupfen	ua	töten
nyukua	kneifen	ugua	krank sein
oa	eine Frau heiraten	ungua	verbrennen (intr.)
ondoa	abräumen	vua	fischen

Sprichwörter und Aphorismen XXI

47. Kukopa arusi, kulipa matanga. wörtlich: Das Borgen ist eine Hochzeit, das Zurückzahlen eine Trauer.
Sinn: Borgen macht Sorgen.

48. Chema chajiuza, kibaya chajitembeza. wörtlich: Eine gute Ware läßt sich verkaufen, eine schlechte wirbt.
Sinn: Gute Ware lobt sich selbst.

ZOEZI LA ISHIRINI NA SITA

Tia viarifa vifuatavyo katika jinsi ya kufanyua, halafu tunga sentensi kwa kumi kati yavyo:
bana, bandika, changa, ficha, fukia, fuma, fumba, funika, ganda, jenga, kandika, kunja, loga, pamba, panga, simama, suka, tandika, remba, umba, unga.

TUTANGAZE HABARI KWA RADIO

Haya ni matangazo ya Kiswahili kutoka Munich. Huyu ni Andrew Mullei akitangaza kutoka Munich. Hamjambo wasikilizaji wetu wote. Habari kutoka afisi ya Umoja wa Mataifa mjini Roma zasema kwamba, Uswedi inaisaidia Tanganyika kujenga shule ya iktisadi ya nyumbani – kupitia mpango wa chama cha maakuli na ukulima cha Umoja wa Mataifa.
Chama cha maakuli na ukulima cha Umoja wa Mataifa pamoja na seri-

kali ya Uswedi walitia sahihi mkataba wa kujenga shule ya iktisadi ya nyumbani kwa wasichana na wanawake katika Tanganyika kufuatana mapambano ya kupunguza njaa. Inatazamiwa kwamba mpango huo kwa jumla utawakifu karibu shilingi milioni nane.

Shule hiyo itajengwa Musoma, upande wa mashariki wa ziwa Viktoria, Tanganyika ya Kaskazini. Kusudi la shule hiyo ni kuwafundisha wasichana na wanawake iktisadi ya nyumbani ili waweze kuendeleza vizuri zaidi kazi zao za nyumbani na mashambani na kuwafundisha kuwa walimu wa wanawake wa vijijini na kwa njia hii, kusaidia kuinua maisha ya vijijini.

Serikali ya Uswedi imekwisha kubali kutoa shilingi milioni moja elfu mia tatu themanini na nne kwa ajili ya kazi za mwaka wa kwanza. Serikali ya Uswedi imekubali pia ahidi malipo mengine yapatayo shilingi milioni saba na themanini elfu. Mpango huo unatazamiwa kuanza mwaka wa 1964 na baada ya miaka mitano, wajibu wa mpango huo utachukuliwa na serikali ya Tanganyika.

Miaka mitano ya kwanza, shule hiyo yatumaini kuwafundisha wasichana na wanawake wa Tanganyika mia tatu ishirini na sita. Watahitimu utunzaji wa nyumba, ukulima, utunzaji wa watoto, kazi za mikono na maandalio.

Msaada kutoka mwaka mmoja mpaka miaka miwili kwa ajili ya elimu ya juu ya iktisadi ya nyumbani katika nchi za ng'ambo, utapewa wanawake wa Tanganyika tisa ambao watakuwa wasimamizi na walimu wa shule hiyo baadaye.

MANENO MAPYA

radio	s	Radio
Umoja wa Mataifa	e	Vereinten Nationen
iktisadi ya nyumbani	e	Hauswirtschaft
ahidi, ku-		versprechen
mapambano	e	Bekämpfung
inatazamiwa		es wird erwartet; man rechnet mit
kufuatana, ku-		gemäß
maandalio	e	Versorgung (mit Verpflegung)
nchi za ng'ambo	e	überseeischen Länder
wakifu		kosten

DIE ABGELEITETEN VERBEN

H. Sonstige Ableitungen

I. Das Iterativ   Jinsi ya kufanyafanya

Die Verdoppelung des Wortstammes bedeutet eine Wiederholung der Tätigkeit, und eine solche Wiederholung kann zum Guten oder Schlechten führen, aber meistens zum Schlechten.

andika	schreiben	andikaandika	kritzeln
chora	zeichnen	chorachora	unordentlich zeichnen
jaribu	versuchen	jaribujaribu	vergebens versuchen
jenga	bauen	jengajenga	mit Unterbrechungen bauen
lia	schreien, weinen	lialia	schluchzen; immer wieder weinen
lima	hacken	limalima	mit vielen Pausen oder oberflächlich hacken
paka	anstreichen	pakapaka	beschmieren
ruka	springen	rukaruka	hin- u. herspringen
sita	sich unsicher bewegen	sitasita	zögern

II. Das Semi-Iterativ

Es deutet einen Nachdruck des Verbs an oder stellt die Handlung bildlich oder phonetisch dar.

babaika	stammeln, stottern	bubujika	hervorsprudeln
chacha	gären; ärgerlich werden	chechemea	lahmen, hinken
fufuka	(wieder) auferstehen	gaagaa	sich wälzen
guguna	nagen, knabbern	kokota	schleppen
lalamika	laut um Vergebung bitten	mimina	ausgießen
nyenyekea	demütig sein	papasa	betasten, befühlen
tetemeka	zittern, beben	pepesuka	flattern, taumeln

III. Die stetige Form hat die Endung auf -ma – Jinsi ya kufanya*ma*

andaa	(zu)bereiten	andama	nachfolgen; sich anschließen
ficha	verstecken	fichama	sich in einem Versteck befinden
funga	binden, schließen	fungama	sich in einer verworrenen Lage befinden
ganda	gerinnen	gandama	geronnen sein
kinga	schützen	kingama	quer liegen, versperren
kwaa	stolpern	kwama	sich verklemmen
lowa	naß werden	lowama	durchtränkt sein

shika	(er)fassen	shikama	sich dicht aneinander kleben
unga	verbinden	ungama	verbunden sein; gestehen
zinga	umzingeln	zingama	umzingelt sein

Die folgenden Verben haben entweder ihre Grundformen verloren oder ihre Grundformen sind ungebräuchlich:

chutama	sich hinhocken	egama	sich anlehnen
inama	sich bücken	lalama	um Vergebung bitten
simama	stehen	zama	sinken
zima	ausgegangen sein	zizima	sich abkühlen, ruhig werden

IV. Die stetige Form -*ma* + *na* deutet eine gegenseitige Abhängigkeit an

andama	sich anschließen	andamana	in Prozession marschieren; sich gesellen
fungama	verworren sein	fungamana	zusammen verflochten sein
shikama	erfassend sein	shikamana	einander festhalten
ungama	verbunden sein	ungamana	miteinander verbunden sein

V. Die Endung auf -*ta* deutet eine Berührung, Fühlung an

fua	waschen	futa	(ab)wischen
kama	melken	kamata	festnehmen
kokoa	fegen	kokota	schleppen
kumba	schieben	kumbata	etw. in der Hand halten
okoa	etw. vom Feuer wegnehmen	okota	auflesen
paka	anstreichen	pakata	etw. auf der Schulter, dem Knie tragen

WAJINGA NDIO WALIWAO

Zamani za kale palikuwapo na mtu mmoja aliyekaa mjini katika Kisiwa Unguja. Mtu huyo hakuwa na kazi maalum ila ilikuwa desturi yake kuwafuatafuata Waarabu. Lakini alibahatiwa sana maana alijipatia manufaa siku kwa siku. Shughuli za zamani hizo zilikuwa kulima vyakula na kuvinza. Naye alikuwa mtu asiyetaka kazi za namna hii. Hata hatimaye akaonelea kwamba hawezi kuendelea vivyo hivyo. Siku moja akafanya akili, akaivaa kanzu njema, nyeupe na kilemba cheupe akatwaa Korani yake kwapani, akashika njia ya kwenda mashambani akatafute riziki.

Na amali aliyoichagua ilikuwa kazi ya ualimu na kuwasalisha watu. Lakini hakujua wala kusoma wala kuandika hata herufi moja. Alichagua kwenda kwa wenyeji kwa kuwa huko ndiko walikokuwa wajinga wasiojua wala kusoma wala kuandika na hata dini ya Kiislamu ilikuwa haijaingia kwao bado. Basi, aliwasili Unguja Ukuu, huko akakaribishwa vyema mno na wenyeji.

Wenyeji waliposikia ya kuwa yeye ni mwalimu walifurahi sana, wakamheshimu na kuzidi kumwalika. Naye kazi yake ikawa kujisingizia kusoma Korani yake mchana kuchwa na wenyeji wapumbavu kama walivyokuwa walikuwa wakidhani mwalimu anasoma. Hata akapewa nyumba na chakula bure. Mwishowe akawaambia, »Jengeni msikiti nipate kuwasalisha«. Wenyeji wakakazana, wakaujenga msikiti mzuri. Lakini hapakuwapo mtu aliyejua kuadhini – mwalimu vile vile hakujua! Hata hivyo, alijifanya kama ajua kuadhini.

Basi, wakati wa kusali ulipojiri ikawa mwalimu husimama na kusema: »Mungu mtukufu! Mungu mtukufu! Wajinga ndio waliwao, wajinga ndio waliwao. Mungu mtukufu!« Na wenyeji hawakujua waliyokuwa wakisema, wakazidi kuujaza msikiti. Mwalimu huyo akaisogea kibla akisalisha hivi: »M, m, m, m, Wajinga ndio waliwao«, na wenyeji wakawa huitikia: »Amina. Basi, ikawa husalisha vivyo hivyo kila wakati – na kila mara alipoinama na kuinuka aliyarudia maneno yayo hayo maana hakujua vingine. Na wenyeji walikuwa wakidhani msalishaji wao anasema Kiarabu. Baada ya sala waabudu walikutana nje, wote wakikazana kuongea na kumsifu mwalimu wao jinsi anavyosalisha vizuri. Mambo yakaendelea vivyo hivyo hadi mshahara wake ukaongezwa.

Siku moja akatokea mwalimu wa kweli mjini aliyejua kusoma na kusalisha barabara ili kwenda kutembea mashambani hata akafika Unguja Ukuu. Huko alipata habari kwamba mjini mna mwalimu mmoja arifu sana, ndiye anayesalisla msikitini. Mwalimu huyo mgeni akaenda kutazama, akangojelea mpaka wakati wa ibada. Wakati wa ibada ulipojiri akamsikia msalishaji anasali, lakini kwa maneno yaliyomstusha sana: »Mungu mtukufu! Mungu mtukufu! Wajinga ndio waliwao, wajinga ndio waliwao. Mungu mtukufu;« Na waabudu wakawa hukazana kuitikia: »Amina!«

Mgeni huyo akajaribu kuingia msikitini ili aweze kumwona mwalimu binafsi, akakuta watu wamejaa kama nyuki. Penye madhabaha alimtambua mtu mmoja aliyemjua tangu zamani. Lakini hakuweza kufahamu jinsi mtu huyo asiyejua cho chote aliwezaje kusalisha. Basi, akamsogelea karibu apate kumsikiliza vema. Msalishaji alipomtambua mgeni huyo alistuka sana akaingiwa na wasiwasi, akawaza: »Uwongo wangu utabainika leo, nami sitakosa kuona aibu.« Lakini mara akili zikamjia, akageuza namna ya kusalisha akinena hivi: M, m, m, m, Mwalimu usinibaini hadhara ya watu, nikipata sita, tatu zangu, tatu zako, wajinga ndio waliwao, Amina! Bila shaka waabudu waliitikia kama kawaida, Amina! Nao walikuwa wakisema kwa sauti kubwa ili kumwonyesha mgeni kwamba wanajua wanalofanya. Na walimu hao wawili walisikiana maana walikaa karibu karibu. Huyo mwingine aliendelea kusalisha akisema maneno yayo hayo: M, m, m, m, Mwalimu usinibaini, wajinga ndio waliwao, nikipata nane, nne zangu, na nne zako, Amina.

Walipotoka nje baada ya ibada walimu hao waliamkiana kwa vicheko sana. Watu walipowaona wanacheka, walidhani wacheka yao ya huko nje maana walijuana. Kumbe wanayachekelea yayo hayo ya msikitini. Basi, walikaa katika hali hiyo wakiwala wajinga mpaka wakachoka, wakaenda zao mjini na wingi wa pesa, wangali wakifikiri wajinga ndio waliwao.

Maneno mapya

bahatiwa		Glück haben
jipatia		sich etwas besorgen
lima vyakula		Getreide anbauen
onelea		der Meinung sein; den Eindruck haben
shika njia		sich auf den Weg machen
Unguja Ukuu		ein Teilgebiet von Sansibar
Mungu mtukufu!		Gott ist groß!
madhabahu		islamischer Altar
msalishaji	r	Vorbeter, Gebetsleiter
mwabudu	r	Betende
arifu		gewandt, geistreich
ngojelea		auf etwas warten
sogelea		sich jemandem nähern
ingiwa na wasiwasi		verzweifelt sein
akili zikamjia		es fiel ihm ein
hadhara ya watu		vor den Leuten
sikiana		sich verstehen
amkiana		sich grüßen
kwa vicheko		lachend
kumbe		in Wirklichkeit
chekelea		über etw. lachen
wingi wa pesa		sehr viel Geld

WORTBILDUNG

A. Die Substantive der Wa-, Mi-, Ki-, Ma- und U-Klasse werden großenteils aus Verben gebildet. Die Substantive der U-Klasse werden auch aus den meisten Adjektiven gebildet.

kaa		sitzen, wohnen
kikao	r	Wohnsitz, Aufenthalt, Wohnstil, e Wohndauer
makazi	r	Wohnort, e Umwelt, Lebensweise
mkaaji	r	Einwohner, Insasse, Bewohner
mkalio	e	traditionelle Heiratsgebühr
ukazi	s	Wohnrecht, e Miete, Lebensweise

I. Substantive der Wa-Klasse

a. Die Klassensilbe wird vor das Verb gesetzt. Solche Substantive bedürfen meistens einer Ergänzung.

cheza	spielen	mcheza mpira	r	Fußballspieler
enda	gehen	mwenda wazimu	r	Verrückte
fanya	machen	mfanya kazi	r	Arbeiter
ganga	ärztl. behandeln	mganga	r	Arzt
kaa	wohnen	mkaa	r	Bewohner
lima	bebauen	m*ku*lima	r	(Be)bauer
ogopa	fürchten	mwoga	r	Feigling
panda	steigen	mpanda milima	r	Bergsteiger
piga	schlagen	mpiga picha	r	Photograph
uza	verkaufen	mwuza motakaa	r	Autohändler
wia	fordern von	mwia	r	Gläubiger

b. Substantive mit der Endung -ji deuten eine berufliche oder oft wiederholte Tätigkeit an.

cheza	spielen	mchezaji	r	Spieler
chinja	schlachten	mchinjaji	r	Schlächter
sikia	hören	msikiaji	r	Hörer
uza	verkaufen	mwuzaji	r	Verkäufer
winda	jagen	mwindaji	r	Jäger

c. mit der Endung -zi

chukua	bauen	mchukuzi	r	Träger
jenga	bewachen	mjenzi	r	Konstrukteur
linda	spionieren	mlinzi	r	Wächter
peleleza	lieben	mpelelezi	r	Spion
penda	tragen	mpenzi	r	Liebling

d. mit der Endung -shi

aka	mauern	mwashi	r	Maurer
andika	schreiben	mwandishi	r	Schreiber
pika	kochen	mpishi	r	Koch
tumika	brauchbar sein	mtumishi	r	Diener
zua	erfinden	mzushi	r	Erfinder

e. mit der Endung -i

andamana	sich gesellen	mwandani	r	Kamerad, Genosse
kopa	borgen	mkopi	r	Entleiher
nena	reden, sprechen	mneni	r	Redner
shinda	besiegen	mshindi	r	Sieger, Eroberer
shona	nähen	mshoni	r	Schneider

f. mit der Endung -wa (passive Form)

fungwa	gefangen werden	mfungwa	r	Gefangene
shtakiwa	angeklagt werden	mshtakiwa	r	Angeklagte
tumwa	gesandt werden	mtumwa	r	Sklave
wiwa	gefordert werden	mwiwa	r	Schuldner
zaliwa	geboren werden	mzaliwa	r	Geborene

g. mit der Endung -e

pamba	schmücken	mpambe	r	gutgekleidete Mensch
shinda	besiegen	mshinde	r	Besiegte
tuma	senden	mtume	r	Gesandte
teua	wählen	mteule	r	Gewählte

Man vergleiche: kiwete, mjane, mjumbe, mkwe

h. mit sonstigen Endungen

fuata	folgen, anschließen	mfuasi	r	Anhänger
iba	stehlen	mwivi	r	Dieb
lewa	betrunken sein	mlevi	r	Trunkenbold
saka	jagen	msasi	r	Jäger
suka	flechten	msusi	e	Friseuse
toroka	flüchten	mtoro	r	Flüchtling
vua	fischen	mvuvi	r	Fischer

i. aus einigen Adjektiven

| -geni | fremd | mgeni | r | Fremde, Gast |
| -gonjwa | krank | mgonjwa | r | Kranke |

-jinga	dumm		mjinga	r	Dummkopf
-ke	weiblich		mke	e	Ehefrau
-takatifu	heilig		mtakatifu	r	Heilige

j. aus Ländernamen

Afrika	Mwafrika	r	Afrikaner	Indien	Mhindi	r	Deutsche
Amerika	Mwamerika	r	Amerikaner	»Germany«	Mjeremani	r	Inder
China	Mchina	r	Chinese	Italien	Mtaliani	r	Italiener
Dänemark	Mdeni	r	Däne	Rußland	Mrusi	r	Russe
Deutschland	Mdachi	r	Deutsche	Uganda	Mganda	r	Ugandese

k. Zusammensetzung mit **mwana-**

mwanachama	s	Mitglied	mwanamume	r	Mann
mwanadamu	s	Menschenkind	mwananchi	r	Staatsbürger
mwanafunzi	r	Schüler	mwanasheria	r	Jurist
mwanahewa	r	Pilot	mwanashule	s	Schulkind
mwanamke	e	Frau	mwanasiasa	r	Politiker

ZOEZI LA ISHIRINI NA SABA

Andika aina ya Wa- ya maneno yafuatayo, halafu yafasiri kwa Kidachi:
k. m. cheza ngoma = mcheza ngoma
piga kura, soma, somesha, sikiliza, saidia, pagaa, ua, imba, shindana, heshimiwa, -me, -vivu, Turkei, Finnland, safiri

II. Substantive der Mi-Klasse

andika	schreiben		mwandiko	e	Schrift
angaza	beleuchten		mwangaza	e	Beleuchtung, s Licht
anza	beginnen, anfangen		mwanzo	r	Beginn, Anfang
cheza	spielen		mchezo	s	Spiel
enda	gehen		mwendo	r	Gang, e Bewegung, Reise
fana(faa)	passen		mfano	s	Beispiel
isha	zu Ende sein		mwisho	s	Ende
la	essen		mlo	s	Essen
kutana	sich treffen		mkutano	e	Zusammenkunft, Versammlung
tega	e Falle aufstellen		mtego	e	Falle

III. Substantive der Ki-Klasse

a. apa	schwören		kiapo	r	Eid
arifu	mitteilen		kiarifa	s	Zeitwort

chana	kämmen	kitana	r	Kamm
funga	binden, schließen	kifungo	r	Knopf
			e	Gefangenschaft
nyoa	rasieren	kinyozi	r	Haarschneider
nywa	trinken	kinywa	r	Mund
nywa	trinken	kinywaji	s	Getränk
ongoa	führen	kiongozi	r	Führer
tanda	sich erstrecken	kitanda	s	Bett
umba	erschaffen	kiumbe	s	Geschöpf
unga	verbinden	kiunga	s	Bindewort
unga	verbinden	kiungo	s	Gelenk
zaa	gebären	kizazi	e	Generation
zidisha	multiplizieren	kizidishe	r	Multiplikand
zidisha	multiplizieren	kizidisho	r	Multiplikator

b. Verkleinerung (vergl. Ki-Klasse S. 20)

kuku	e	Henne	kikuku	s	Hühnchen
mjakazi	e	Sklavin	kijakazi	e	junge Sklavin
mji	e	Stadt	kijiji	s	Dorf
mlima	r	Berg	kilima	r	Hügel
mpenzi	r	Liebling	kipenzi	s	Schätzchen
mti	r	Pfahl	kijiti	s	Hölzchen
mtoto	s	Kind	kitoto	s	kleine Kind
mzee	r	alte Mensch	kizee	e	alte Frau
nyumba	s	Haus	chumba	s	Zimmer

c. Sprachen und Adverb

Afrika	Kiafrika	»Germany«	Kijeremani
Amerika	Kiamerika	Indien	Kihindi (aus Hindi)
China	Kichina	Italien	Kitaliani (aus Italia)
Dänemark	Kideni	Rußland	Kirusi
Deutschld.	Kidachi	Uganda	Kiganda

IV. Substantive der Ma-Klasse (meistens im Plural)

a. andaa	(zu)bereiten	maandalio	e	Versorgung (mit Verpflegung)
andika	schreiben	maandiko	s	Dokument, Schrifttum
agana	vereinbaren	agano, ma-	e	Vereinbarung,
			r	Vertrag

endelea	fortfahren, -setzen	maendeleo	r	Fortschritt
fundisha	unterrichten	mafundisho	e	Unterweisung, Doktrin
juta	bereuen	majuto	e	Reue, Gewissensbisse
nena	sprechen, sagen, reden	neno, ma-	s	Wort
ona	sehen	maono	e	Erfahrung, s Erlebnis
onya	warnen	onyo, ma-	e	Warnung
penda	lieben	mapenzi	e	Liebe
waza	überlegen	wazo, ma-	r	Gedanke
Agano Jipya			s	Neue Testament
Agano la Kale			s	Alte Testament
Maendeleo ya Wanawake				Frauenorganisation in Ostafrika
Mafundisho ya Monroe				Monroe-Doktrin
Majuto ni mjukuu, mwishowe huja kinyume.				Gewissensbisse sind ein Enkelkind (schließlich kommt das unerwartete Gegenteil)

b. aus einigen Adjektiven (meistens im Plural)

-baya	schlecht	mabaya	e	schlechten Taten
-ema	gut	mema	e	guten Taten
-kali	scharf	makali	e	scharfen Kanten, Schneiden
-nane	acht	manane, usiku wa ...		tief in der Nacht
-ovu	böse	maovu	e	bösen Taten
-pya	neu	mapya	e	Neuheit

V. Substantive der N-Klasse

ja	kommen	njia	r	Weg
koroma	schnarchen	koroma	s	Schnarchen
oa	eine Frau heiraten	ndoa	e	Heirat
ota	träumen	ndoto	r	Traum

VI. Substantive der U-Klasse

a. aus Verben

bisha	widersprechen	ubishi	r	Widerspruch
chuma	profitieren	uchumi	r	Handel
fagia	fegen	ufagio	r	Besen

fungua	öffnen	ufunguo	r	Schlüssel
ganga	ärztlich behandeln	uganga	e	Heilkunst
imba	singen	wimbo	s	Lied
jua	wissen, kennen, können	ujuzi	s	Wissen, e Kenntnis
tawala	(ver)walten	utawala	e	Verwaltung
weza	können	uwezo	e	Fähigkeit, Macht

b. aus der Wa-Klasse und anderen Klassen

karani	r Sekretär	ukarani	r	Beruf des Sekretärs
Mkristo	r Christ	Ukristo	s	Christentum
mpishi	r Koch	upishi	e	Kochkunst, Beruf des Kochs
mwalimu	r Lehrer	ualimu	r	Lehrerberuf
ndugu	r Verwandte	udugu	e	Verwandtschaft

c. aus Adjektiven

-baya	schlecht	ubaya, ma-	e	Schlechtigkeit
-ema	gut	wema, ma-	e	Güte
-eupe	weiß	weupe	e	Weiße, Helligkeit
-gonjwa	krank	ugonjwa, ma-	e	Krankheit
huru	frei, emanzipiert	uhuru	e	Freiheit, Emanzipation
-kali	scharf, streng	ukali, ma-	e	Schärfe, Strenge
-moja	ein	umoja	e	Einigkeit, Einzahl
-ovu	böse, übel	uovu, ma-	e	Bosheit, s Übel
-pya	neu	upya	e	Neuigkeit
safi	sauber, rein	usafi	e	Sauberkeit, Reinheit

d. Ländernamen (Man merke, daß die Ländernamen die Kennsilben der N-Klasse haben!)

Afrika	Afrika	Holland	Uholanzi
China	Uchina	Indien	Uhindi
Dänemark	Udeni	Italien	Utaliani
Deutschland	Udachi	Jugoslawien	Yugoslavia
»Germany«	Ujeremani	Rußland	Urusi
Griechenland	Ugiriki	Schweden	Uswedi

Manche Ländernamen sind über das Arabische ins Suaheli eingegangen:

Ägypten	Misri	Europa	Ulaya
Äthiopien	Uhabeshi	Nubien (Sudan)	Unubi
Alt-Griechenland	Persien (Iran)	Uyunani	Uajemi

Häufig wird der Ländername aus der jeweiligen Fremdsprache suahelisiert:

original	suahelisiert	deutsch
Buganda	Uganda	Uganda
Burundi	Uhispania	Urundi
España	Ufaransa	Spanien
France	Usumbiji	Frankreich
Mozambique	Uskochi	Mosambik
Reino	Uswisi	Portugal
Scotland	Ureno	Schottland
Suisse	Urundi	e Schweiz

Man merke: Der Europäer heißt *nicht* Mlaya, sondern Mzungu – von Afrikanern erfundenes Wort aus *zunguka* (herumgehen)! Buganda ist nur eine Provinz im heutigen Uganda (vgl. Holland und Niederlande). »Uingereza« für England ist über das Portugiesische ins Suaheli eingegangen.

VII. Substantive der Pa-Klasse

Wir haben wohl gelernt, daß die Pa-Klasse nur das Wort »mahali« hat. Aber wir haben auch gesehen, wie Substantive anderer Klassen (mit Ausnahme von Eigennamen und Infinitiven) durch Anhängen von -ni in die Pa-Klasse umgewandelt werden können. Hier sei nochmals betont, daß solche umgewandelten Substantive die entsprechenden Kennsilben **pa, ku, m** der Pa-Klasse erhalten müssen!

z. B. Jiko**ni** **mw**ako **m**na harufu ya ajabu.
Es duftet wunderbar in deiner Küche.
Siwezi kukwambia yote yaliy**omo** moyo**ni mw**angu.
Ich kann dir nicht alles sagen, was mir am Herzen liegt.
Nyumba**ni** ha**ku**nipendezi tena.
Es gefällt mir nicht mehr zu Hause.
Ndege hula nafaka dirisha**ni pa**ko kila asubuhi.
Jeden Morgen fressen die Vögel Korn an deinem Fenster.

Bei Substantiven, an die man kein -ni anhängen darf, muß man *katika* verwenden.

z. B. Unaona ukaidi gani *katika* mtoto huyu?
Welche Ungehorsamkeit findest du bei diesem Kind?
Naona furaha nyingi *katika* kusoma.
Ich habe viel Freude am Lesen.
Kuna wanafunzi wa kigeni wangapi *katika* Udachi?

Wie viele ausländische Studenten gibt es in Deutschland?
Kuna rehema mbili *katika* kupumua,
Kuvuta pumzi na kuusimua.
Im Atemholen sind zweierlei Gnaden,
Die Luft einziehen, sich ihrer entladen. (Goethe)

VIII. Substantive der Ku-Klasse

Im Suaheli werden die Verbalsubstantive (als Substantive gebrauchte Verbformen) häufig gebraucht. Sie sind im Grunde genommen die echten Suaheli-Verben. Dadurch wird es möglich, die sonst im Suaheli fehlenden Abstrakta zu bilden. Sie stehen im Infinitiv (mit ku- oder kw- vor dem Verbstamm).

a. ähnlich wie die deutschen substantivierten Infinitive

kuandika	s	Schreiben	kwenda	s	Gehen
kusoma	s	Lesen	kuvuta	s	Rauchen
kuhesabu	s	Rechnen	kusafiri	s	Reisen
kufa	s	Sterben	kunyamaza	s	Schweigen
kuwa	s	Sein	kunywa	s	Trinken

z. B. Mwanzoni watoto hujifunza kusoma, kuandika na kuhesabu. Utake, usitake, kufa ni kwa kila binadamu. Kuwa ama kutokuwa, hilo ndilo swali (Shakespeare). Kwenda kwa daktari kwaonyesha una mahaka fulani. Kuvuta kumepigwa marufuku! Kusafiri ugenini kwahitaji fedha nyingi. Kunyamaza kwake kuna sababu kubwa. Kula na kunywa huungamanisha mwili na roho (methali ya Kidachi).

b. manche deutsche Feminina werden mit Suaheli-Verbalsubstantiven wiedergegeben

hesabu	aufzählen	kuhesabu	e	Aufzählung
heshimu	respektieren	kuheshimu	e	Achtung
jinyima	sich enthalten	kujinyima	e	Enthaltsamkeit
pofuka	erblinden (intr.)	kupofuka	e	Erblindung

c. die kausative Form aus den arabischen Wörtern

hima		schnell	kuhimiza	e	Beschleunigung
Islamu	r	Islam	kusilimisha	e	Islamisierung
jumla	e	Summe	kujumlisha	e	Addition
kamili		vollkommen	kukamilisha	e	Vervollkommnung
tajiri	r	Reiche	kutajirisha	e	Bereicherung
wakili	r	Agent	kuwakilisha	e	Bevollmächtigung
zidi		sich vermehren	kuzidisha	e	Multiplikation

B. Substantive aus arabischen Verben

abudu	anbeten	ibada, n-	r	Gottesdienst
arifu	benachrichtigen	taarifa, n-	r	Bericht
asi	rebellieren	maasi, ma- (pl)	e	Rebellion
heshimu	ehren, achten	heshima, n-	e	Ehre, r Ruf
hukumu	rechtsprechen	hakimu, ma-	r	Richter
ishi	leben	maisha, (pl)	s	Leben
laumu	tadeln	lawama, ma-	r	Tadel
miliki	herrschen	tamalaki, n-	e	Herrschaft
safiri	reisen	safari	e	Reise
saidia	helfen	msaada, mi-	e	Hilfe
samehe	verzeihen	msamaha, mi-	e	Verzeihung
shiriki	teilnehmen	ushirika, u-	e	Partnerschaft
shtaki	anklagen	mashtaka, ma- (pl)	e	Anklage
shukuru	danken	shukrani, n-	r	Dank
subiri	geduldig sein	saburi, subira, n-	e	Geduld
tahiri	beschneiden	utohara, u-	e	Beschneidung
tabibia	mediz. behandeln	tabibu, ma-	r	Arzt
tubu	beichten	toba, n-	e	Beichte

C. Verben aus arabischen Substantiven

adhabu	s	Versprechen	adhibu	bestrafen
ahadi	r	Befehl	ahidi	versprechen
amri	r	Ersatz	amuru	befehlen
badala	e	Strafe	badili	wechseln
baraka	r	Segen	bariki	segnen
dhamana	e	Bürgschaft	dhamini	bürgen
dhana	e	Ahnung	dhani	ahnen
dhihaka	r	Spott	dhihaki	verspotten
faida	r	Vorteil, Gewinn	faidi	nützen, profitieren
fikira	r	Gedanke	fikiri	gedenken
furaha	e	Freude	furahi	sich freuen
habari	e	Nachricht	hubiri	bekanntmachen, berichten
haja	r	Wunsch	hoji	verhören
jawabu, ma-	e	Lösung	jibu	(be-)antworten
jeraha, ma-	e	Wunde	jeruhi	verwunden
ruhusa	e	Erlaubnis	ruhusu	erlauben
sala	s	Gebet	sali	beten
salamu	r	Gruß	salimu	(be-)grüßen

sifa	s	Lob	sifu		loben
tamaa	e	Begierde	tamani		begehren
ziara, ma-	r	Besuch	zuru		besuchen

D. Adjektive aus Bantu-Verben

1. mit Endung -**fu**, z. B.

angalia	aufpassen, merken	-angalifu	aufmerksam, wachsam
kumbuka	gedenken	-kumbufu	gedankenvoll, rücksichts-
lowa	naß werden	-lowefu	naß, feucht
nyoka	ausgestreckt sein	-nyofu	gerade, aufrichtig
ongoa	führen; bekehren	-ongofu	gerecht; bekehrt
takata	rein sein	-takatifu	rein, heilig
tukuka	glorreich sein	-tukufu	glorreich, herrlich
zoea	sich gewöhnen	-zoefu	wohlvertraut, geübt
zuia	hindern, ver-	-zuifu	hinderlich

2. mit Endung -**vu**, z. B.

angaa	scheinen, hell sein	-angavu	hell, klar, klug
chakaa	alt werden (Sachen)	-chakavu	alt, abgetragen
kauka	trocken werden	-kavu	trocken
legea	locker sein	-legevu	schlaff, faul
ng'aa	leuchten, glänzen	-ng'avu	leuchtend, glänzend, rein
nya	tröpfeln	-nyevu	naß, feucht
nyamaa	still sein	-nyamavu	schweigsam
nyima	vorenthalten	-nyimivu	geizig
pumbaa	töricht sein	-pumbavu	töricht
sikia	hören	-sikivu	aufmerksam, gehorsam
tulia	ruhig sein	-tulivu	ruhig, friedlich
weka	aufbewahren	-wekevu	sparsam, geizig

3. mit anderen Endungen, z. B.

lewa	betrunken werden	-levi	trunksüchtig
lima	bebauen	-limaji	in der Landwirtschaft tätig
nyima	vorenthalten	-nyiminyimi	geizig
nyonga	erdrosseln	-nyonge	gemein

ZOEZI LA ISHIRINI NA NANE

a. Unda majina aina ya Mi- toka viarifa vifuatavyo:
   k.m. sema   sagen   msemo   r   Spruch
   andama, anguka, chora, fuga, funga, gusa, iga, kata, kaza, kojoa, kopa,

koroma, lia, nguruma, panga, saidia, samehe, shona, stuka, telemka, tuma, zunguka.

b. Unda majina aina ya Ki- toka viarifa vifuatavyo: cheka, chinja, elea, faa, fa, ficha, funika, ja, kaa, kohoa, koma, lia, pa, pima, tenda, tua, unga, vuka, zaa, ziba.

c. Unda maneno aina ya U- toka maneno yafuatayo:
agua, buni, chukua, dhulumu, eneza, halifu, iba, jenga, kinga, lewa, nunua, okoa, -janja, pika, -ingi, sitawi, tajiri, taifa, huru, -moja, kaidi, tembeza, vumbua, mwanasheria.

E. Fremdwörter (maneno ya kigeni)

Im allgemeinen bestimmen die Intellektuellen das Schicksal der Sprache. Sie sind diejenigen, die das Sprachgewebe überhaupt formen und die Fremdwörter einführen. Die Übernahme von Fremdwörtern ist unvermeidlich, wenn sie auch nur begrenzt ist; und sie ist für die jeweilige Sprache vorteilhaft.

Die arabische Beziehung zur ostafrikanischen Küste geht bis etwa 50 n. Chr. zurück. Das Wort »Kiswahili« stammt sogar aus dem Arabischen und bedeutet die Sprache der Küstenvölker. Durch Handel, Islamisierung und Wechselheirat geriet die Bantu-Sprache der Küstenvölker unter starken arabischen Einfluß; es ist heute also nicht verwunderlich, daß das Suaheli sehr viele Fremdwörter aller Art aus dem Arabischen übernommen hat. In der Zeit der Kolonialisierung und Christianisierung wurden auch Fremdwörter aus dem Portugiesischen und Deutschen übernommen, so wie es heute noch mit dem Englischen der Fall ist. Heute gebraucht der gebildete Afrikaner unnötig viele Fremdwörter, was dazu führt, daß der Ausländer leicht dazu neigt, das Suaheli schlechthin als eine »künstliche« Sprache zu bezeichnen.

Genauso wie das Deutsche ohne das Lateinische und Griechische für die Wissenschaft kaum ausreichen würde, so könnte man heutzutage mit einem Suaheli ohne Fremdwörter vieles nicht ausdrücken. Bei jeder Übernahme von Fremdwörtern muß man auf bestimmte Grundsätze achten:

a. Das Suaheli ist eine Bantu-Sprache und die Wörter sollen möglichst mit einem Vokal enden, wie z. B.

bicycle, engl.	baisikeli	s	Fahrrad		
picture, engl.	picha	s	Bild		
Ananas, port.	nanasi		–		
carta, port.	karata	e	Spielkarte	e	Karte
du vin, frz.	divai	r	Wein		

Man merke: Aus dem Europäischen lassen sich hauptsächlich Substantive suahelisieren.

b. Das suahelisierte Wort soll möglichst vokalreich sein und Doppelkonsonanten dürfen nicht vorkommen (im Suaheli nur mmoja, nne, die aber getrennt ausgesprochen werden), wie z. B.

committee, engl.	komiti	r	Ausschuß
soccer, engl.	soka	s	Fußballspiel
motor-car, engl.	motakaa	s	Auto
report, engl.	ripoti	r	Bericht, berichten
reporter, engl.	ripota	r	Berichterstatter
school, engl.	skuli	e	Schule
Schule, dt.	shule	e	Schule

c. Die Bildung weiterer Fremdwörter wird von den schon suahelisierten Fremdwörtern abgeleitet:

geography, engl.	jiografia	e	Erdkunde
history, engl.	historia	e	Geschichte
bicycle, engl.	baisikeli	s	Fahrrad

Aus den obigen Beispielen kann man nun ähnliche Fremdwörter suahelisieren, wie z. B.

philosophy, engl.	filosofia	e	Philosophie
psychology, engl.	psikolojia	e	Psychologie
science, engl.	siansi	e	(Natur)wissenschaft
physics, engl.	fisiki	e	Physik
chemistry, engl.	kemia	e	Chemie

Man merke, daß filosofia, fisiki und kemia genausogut vom Arabischen abgeleitet sein könnten.

Manche Begriffe aus der Wissenschaft werden mit einem arabischen Wort wiedergegeben oder sie werden umschrieben, wie z. B.

s	Baugewerbe	kiwanda cha ujenzi	e	Politik	siasa
s	Gußeisen	chuma cha kusubu	e	Volkswirtschaft	iktisadi
e	Biologie	elimu ya viumbe	e	Konsumgüter	vikorokoro
e	Botanik	elimu ya mimea	r	Export	mapelekwa, mapakizi
e	Zoologie	elimu ya wanyama	r	Import	mapokezi, maingizwa
e	Stiftung	mali wakfu	e	Aktiengesellschaft	kampani ya mali ya chango

d. Durch Angleichung an die Bantu-Wörter können Fremdwörter vermieden werden, wie z. B.

ndege	r	Vogel	ndege (ya) Ulaya	s	Flugzeug
beberu	r	Ziegenbock	ubeberu		r	Imperialismus
tawi	r	Ast, Zweig	tawi		e	Zweigstelle
jina	r	Name	jina		s	Substantiv
jina	r	Name	kijina		s	Pronomen
sifa	s	Lob	sifa		s	Adjektiv
sifa	s	Lob	kisifa		s	Adverb
arifu		mitteilen	kiarifa		s	Verb
unga		verbinden	kiungo		e	Konjunktion
tangulia		vorangehen	kitangulia		e	Präposition
shangaa		erstaunen	kishangazo		e	Interjektion
kifaru	s	Nashorn	kifaru		r	Panzer

e. Die Suahelisierung ideologischer Begriffe:

Demokratie	demokrasi	mdemokrasi	kidemokrasi
Kommunismus	ukomunisti	mkomunisti	kikomunisti
Kapitalismus	ukapitalisti	mkapitalisti	kikapitalisti
Sozialismus	usoshalisti	msoshalisti	kisoshalisti
Imperialismus	uimperialisti	mwimperialisti	kiimperialisti
Kolonialismus	ukolonialisti	mkolonialisti	kikolonialisti
Materialismus	umaterialisti	mmaterialisti	kimaterialisti
Pluralismus	upluralisti	mpluralisti	kipluralisti
Militarismus	umilitaristi	mmilitaristi	kimilitaristi
Marxismus	Umarkisisti	Mmarkisisti	Kimarkisisti
Darwinismus	Udarwinisti	Mdarwinisti	Kidarwinisti
Leninismus	Uleninisti	Mleninisti	Kileninisti
Kolonisation	ukoloni	mkoloni	kikoloni

ZOEZI LA ISHIRINI NA TISA

Maana ya methali na mafumbo yafuatayo ni nini?
Mtaka yote hukosa yote. Mwana wa simba ni simba. Mla mbuzi hulipa ng'ombe. Kupotea njia ndiko kujua njia. Kwenda mbio si kufika. Kumpa mwenzio si kutupa, ni akiba ya mbelini. Kikulacho kiko nguoni mwako. Mla cha mwenziwe na chake huliwa. Mwenye kisu kikali ndiye atakayekula nyama. Penye kuku wengi hapamwagwi mtama. Mpanda ovyo hula ovyo. Maji usiyoyafika hujui wingi wake.

Zoezi la thelathini

Andika sentensi mbili kutofautisha maana mbili ya kila mojawapo la maneno yafuatayo: kaa, paka, haya, mto, taka, meza, lia, mpaka, chuma, kiboko, vua, salia, nyanya, uma, jua, mwezi, ziwa, nyoka, shuka, ua, tai, pembe, mle, pengine.

Zoezi la thelathini na moja

Tofautisha maneno yafuatayo kwa sentensi:
jibu – jipu, kuelewa – kulewa, kitana – kitanda, ukuta – ukucha, adabu – adhabu, mkewe – mkwewe, thamani – zamani, amani – imani, asili – asali.

Zoezi la thelathini na mbili

Vinyume vya maneno yafuatayo ni nini?

Kwa mfano: mume – mke; -baya – -zuri

Kaendelee: -fupi, mvulana, rafiki, kwenda, usiku, babu, hodari, kusahau, kuwa, mbele, -pana, sema kweli, -zee, chini ya, funua, baridi, chelewa, funga, ukali, funua macho, chali, leta, baada ya, safi, -gonjwa, kesho kutwa, washa, inama, halali, kufika, kutweka bendera, kunenepa, tajiri, furaha, mdai, kupa.

Zoezi la thelathini na tatu

Andika maneno ya kuhusika (Synonyme) ya maneno yafuatayo:
sema, ona, shule, -chache, tangu, mbele ya, fundisha, waraka, gereza, vumbua, piga mbio, mganga, kamata, funga safari, mkono wa kulia, kuthibitisha, karibisha, asali, meli, chumvi, kuosha, zuru, ndovu, sahihi.

Zoezi la thelathini na nne

Chagua jozi ya maneno kutoka maneno yafuatayo ili jozi hiyo ilete maana, kwa mfano: lala usingizi; imba nyimbo

Kaendelee: chakula, farasi, gani, habari, heri, kitanda, kucha, kuchwa, mahali, mchana, mikono, mkono, mpanda, mwenda, mwezi, nawa, kwa, ndoto, pangu, pekee, samaki, sisi, ota, pika, sote, unga, tandika, kuvua, ujao, usiku.

Zoezi la thelathini na nne

Zichambue sentensi zifuatazo:
Aliniambia kwamba analala usingizi. Mwalimu anasimama mbele yetu tangu saa nzima. Wanadamu huenda kwa mguu. Watoto wamekwisha kumaliza kusoma kitabu hiki. Twapeana mkono tunaposalimiana. Wanadamu

wanasema lugha fulani. Kuku huzaa mayai. Mwalimu amenunua vitabu ishirini na moja. Babangu amesafiri Nairobi ili kununua motakaa hapo. ningenunua motakaa Kama ningekuwa na fedha. Mtoto aliniuma na meno. Kundi la wataalamu lilichungua jambo hili kwa uangalifu. Hatujapata iona nyumba yake mpya.

LÖSUNGEN ZU DEN ÜBUNGEN

ZOEZI LA KWANZA

a. (ma)adui, mambo, viziwi, wanyama, wasafiri, wanafunzi, maneno, mioyo, miandiko, vyumba, masikio, visu, miji, vyura, viazi, makosa, wapelelezi, mihuri, miezi, mataifa, Waafrika, wawindaji, mayai, majina, Waholanzi, miswaki.
b. simba, habari, kofia, vyama, Waamerika, maaskofu, wakalimani, samaki, ndimi, nyakati, fagio, farasi, nyuzi, mifuko, uchumi, meza, sukari, tai, nzige, vitana, milango, kuta, majua, mabunda.

ZOEZI LA PILI

Mlango mpana mmoja; mlango mpana; watoto wadogo kumi; vitabu vipya kumi na vinane; vyumba vyote vitano; nyumba mia nne; wagonjwa kumi na mmoja; wanaume wengine sita; mbao nyingine nyingi; barua ngapi?; njia nyembamba; masanduku mazito kumi; meno mazuri thelathini na mawili; vipofu hodari wawili; sukari nyeupe nyingi; chai ghali; wimbo mpya mmoja; darasa kubwa (moja); Wadachi tajiri watano; jambo muhimu.

ZOEZI LA TATU

Herr Müller, Frau Weber und Fräulein Schmidt sind Deutsche. Aber Herr Boissier ist Franzose und Frau Brown ist Britin (Engländerin). Sie sind alle Europäer, und zwar drei Deutsche, ein Franzose und eine Britin. Die Russen sind keine Afrikaner, sondern sie sind Europäer. Die Portugiesen sind auch Europäer. Jeder Deutsche ist ein Europäer.

ZOEZI LA NNE

a. Chumba hiki kina madirisha manne. Mkate ule si mkavu. Darasa hili lina wanafunzi wangapi? Ndege wote wana mabawa. Msafiri hana mkalimani mwema. Tembo (ndovu) hawana ndimi? Mifuko mitatu, fimbo mbili na vikombe sita ni vitu vingapi? Ninyi nyote m wageni hapa. Viti vipya havimo jikoni. Watoto wako nyumbani, lakini wazazi wapo sokoni.

b. Wie viele Beine hat der Mensch? Ich habe nicht viel Geld. Wir haben großes Glück. Dieser Tee ist heiß. Sie sind gute Freunde. Er ist so faul wie du. Der Lehrer ist mit den neuen Schülern in der Stadt. Die Arbeiter sind auf dem Feld, obwohl es heute keine Arbeit gibt. Es gibt viel Elend in der Welt (auf der Erde). Wo sind die neuen Kleider?

ZOEZI LA TANO

a. Es gibt viele Fische in diesem Fluß. Dein Arzt hat heute keine Zeit. Empfindest (hast) du keine Scham? (aber: Schämst du dich nicht? = Huoni haya?). Die Ordensschwestern unseres Krankenhauses sind Holländerinnen (Niederländerinnen). Dein Verwandter (Bruder) ist Französischlehrer. Kenia, Uganda, Tanganjika und Sansibar sind ostafrikanische Länder. Dieses Kind hat ähnliche Ohren wie seine Geschwister (Verwandte). Heute sind zwei russische Köche in der Küche – ein Mann mit seiner Frau. Er ist Amerikaner, auch wenn seine Hautfarbe schwarz ist. Jeder ist seines Glückes Schmied.

b. Baba yake ni Mdachi, lakini mama yake ni Mfaransa. Una vitabu vyangu? Hakuna mti katika bustani yangu (shambani mwangu). Mlango wa nyumba yetu ni mwekundu. Leo mbwa hana njaa (Mbwa hana njaa leo). Barua (nyaraka) zako ziko wapi? Vipofu hawa wana fimbo mikononi. Namba ya chumba chako ni kumi na saba (Chumba chako ni namba kumi na saba). Maji haya hayana moto sana. Babu yake mkulima yule ni mzee sana.

ZOEZI LA SITA

a. Vyumba vya (ma)rafiki zetu vina madirisha mazuri. Watu wema hawaibi Nyumba za posta hizi zilijengwa na Wataliani. Someni vitabu vyetu vipya hivi! Watoto wamekwisha kunywa maziwa yao? Wake wamo jikoni, wanapika nyama ya nguruwe, lakini waume wao wamo mashambani, wanapanda migomba. Ng'ombe za wakulima hawa wana madoa meusi nyusoni na meupe migongoni. Baba zao hawafanyi kazi katika miji hii (mijini humu). Jirani zetu hawana motakaa za Kifaransa kama sisi. Wana wa jirani hao wa katika darasa la sita (madarasa ya sita).

b. Mwanafunzi mwingine hodari mmoja alijifunza Kihispania. Utapata habari njema kutoka nyumbani. Kuku yule ametaga yai kubwa. Leo ulikula hapa, lakini kesho ule nyumbani! Mbwa wa jirani yangu hubweka sana. Nanasi la Kizungu si tamu kama lile la Kiafrika. Mtoto huyu hajui kusoma; mzazi wake hataki kumeleka shuleni. Kuku kipofu hupata nafaka pia. Kijana mrefu yule ametoka Afrika ya Mashariki. Timiza wajibu wako, nami nitantimiza wangu!

c. Wasichana walikwenda kuchota(kuteka) maji. Mama yangu afanya kazi katika afisi ndogo. Leo nitaipiga pasi suruali yangu mpya. Hujapata majibu kutoka London. Napenda kufanya urafiki na wageni katika shule yetu. Huko Amerika weusi wapata (waona) shida nyingi. Nadhani hakusema kweli. Majeruhi wengi hufa vitani kwa kutoka damu. Kuvuta kumepigwa marufuku katika behewa hili.

d. Werden deine Eltern heute zurückkommen? Was man gesehen hat, kann man glauben. Hören ist nicht sehen. Lerne jedes Hauptwort mit seiner Mehrzahl! Wir alle wohnen in Berlin; wir arbeiten dort. Ihre Arbeit ist es, kleine Kinder aufzuziehen. Mann und Weib ist ein Leib. Louis Armstrong spielt Trompete.

ZOEZI LA SABA

a. Jirani yako ana watoto wangapi? Nani alivumbua Amerika? Baisikeli hii ya nani? Mlikula nini jana? Kwa nini watu hula? Sukari ni tamu kama nini? Ulinunua wapi sanduku jipya hili? Wazungu hawa watoka wapi? Kenya itapata lini uhuru? Tangu lini amekufa (Amekufa tangu lini?)

b. Najifunza Kiswahili tangu miezi sita. Najifunza Kiswahili kwa sababu nakusudia kwenda Afrika ya Mashariki. Mimi huenda kazini asubuhi. Yachukua dakika arobaini kutoka kwangu mpaka hapa. Rafiki yangu ana Volkswagen. Nalikwenda Hamburg shuleni. Watu huenda kwa daktari kwa sababu wanaugua (wa wagonjwa). Kazi yangu ni ualimu (Mimi mwalimu; mimi hufundisha). Watu hupigana vitani. Daimler na Benz walijenga motakaa ya kwanza katika Udachi.

ZOEZI LA NANE

a. Ich sah sie gestern in der Stadt. Euer Vater gab (euch) ihnen viel Geld. Heute werdet ihr italienische Schuhe kaufen. Habt ihr dieses Suaheli-Buch gelesen? Er (sie) erzählte uns arabische Märchen. Dieser Hund ist wütend; er will deine Katze beißen. Der Hund meines Nachbarn beißt keine Gäste. Ein russisches Wörterbuch wird dir nichts nützen, da du kein Russisch kannst. Wen sucht jenes Kind? Schadet der Alkohol der Gesundheit? Der Mensch ißt Äpfel. Der Dampfer (das Schiff) nähert sich dem Hafen. Die Touristen werden morgen die Karten kaufen. Ich werde diesen Brief heute beantworten. Der kluge Mensch bewahrt sein Geld auf der Bank.

Die Araber, Spanier, Briten und Portugiesen versklavten sehr viele Afrikaner. Der Diener bügelt die Kleider seines Herrn. Die Soldaten liegen nebeneinander im Graben. Gute Kinder gehorchen ihren Eltern.

b. Wapishi hupika. Mbwa humfuata bwana wake. Ndiyo, ng'ombe hali nyama, bali nyasi. Mganga huwaponya wagonjwa. Ndiyo, wana hufanana na wawazi wao. Watt aliunda mtambo wa mvuke. Jemadari huwaamuru askari. Warumi walisema Kilatini. Mwanahewa huendesha ndege Ulaya (eropleni). Jaji huwahukumu waharibifu. Berlin ndio mji mkuu wa Udachi. Mji huo una wakazi milioni tatu.

ZOEZI LA TISA

Mwanafunzi anazoea kusema Kiswahili. Amemsaidia mama yake kubeba sanduku. Nafurahi sana kuweza kukukuta hapa. Watoto wako hawawezi kusoma bado. Tuliendelea kusoma sura ya pili. Alikataa kuzifuata amri. Nani atathubutu kutangulia? Tunajitahidi sana (tunakazana sana) kujifunza Kiswahili. Rafiki zangu wamekubali kuja nasi. Wanashule hujifunza kusoma, kuandika na kuhesabu. Wanawake wamekwenda kuchota (kuteka) maji. Hukujaribu kumwokoa. Nimekwisha mwonya mara mbili. Acheni kucheza bahati nasibu! Wabembeleze wenzio kuja (waje) nawe! Chui apenda kula mbuzi. Nalipata kujua (naliambiwa). Labda atatubembeleza kwenda sinema kesho. Polisi atafaulu kumkamata mwizi.

ZOEZI LA KUMI

a. Mwambie aufungue mlango. Waambie watoto wasichelewe. Mtendee binadamu (mwanadamu) mema, hawezi kukutendea mabaya. Msiseme hamna pesa. Usiibe. Mungu awaweke. Alifanya majaribio mengi asifaulu (bila kufaulu). Tufanye nini ili aturudishie fedha yetu? Msifu Mungu, waheshimu wazazi wako, watii wakubwa wako, fuata sheria! Wachunge (walishe) kondoo zangu!

b. Mwalimu aliwaambia (kwamba) wa wanafunzi hodari. Kazi yao ilimpendeza. Wamwuie radhi kwa sababu hakusahihisha mazoezi yao ya juzi. Waanze kusoma. Manfred aanze kusoma. Wamelimaliza somo hilo la sita.

Alisema (ya kuwa) yeye mtoto mdogo. Jina lake Manfred Schulze. Yu mwanafunzi wa shule hiyo. Lakini hataendelea na masomo kwa sababu wazazi wake maskini. Baba yake hapati pesa nyingi na mamake hapati kazi. Pengine mama huuza matunda na mboga sokoni hapo.

ZOEZI LA KUMI NA MOJA
1. Twala *ili* kuishi. 2. Aliniambia *kwamba* (ya kuwa) atakuja kesho. 3. Nchi yetu ya Afrika ina maadui watatu, *yaani* ujinga, umaskini na magonjwa (maradhi). 4. Baba yangu alijifunza tu Kiingereza na Kifaransa shuleni, hata hivyo ajua Kirusi pia. 5. Mwanangu hataki kujifunza Kihispania *wala* Kiitalia. 6. Sijui la kufanya *wala* la kusema. 7. *Ingawa* alikuwa na homa, alisafiri Ulaya. 8. Yanilazimu kuifanya kazi hii mbaya *maana* (kwa sababu) nahitaji pesa. 9. Ndege wana mabawa, *kwa hiyo* waweza kuruka. 10. Kutoa jasho ni jambo zuri *au* baya?

ZOEZI LA KUMI NA MBILI
Nadhani a*ta*rudi kesho. Waliniuliza ni*ka*waambia. U*me*kwisha kisoma kitabu hiki? Watoto *hu*fanana na wazazi wao. Mtoto a*li*(me) anguka chini akaanza kulia. Nendeni m*ka*le naye! Na*li*kusudia kusafiri Afrika lakini sikuweza kupata ruhusa. Mwambie rafiki yako kwamba ni*ta*mkuta steshení. Lakini kwani hukuniarifu ya kuwa u*ta*kuja leo? Walimu *hu*fundisha. Nilikuja, ni*ka*ona, ni*ka*shinda. Ndege wa*na* mabawa mangapi? Sij*a*mwandikia barua bado.

ZOEZI LA KUMI NA TATU
Heute habe ich ein sehr schönes Kleid (sehr schöne Kleider) gekauft. Er (sie) schreibt nicht schlecht. Beeile dich, damit wir den Zug nicht versäumen. Es war notwendig, die Tür leise zu öffnen, um die anderen (Leute) nicht aufzuwecken. Die Politik ist heutzutage wirklich schlecht. Rede keinen Unsinn! Wir sind alle arm, unsere Kinder auch. Wir lernen einmal in der Woche Suaheli. Wir suchten es (Ki-Klasse) vergebens überall. Kranke liegen den ganzen Tag im Bett. Wie die Saat, so die Ernte. Ich glaube, sie werden wohlbehalten ankommen. Am Anfang schuf Gott Himmel und Erde. Gestern kamen wir nach Hause und wollten etwas kochen, aber wir hatten nichts zum Kochen; also waren wir gezwungen, (mußten wir) ins Restaurant (essen) zu gehen. Die Europäer sonnen sich gern den ganzen Tag, besonders im Sommer. Er erzählte uns abenteuerliche indische, japanische und persische Märchen. Das Postamt liegt links und die Kirche auf der anderen Seite rechts.

ZOEZI LA KUMI NA NNE
a. Tusaidieni kusaidia! Nalikuja, nikaona, nikashinda. Mtoto yule anakwenda kulala kwa sababu amechoka. Tulijifunza Kiswahili maana tulitaka kwenda Afrika ya Mashariki. Wafuata njia gani uendapo shuleni? Tulitumaini kusafiri sana. Ninaanza kujifunza Kiswahili. Chumba kile kinaonekana

kuwa kikubwa ingawa kina dirisha dogo tu. Binti yako ataka viatu gani? Ingawa jua linawaka, kuna baridi leo. Nitafurahi sana ukiweza ukinisaidia. Tuliondoka ili kuweza (tuweze) kufika huko kabla ya saa nane. Nitasafiri leo, ndiyo sababu nimeamka mapema. Lazima kila mtu atimize wajibu wake. Mwamkuta (ninyi humkuta) kila siku mwendapo (iwapo mnakwenda) mjini. Alitusikia tukipita. Tulikuwa tunalala walipokuja nyumbani.

b. Wir wollten kommen, aber unsere Eltern verboten uns, im Regen zu gehen. Man wird ihn (sie) um vier Uhr holen. Er sagte mir, ich solle mit ihm gehen. Viele Leute gingen ein und aus. Wer zu viel fordert, bekommt nichts. Wenn du im Glashaus sitzt, wirf nicht mit Steinen. Wenn du es siehst, wirst du es glauben. Wir aßen gerade, als sie ankamen. Kann ein Blinder den anderen führen? Wir sahen es nicht, als er das Öl weggoß. Nur ein Dieb weiß, wie man einen Dieb ertappt. Wenn es nicht regnet, werden wir in der Stadt spazierengehen. Wenn ihr uns nicht seht, werden wir den Zug versäumt haben. Warne deine Kinder, nicht auf die Straße zu gehen. Ruf mich sofort, wenn du fertig bist.

ZOEZI LA KUMI NA TANO

Nalizaliwa tarehe 31 Mei (mwaka wa) 1938 (elfu moja, mia tisa thelathini na nane). Naamka saa kumi na mbili (za asubuhi) siku za kazi. Nafika nyumbani saa kumi na nusu. Toka kwangu hadi afisi ni mwendo wa dakika kumi na tano kwa miguu. Watu huota ndoto usiku kwa kawaida. Leo jua lilitokea saa moja. Saa nane kasa robo mpaka saa nane na (u) nusu ni dakika arobaini na tano. Saa moja na nusu ni dakika tisini. Miezi yenye siku thelathini na moja ni: Januari, Machi, Mei, Julai, Agosti, Oktoba na Desemba.

ZOEZI LA KUMI NA SITA

Kipofu ni mtu ambaye hawezi kuona (asiyeweza kuona). Mbwa wabwekao hawaumi. Niambie unachotaka (unalotaka)! Asemaye uwongo huiba. Tumpendaye hatutaki kumpoteza. Alinipa yote aliyokuwa nayo (alinipa vyote alivyokuwa navyo). Anunuaye kwa nakidi hununua rahisi. Nenda upendako! Yule ndiye bwana ambaye mkewe amekufa (amefariki). Ni barabara ambazo majina yazo tutayabadili.

ZOEZI LA KUMI NA SABA

a. Nyumba hii ili*jengwa* na Wahindi. Chumba changu kita*kaliwa* na rafiki yangu. Ali*pendelewa* na mwalimu wake. Waamerika weusi hu*chukiwa* na

Waamerika weupe wengi. Ame*ondolewa* makosa yake na polisi. Nali*nunuliwa* viatu vipya hivi na mama yangu. Tume*shtakiwa* na jirani yetu. Askari wali*amriwa* na jemadari wakaze mwendo. Utakapofariki mali yako ita*ridhiwa* na nani? Kila mtu hu*zaliwa*. Yafaa wazazi ku*heshimiwa* na wanao. Mwanamke yule analia maana ame*ibiwa* mfuko wake. Una*hitajiwa* na polisi. Viatu vyake Maria hu*valiwa* na dada yake. Suruali yangu ita*badiliwa* na mshoni kwa sababu nimepata kunenepa. Nali*onyeshwa* hati kutoka kortini. Nguo zangu hu*pigwa* pasi na binti yangu. Jambo hili lime*tiwa* chumvi na waandishi wa magazeti kama kawaida. Usipojihadhari na motakaa yako barabarani uta*adhibiwa* na polisi.

b. Barua yangu iliandikwa na nani? Tutaufungua mlango kwa ufunguo huu. Mizigo ya msafiri itapelekwa na wapagazi. Nipe cho chote ulicho nacho! Tulikaa naye tukichukuliana kama ndugu kwa ndugu. Mgonjwa aliyeletwa hapa yuko wapi? Amekwisha itwa mara tatu Nyama ilipikwa na binti yangu jana. Jumba lilijengwa na Warumi kwa mawe.

Zoezi la kumi na nane

Watoto wanacheza *na* mbwa. Babangu anapanda maua *katika* bustani. B*i*nadamu huenda *kwa* miguu. Msafiri ameshuka *juu ya* ngamia. Wakati wa kiangazi hainibidi kuvaa fulana ndani *ya* shati. Watoto hawa wanaimba *kwa* sauti nzuri sana. Tulimwacha aende *peke* yake. Yafaa kunywa dawa fulani *kabla ya* kula. Mbilikimo wakaa *toka* Kongo hadi Kameruni. Tutarudi nyumbani *pamoja* nawe. Alikanyagwa *kwa* motakaa. Mwalimu husimama *mbele ya* wanafunzi. Wanafunzi hurudi nyumbani *baada ya* masomo. Nadhani wageni watafika *baina (kati) ya* saa tisa na saa kumi. Watoto saba *miongoni* mwao waweza kusoma vizuri. Tulikula wali *kwa* nyama. Nimekaa hapa *tangu* siku nane. Nairobi ni mji mkubwa *katika* Afrika ya Mashariki. Nairobi ni *mbali na* Kampala lakini *karibu na* Nakuru. Kwa nini akaenda kukushtaki *kwa* jumbe? Wasafiri wawili wamekufa *kwa* njaa *katika* jangwa. Chagua neno moja *kati ya* haya. Mlima wa Kenya si *sawa na* Kilimanjaro kwa kimo. Mombasa ni bandari *upande wa* mashariki ya Afrika.

Zoezi la kumi na tisa

Chui, fisi, nyani, nyati, mbweha, paa, simba, sungura, tembo (ndovu), twiga; tai, kanga, njiwa, mwewe, mbuni; walikiacha kijiji chao kwa sababu kilikuwa kimeingiwa na njaa. Walishika safari baada ya siku mbili. Kwanza walialala mtini. Alienda kulala juu ya mti maana kulikuwapo na vidudu chini yake. Alishikwa na hofu saa moja ya usiku. Hakwenda kulala huko vile vile kwa sababu hakuwa na mabawa ya kumwezesha kuruka hadi juu ya mti. Mbwa hubweka.

Kupiga bomba, randa, picha, kinanda, kengele, kura, bao, fundo, kilemba, mstari, mwendo, kelele, kofi, miayo, mbizi, mluzi, teke, pembe, hodi, magoti, vita, shabaha, n. k.

ZOEZI LA ISHIRINI

a. Wenn mein Vater nach Afrika reiste, ginge ich mit ihm. Wenn du mir frühzeitig Bescheid gäbest, würden wir uns am Bahnhof treffen. Wenn der Mensch nicht krank wäre, ginge er nicht zum Arzt. Wenn die Schweine nicht so schmutzig wären, würden die Moslems ihr Fleisch essen. Wenn wir Flügel hätten, würden wir wie Vögel fliegen. Wenn ich reich wäre, brauchte ich kein Stipendium (Unterstützung). Wenn ich zum zweiten Male geboren würde, wollte ich nicht auf dieser Welt geboren werden. Wenn wir im Dunkeln sehen könnten, brauchten wir keine Beleuchtung. Wenn es regnen würde, bauten wir Bananenstauden an. Wenn die Sonne schiene, würde ich Kinderwäsche aufhängen. Wenn ich nicht zu klein wäre, wäre ich Polizist. Wenn ich es wüßte, würde ich nicht fragen.

b. Angekuwa na fedha nyingi, angeoa mara ya pili. Angepewa fedha nyingi, angejinunulia nyumba. Angejifunza Kidachi kwa bidii, angesema vizuri zaidi. Ningekuwa na nafasi nyingi (wakati mwingi), ningekuamkia mara nyingi. Kusingekuwa mbali sana, tungekwenda huko kwa miguu. Mtoto angekuwa mkubwa angenisaidia kujenga. Ningemjua vizuri, ningemsaidia. Mtu angekuwa na mguu mmoja tu, angesimama kama uyoga. Ungekuwa na nafasi, ungejifunza Kiswahili pia. Mama asingeangalia, vitoto vingekula kila kitu. Ungekuwa tajiri, ungenunua nini? Wanyama wangekuwa watambuzi kama watu, wanadamu wangekuwa wamekwisha angamizwa.

c. Marudio

BIASHARA YA UTUMWA: Columbus aliivumbua Amerika mwaka wa 1492. Baada ya miaka michache watu walihitajiwa huko kwa kazi mashambani. Ndipo Wazungu wengi walikwenda Afrika ya Magharibi watafute watumwa. Wenyeji wenye nguvu waliwashambulia wenzao, wakawakamata ili kuwauza kwa Wareno, Wahispania na Waingereza. Ilikuwa biashara mbaya sana.

Wazungu wa kwanza hawakupenya ndani ya Afrika; walijua pwani tu kwa sababu waliwaogopa wenyeji. Kwa sababu ya maboromoko ya maji, hawakuweza kuzipitisha merikebu zao mitoni. Hawakuweza kusafiri kwa farasi kwa hoja ya mbung'o, maana farasi waliumwa nao wakafa. Zaidi ya yote, walihofia homa. Karibu wote waliothubutu kusakini katika pande hizo za joto walikufa kwa homa.

ZOEZI LA ISHIRINI NA MOJA
a. Wenn der Polizist uns gesehen hätte, hätte er uns bestraft. Wenn wir ihn beschimpft hätten, wären wir von ihm angeklagt worden. Wenn du schneller gekommen wärest, wäre mein Kind nicht gestorben. Wenn sie nicht faul gewesen wären, hätten sie die Prüfung bestanden. Wenn mein Diener gut gearbeitet hätte, hätte ich seinen Lohn erhöht. Wenn es viel geregnet hätte, wären die Straßen sehr schlammig gewesen. Wenn du mir das Geld gegeben hättest, hätte ich das Essen schon gekauft. Wenn er sorgfältig gewesen wäre, hätte er diese vielen Fehler nicht gemacht. Wir sind noch die gleichen Menschenkinder wie am Anfang. Wenn du früher gekommen wärest, hättest du ihn noch schlafend angetroffen. Die Tür war noch verschlossen. Wenn Frauen Politiker wären, gäbe es vielleicht keine Kriege. Sein Vater verbietet ihm zu heiraten, weil er noch zu unreif ist.

b. Ungaliniuliza ningalikwambia. Ningekuwa na motakaa, ningekwenda nyumbani kila mwaka. Tungalijenga zamani, ingalikuwa rahisi. Hata ungalizipata fedha zilizopotea, hungalinipa. Mnunuzi angaliangalia (angalikuwa mwangalifu), hangalipunjwa. Tungalikuja kwa miguu, tungalilikosa gari la moshi. Alihutubu kama yeye mwenyewe amepata kuwa mbinguni. Ulipokuja tulikuwa tungali kulala (tukilala). Tulipoamka kulikuwa kungali mapema. Ungaliniandikia juma jana (lililopita), ningalikuwa nimekwisha kutumia kitabu hicho.

ZOEZI LA ISHIRINI NA MBILI
a. Nyama imekwisha *tiwa* chumvi? – Alishukuru kwa ku*tiliwa* sukari (katika chai, kahawa, n. k.). Siwezi kuja leo kwa sababu nime*patwa* na homa – Kwa nini huku*patiwa* nafasi katika halmashauri mpya? Mshtaki alitaka ku*lipwa* fedha yake papo hapo – Lakini mshtakiwa hakuwa na cha kulipa mara moja, basi akaomba a*lipiwe* deni lake na mmojawapo nduguze. Nyumba ile ita*uzwa* mwezi ujao – Nikibahatiwa nita*uziwa* saa ya mkono na rafiki yangu wa Kiswisi. Suruali zao zime*shonwa* na nani? – Wame*shonewa* suruali hizo na mama yao. Taa za barabara hazija*washwa* bado maana giza halijaingia – Yambidi ku*washiwa* taa kwa sababu yu mgonjwa. Vyumba vimekwisha *kodishwa*. – Wasafiri wa Kiafrika wame*kodishiwa* vyumba hivyo tangu jana. Chombo cha maua kili*angushwa* na nani hata ki-

kavunjika? – Mwindaji ali*angushiwa* tunda kichwani na nyani. Kugoma kume*komeshwa* kwa masharti gani? – Tuli*komeshewa* mkutano kwa njaa. Sahani zita*oshwa* baadaye – Nadhani watu wengi hawapendi kuona mahali pa ku*oshewa* maiti. Yafaa ku*achwa* ukafanye upendavyo? – Ata*achiwa* mali nyingi na babake. Vitabu vingine vimekwisha *agizwa* kwa simu – Nime*agiziwa* kamusi ya Kilatini na mwalimu. Taja vitabu vitano vilivyo*andikwa* na William Shakespeare! Wataalamu fulani wanashuku kwamba Shakespeare ali*andikiwa* vitabu hivyo. Mizigo ya wakoloni kama Karl Peters haiku*bebwa* na ngamia bali na wapagazi wa Kiafrika – Karl Peters ali*bebewa* mizigo hiyo kwa rahisi sana. Fedha ime*changwa* kwa ajili ya kujenga hospitali – Hospitali hiyo ime*changiwa* na tajiri kwa maskini. Milango yote ingali ku*fungwa* – Watoto wali*fungiwa* nyumbani wasije wakaenda barabarani wakakanyagwa kwa motakaa. Zamani ng'ombe zetu wali*ibwa* na makabila jirani – Wakati huo ku*ibiwa* ng'ombe kulikuwa kawaida. Wanafunzi wote wata*itwa* ili wapashwe habari – Mwalimu mkuu ame*itiwa* wanafunzi hao na mdogo wake maana yeye mwenyewe hawezi makamasi. Mji wa Nairobi ume*jengwa* kisasa – Angeoa ange*jengewa* nyumba kubwa kuliko hii. Nyuma ya kitabu hiki, maneno yame*pangwa* kwa alfabeti – Maneno hayo yame*pangiwa* wasomaji wa kitabu hiki.

b. Ukini*tobolea* kibao hiki, nitakupa senti kumi ukajinunulie sigareti. Asipokuwako nitamw*amria* watoto kuendelea na kazi mpaka atakaporudi. Tafadhali tu*rudie* sura ya nne! Ukilala mwizi ataku*twalia* sanduku lako. Ninam*somea* babu yangu barua maana hajui kusoma; alizaliwa kabla wamisioni kufika nchi hii. Utam*nunulia* nini kipenzi chako kwa sikukuu ya Noeli? Ninamhurumia mtoto huyu kwa sababu ame*tupwa* na wazazi wake. Ukitambua maana ya kitendawili, nitaku*vulia* kofia. Wawekee chakula watoto ambao hawajarudi bado. Najua huwezi kuni*takia* vingine ila bahati mbaya tu.

ZOEZI LA ISHIRINI NA TATU

pima	pimwa	pimia	pimika
la	liwa	lia	lika
funga	fungwa	fungia	fungika
lipa	lipwa	lipia	lipika
shinda	shindwa	shindia	shindika
panda	pandwa	pandia	pandika
bomoa	bomolewa	bomolea	bomoka

toboa	tobolewa	tobolea	toboka
chagua	chaguliwa	chagulia	chagulika
pita	pitwa	pitia	pitika

Eneo kubwa hali*pimiki* kwa inchi. Kwa watu fulani nyama ya nguruwe hu*lika*, lakini kwa wengine ni mwiko Mlango huu mpya wa*fungika vizuri*. Deni hili lingali ku*lipika* tangu miezi mingi. Alikazana kwa nguvu zake zote ili asi*shindike*. Milima yote duniani yaweza ku*pandika* siku hizi. Nyumba nyingi zili*bomoka* mjini humu katika vita vikuu vya pili. Mtu mwenye akili hatumii chombo kilicho*toboka* kutekea maji. Wataka wote wana*chagulika*, lakini wawili tu miongoni mwao wataweza kuchaguliwa. Barabara hii haiwezi ku*pitika* kwa sababu ingali kujengwa.

ZOEZI LA ISHIRINI NA NNE

eleza, angamiza, angaza, kimbiza, nyamaza, kumbusha, kasirisha, stusha, furahisha, pandisha, ponya, chekesha, bakiza, ondosha, harisha.

Yu mwalimu mtambuzi na mwenye akili lakini hajui ku*eleza*. Mvua ya mawe hu*angamiza* mimea. Dunia hu*angazwa* kwa jua. Mbwa wangu hupenda sana kuwa*kimbiza* sungura. Watoto waliokuwa wanafanya makelele wali*nyamaza* mwalimu aliporudi. Usisahau kuni*kumbusha* kesho kutwa. Hatujui nini kikam*kasirisha* babetu. Mwindaji ali*stushwa* kwa mlio wa simba. Ajua sana jinsi ya kuwa*furahisha* wenzake. Mama anawa*pandisha* watoto juu ya ngamia pia.

ZOEZI LA ISHIRINI NA TANO

achana, agana, arifiana, busiana, fichana, fungana, gongana, husiana, igana, juana, kingana, liana, ngojeana, nusana, shindana, shtakiana, tegemeana, ulizana, vutana, pashana, haribiana, pigana, pakana, ungana mkono.

Wachumba wali*achana* baada ya miaka miwili. Tuli*agana* na wageni wetu bandarini. Tusipo*arifiana* tuta*kosana*. Zamani haikuwa desturi ya Waafrika ku*busiana* hadhara ya watu. Wezi waliku*baliana* ku*fichana*. Walijisingizia wafungwa kwa ku*fungana* mikono. Watu watatu walikufa lori na taksi zilipo*gongana*. Wapelelezi walishtakiwa kwa ajili ya mambo yasiyo*husiana* kamwe. Wanyama wote hawawezi ku*igana* maana umbo la miili yao laha*titlafiana*. Watu wanao*juana* husa*limiana* wa*kutanapo*.

ZOEZI LA ISHIRINI NA SITA

banua, bandua, changua, fichua, fukua, fumua, fumbua, funua, gandua, jengua, kandua, kunjua, logoa, pambua, pangua, simua, sukua, tandua, rembua, umbua, ungua.

Huwezi kukata kwa mkasi bila kuu*banua*. Watu wahalifu hu*bandua* tikiti za posta kwa mvuke. Nani akakufunza jinsi ya ku*changua* kuku? Tulijitahidi sana ili maadui wasije wakatu*fichua*. Wanyama gani hu*fukua* maiti? Anai*fumua* sweta kwa sababu alikuwa ameianza vibaya. Daktari alitetemeka alipoona ya kuwa mgonjwa ha*fumbui* macho tena. Polisi walii*funua* chupa kwa sababu waliishuku kuwa na mvinyo. Tulijaribu kui*gandua* gundi kwa maji ya moto, lakini wapi. Nani aweza kuthubutu kuona alichojenga kiki*jenguliwa*, kikaharibika naye asiseme neno?

ZOEZI LA ISHIRINI NA SABA

mpiga kura	r	Wähler	msomaji	r Leser
msomeshaji, msomeshi	r	Tutor, Lehrer	msikilizaji	r Zuhörer
msaidizi	r	Helfer	mpagazi	r (Gepäck)träger
mwua	r	Totschläger	mwuaji	r Mörder
mwimbaji	r	Sänger	mshindani	r Mitbewerber
mheshimiwa	r	Ehrenwerte	mume	r Ehemann
mvivu	r	Faulenzer	Mturki	r Türke, e Türkin
Mfini	r	Finne	msafiri	r Reisende

ZOEZI LA ISHIRINI NA NANE

a. mwandamo, mwanguko, mchoro, mfugo, mfungo, mguso, mwigo, mkato, mkazo, mkojo, mkopo, mkoromo, mlio, ngurumo, mpango, msaada, msamaha, mshono, mstuko, mtelemko, mtumo, mzunguko.

b. kicheko, kichinjo, chelezo, kifaa, kifo, kificho, kifuniko, kijio, kikao, kikohozi, kikomo, kilio, kipaji, kipimo, kitendo, kituo, kiungo, kivuko, kizazi, kizibo.

c. uaguzi, ubuni(ji), uchukuzi, udhalimu, uenezi, uhalifu, wizi, ujenzi, ukingo, ulevi, ununuzi, wokovu, ujanja, upishi, wingi, usitawi, utajiri, utaifa, uhuru, umoja, ukaidi, utembezi, uvumbuzi, uwanasheria.

ZOEZI LA ISHIRINI NA TISA

Mtaka yote hukosa yote: Inasemekana ya kuwa fisi akiwawinda wanyama wawili, mmojawapo akaenda kulia na mwingine kushoto penye njia panda, fisi hupumbaa. Hujaribu kuwakamata wote wawili kwa kuuelekeza mguu wa kulia kumfuata mnyama aliyekwenda kulia na mguu wa kushoto huyo aliyeifuata njia ya kushoto. Kwa kufanya hivi fisi hupasuka msamba (entzwei) akawakosa wote wawili. Kwa hiyo, binadamu hawezi kuzitimiza shabaha zake zote mara moja.

Mwana wa simba ni simba: Mtoto wa simba hafanani na mtoto wa mbuzi. Ukipanda mbegu za muhindi huwezi kutumaini kwamba ngano itaota. Tabia za wazazi hurithiwa na wana wao; wazazi wakiwa wezi, hakuna budi watoto wawe wezi pia.

Mla mbuzi hulipa ng'ombe: Mtu angeiba mbuzi akalipa mbuzi, watu wengi wangezidi kuiba wakijua kwamba hawatatozwa faini itakayoizidi thamani ya kitu hicho walichoiba. Kwa hiyo, babu wa Kiafrika walikuwa na busara kwa kuwatoza faini kubwa zaidi watu wahalifu hao. Basi, ukiiba kitu, majuto na adhabu utakayopata yatazidi thamani ya kitu hicho.

Kupotea njia ndiko kujua njia: Ukipotea njia, bila shaka, utajitahidi kuijua utakaporudi mara nyingine. Kujionea mambo mwenyewe kwashinda kusimuliwa tu.

Kwenda mbio si kufika: Twajua ya kuwa wapiga mbio za yadi mia moja huanza na kumaliza kwa mwendo mwepesi. Lakini wakikimbia maili moja hawawezi kuanza na kumaliza kwa mwendo uo huo. Washindani wema hawakati tamaa wanapoona wenzao wanatangulia mwanzoni kwa sababu wanajua ya kuwa maili moja ni ndefu, na wakianza kwa namna hii hawakosi kuchoka na kuendesha gari kwa mwendo mwepesi sana ni kujitia hatarini tu, maana motakaa inaweza kupinduka.

Kumpa mwenzio si kutupa, ni akiba ya mbeleni: Mwenzio akiwa na shida ukamsaidia, hatausahau msaada wako. Siku moja nawe huenda ukapatwa na mashaka pia mwenzio akakusaidia. Kuweka fedha akiba kwenye banki zitakuletea faida na juu ya hayo, ukizihitaji baadaye utajua kwamba hukuzitupa. Basi, kumpa mwenzio si kutupa; baadaye aweza kukupa msaada utakaozidi wako mara nyingi.

Kikulacho kiko nguoni mwako: Methali hii yawahusa chawa ambao waweza kukuuma tu wakiwa nguoni au nyweleni mwako. Mtu anayejua mambo mengi juu yako au siri zako huwa karibu nawe.

Mla cha mwenziwe na chake huliwa: Ukimtendea mwenzio mabaya naye atakutendea mabaya vile vile. Hata asipokutendea mabaya watu wengine watajua ya kuwa umemtendea mwenzio mabaya, kwa hiyo, watajaribu kulipiza kisasi.

Mwenye kisu kikali ndiye atakayekula nyama: Mtu aliyejitayarisha kabisa ndiye anayefaidi sana, kwa mfano, mwenye fedha nyingi ndiye anayefaidi kwenye mnada; watu wakitaka kupewa kinywaji kadiri ya bilauri, mwenye bilauri kubwa zaidi ndiye atakayepata kinywaji kingi zaidi pia.

Penye kuku wengi hapamwagwi mtama: Labda methali hii yaweza kuelezwa kwa mfano mwingine unaotokana na binadamu. Ukijua ya kuwa wageni wako wanaona njaa sana, ukawapa chakula chote ukitumaini ya kuwa watakuachia, bila shaka, utakuwa umekosea maana hawataacha hata kipande kidogo.

Mpanda ovyo hula ovyo: Mtu asiyeijua kuisema lugha yake, hawezi kuiandika vingine. Twajua watu wengi, hasa tabia zao kwa vitendo vyao vya kawaida. Ukosefu wa taratibu katika mambo fulani yalingana na ukosefu katika mambo mengine.

Maji usiyoyafika hujui wingi wake: Huwezi kupima kina cha mto au bahari kwa kuona tu, yaani kuona ni kusadiki. Nani aweza kudhihirisha uzito wa mzigo bila kuuinua mzigo huo?

Zoezi la thelathini

Kaa hili jeusi sana – Wazazi wangu wa*kaa* karibu na Dodoma. *Paka* hufanana na simba au chui. – Wiki ijayo tutai*paka* rangi nyingine motakaa yetu. *Haya* ndiyo masanduku ya mgeni kutoka Amerika – Mtoto ameona *haya* kwa sababu ameanguka chini. Kama hamna maji nyumbani, basi, itawabidi kwenda kuoga *mtoni* – Mto wa manyoya ni mwororo kuliko ule wa pamba. M*taka* yote hukosa yote – Ingefaa kuichoma *taka* hii. *Meza* yangu ina saraka mbili – Ukiona chakula kitamu hukosi ku*meza* mate. Ninasikia watoto waki*lia* – Wenzangu wameni*lia* chakula changu kwa sababu nalichelewa. Afrika ya Mashariki ikifaulu kuunda shirikisho hapatakuwako *mpaka* baina ya Kenya, Uganda na Tanganyika – Mtoto alilia *mpaka* moyo ukamkauka. Mama yumo shambani ana*chuma* matunda – Farasi huvaa viatu vya *chuma*. *Kiboko* ni mnyama mkubwa kama kifaru naye hukaa mtoni au baharini – Zamani watu wahalifu walipigwa (kwa) *kiboko*. Watu hu*vua* nguo kabla ya kulala usingizi – Babangu apenda sana ku*vua* samaki. Wakristo huwa*salia* wafu wao – Nalikula ndizi zilizo*salia*. *Nyanya* zilikuwa ghali sana mwaka jana – *Nyanya* yake ana umri upatao miaka tisini hivi. Mbwa wa polisi alim*uma* mtoro mguuni – Nimenunua *uma* mwingine wa fedha. Una*jua* ni nyumbani gani anamokaa? – *Jua* hucha asubuhi na huchwa jioni. Leo kuna *mwezi* mkubwa – Februari ni *mwezi* mpungufu. *Ziwa* Viktoria lina maji matamu – Mwanamke ana ma*ziwa* mawili. Twawaogopa *nyoka* kwa sababu wana sumu – Kitambaa kikilowa hu*nyoka*. Tu*tashuka* Tabora – Amemnunulia mkewe *shuka* nzuri. Ni haramu ku*ua* – Wanawake wapenda sana ma*ua*. *Tai* ni ndege mkubwa – Yeye huvaa *tai* sikuzote. Ng'ombe wa Kiafrika wana *pembe* ndefu sana – Ulaya ina *pembe* za mwaka nne. Dada yako ameingia chumbani *mle* – Na *mle* upesi tukapate kuwahi. Nimemwona polisi huyu mahali *pengine* – Twapenda kusafiri Jumamosi na *pengi*ne twawaamkia wazazi wetu tukiwa na nafasi.

ZOEZI LA THELATHINI NA MOJA

Bubu aweza kuku*jibu* kwa ishara tu – *Jipu* linamtoka usaha. Kama hujae*lewa* uliza tena – Mwungwana hanywi hata aka*lewa*. Nywele za kipilipili (lockig) zahitaji *kitana* kigumu – *Kitanda* kina miguu (matendegu) minne. Tumekwisha upaka chokaa *ukuta* mmoja – Kila kidole kina *ukucha*. Ni wajibu wa wazazi kuwatia *adabu* wana wao – Inafaa kuwatia *adhabu* watu wahalifu. *Mkewe* amemzalia mvulana – *Wakwewe* hawampendi sana. Nini *thamani* ya pete yako hii? – Maendeleo ya *zamani* zetu yana faida na hasara. Nchi zote zikazane kuimarisha *amani* duniani – Watu wengi wangali kuteswa kwa ajili ya *imani* yao. Serikali ingali kuchungua *asili* ya maasi ya wiki jana – *Asali* ni tamu kama sukari.

ZOEZI LA THELATHINI NA MBILI

-refu, msichana, adui, kuja, mchana, nyanya, -vivu, kukumbuka, kutokuwa, nyuma, -embamba, sema uwongo, -changa, juu ya, funika, joto, wahi, fungua, ubutu, fumba macho, (ki)fudifudi, peleka, kabla ya, -chafu, -zima, juzi, zima, inuka, haramu, kutofika, kutua (kushusha) bendera, kukonda, maskini, huzani, mdaiwa, kupewa.

ZOEZI LA THELATHINI NA TATU

nena, tazama, skuli(chuo), -ingi, tokea, kabla ya (hadhara ya), funza, barua, jela (kifungo), gundua, kimbia, tabibu, shika, fanya safari, mkono wa kuume, kuhakikisha, pokea, uki, merikebu, munyu, kusafisha, tembelea, tembo, barabara.

ZOEZI LA THELATHINI NA NNE

pika chakula; mpanda farasi; habari gani; kwa heri; tandika kitanda; usiku kucha; mchana kuchwa; mahali pangu; unga mkono; nawa mikono; mwenda pekee; sisi sote; ota ndoto; kuvua samaki; mwezi ujao.

ZOEZI LA THELATHINI NA TANO

Mtu anayelala usingizi hawezi kuongea nawe. Ulitaka kusema, »Aliniambia kwamba *anakwenda* kulala usingizi«. – Umechanganya nyakati! Sahihi: Mwalimu *amesimama* mbele yetu tangu saa nzima. – Mwanadamu haendi kwa mguu, bali kwa m*i*guu (kwa mguu ni Kidachi!). – Hakuna »ku« baada ya »kwisha«, bali baada ya »pata«. Sahihi: Watoto wamekwisha maliza ku(ki)soma kitabu hiki. – Katika kusalimiana lazima kuwepo watu wawili; kila mmojawapo ana mkono, kwa hiyo »Twapeana m*i*kono tunaposalimiana«. – Tusizichanganye nyakati! Sahihi: Wanadamu *hu*sema lugha fulani. – Kuku hazai bali *hutaga* mayai. – Namba -moja, -wili, -tatu, -nne, -tano na -nane lazima zibadilishwe ili kulingana na majina, kwa hiyo, mwalimu amenunua vitabu ishirini na *ki*moja. – Nairobi ni mahali pakubwa, basi, lazima tuseme: Babangu amesafiri Nairobi ili kununua motakaa *huko*. – Inaibidi sentensi hii ianzwe vingine: Kama ningekuwa na fedha, ningenunua motakaa pia. – Mtoto huyo aliyatumia meno yake kama chombo cha kukuumia, kwa hiyo, tutumie »kwa« badala ya »na«, yaani: Mtoto aliniuma *kwa* meno. – Kundi ni jina la maarifa, kwa hiyo, haliwezi kuchungua. Sahihi: Kundi la wataalamu *wa*lichungua jambo hili kwa uangalifu. – Baada ya »pata« lazima kuwe na »ku« mwanzoni pa kiarifa kifuatacho. Basi, hatujapata *ku*iona nyumba yake mpya.

ZUSAMMENFASSUNG DER PRÄ-, INTER- UND SUFFIXE

Man merke:
1. Die in den Tabellen I und II zusammengestellten Silben sind **nicht** in dieser Zusammenfassung enthalten.
2. Wenn eine Silbe für alle Klassen gilt, wurde sie nur in einem Beispiel einer der Klassen gegeben.
3. Man soll die Tabellen I und II und diese Zusammenfassung ständig nachschlagen, bis man die Silben vollständig beherrscht.

Silbe	Beispiel
-cho, -cho-	ana**cho**taka, ataka**cho** **was** er will
ha-	**ha**ko er ist nicht da
	hana er hat kein, nicht
	hachezi er spielt nicht
hu-	paka **hu**la panya Katzen fressen Mäuse
	mimi **hu**lala sana ich pflege viel zu schlafen
-ja-	hawa**ja**cheza sie haben **noch nicht** gespielt
-je	Kiarabu huandikwa**je**? **Wie** wird das Arabische geschrieben?
ka-, -ka-	Tulirudi nyumbani tu**ka**wakuta wageni wengi. Wir kehrten nach Hause zurück **und** trafen viele Gäste.
-kapo-	nita**kapo**nunua motakaa **wenn** ich ein Auto kaufen werde
ki-	-dogo klein **ki**dogo ein wenig
-ki-	a**ki**amka **wenn** er aufwacht
-ko	kwingine**ko** in **vielen anderen** Richtungen
-ko, -ko-	ana**ko**kwenda, aenda**ko** **wohin** er geht
	ana**ko**toka, ata**ko** **woher** er kommt
ku-, kw-	soma ließ! **ku**soma lesen
-ku-	hawa**ku**cheza sie spielten **nicht**
	enda gehen
-li-	wa**li**cheza sie spielten
-li + Relativsilbe	wa**li**o wagonjwa **diejenigen, welche** krank sind
	viti vi**li**vyovunjika die Stühle, **welche** zerbrochen sind
-lo, -lo-	tuli**lo**sema **was** wir sagten

	tuonalo was wir meinen
-me-	wamecheza sie haben gespielt
-mo	chumbani mwinginemo in einem anderen Zimmer
	vyumbani mwinginemo in vielen anderen Zimmern
-mo, -mo-	mjini nikaamo die Stadt, in der ich wohne
	mijini tunamokaa die Städte, in denen wir wohnen
-na-	wanacheza sie spielen (gerade)
-ngali-	ningalimpiga wenn ich ihn geschlagen hätte
-nge-	ningepiga ich würde schlagen; ich schlüge
-ni	jiko, ma- r Feuerplatz
	jikoni in der, in die Küche; e Küche
	Nipe! Gib mir! Nipeni! Gibt mir!
-o	watu wengineo viele andere Leute
-o	wawao wote wer sie alle sein mögen
-po, -po-	tunapokwenda mjini (jedesmal), wenn wir in die Stadt gehen
	turudipo nyumbani jedesmal, wenn wir nach Haus zurückkehren
-po	mahali penginepo viele andere Stellen, an ...
-po, -po-	mahali tunapojenga der Platz, an dem wir bauen
si-	sichezi ich spiele nicht
-sije	Jihadhari usije ukajiumiza! Paß auf, damit du dich nicht verletzt!
-sipo	wasipocheza wenn sie nicht spielen
-ta-	watacheza sie werden spielen
-to-	kusoma das Lesen kutosoma das Nicht-Lesen
	kuwa sein kutokuwa das Nicht-Sein
vi-	-gumu hart vigumu schwierig
-vyo	vitu vinginevyo viele andere Dinge
-vyo, -vyo-	wanavyocheza, wachezavyo wie sie spielen
-wapo	kimojawapo cha vitabu eines der Bücher
wo	watoto wo wote irgendwelche Kinder
ye	mtote ye yote irgendein Kind
-ye	awaye yote wer es sein mag
-yo	mifuko mingineyo viele andere Taschen
-yo, -yo-	tuliyoyasema, was wir sagten (Ma-Klasse, pl.)
-zo	njia nyinginezo viele andere Methoden

WORTSCHATZ

Suaheli – Deutsch
Kiswahili – Kijeremani

acha, ku	lassen, aus-, aufgeben, -hören	
adabu, n-	r Anstand, e Höflichkeit	
adhabu, n-	e Strafe	
adhibu, ku	bestrafen	
adui, n-, ma-	r Feind	
afisi, n-	s Büro	
Afrika, n-	s Afrika	
afya, n-	e Gesundheit; Prosit!	
aga, ku	s. verabschieden	
agiza, ku	bestellen	
agua, ku	prophezeien	
aibu, n-	e Scham, Schande	
ajabu, n	s Wunder	
-ake	sein, ihr	
akiba, n-	r Vorrat	
akili, n-	r Verstand	
-ako	dein	
alama, n-	s Zeichen, e Marke	
alasiri, n-	r Nachmittag, nachmittag	
alfabeti, n-	s Alphabet	
alika, ku	einladen	
ama	oder	
amani, n-	r Friede	
ambia, ku	zu jdm. sagen, Bescheid geben	
ambiwa	erfahren	
amini, ku	glauben	
amka, ku	aufwachen, aufstehen	
amkia, ku	jdn. besuchen	
amri, n-	r Befehl, s Gebot	
amsha, ku	(auf)wecken	
amuru, ku	befehlen, bevollmächtigen hat [gen	
ana		
andama, ku	nachfolgen, nachgehen	
andika, ku	schreiben	
andikia, ku	an, für jdn. schreiben	
angaa, ku	scheinen, hell sein	
-angalifu	sorgfältig, aufmerksam	
angamia, ku	umkommen, verunglücken, vernichtet sein	
angamiza, ku	vernichten	
angaza, ku	beleuchten, erleuchten	
-angu	mein	
anguka, ku	fallen, hinfallen	
angusha, ku	fallen lassen, fällen	
anika, ku	zum trocknen aufhängen	
anza, ku	beginnen, anfangen	
anzisha, ku	gründen	
-ao	ihr (3. Person, Mehrzahl	
arifu, ku	mitteilen, Bescheid geben, informieren	
arobaini	vierzig	
asali, n-	r Honig	
asili, n-	r Ursprung; echt	
askari, n-	r Soldat	
askofu, ma-	r Bischof	
asubuhi, n-	r Morgen; morgens	
au	oder	
baada ya	nach	
baadaye	später	
baba	r Vater	
babu	r Großvater, r Ahn	
badili, ku	ändern, wechseln	
badilisha, ku	um-, aus-, vertauschen	
bado	noch (nicht)	
bahari, n-	s Meer, r Ozean, e See	
bahati, n-	s Glück	
bahati nasibu	s Lotto	
bahatiwa	Glück haben	
baina ya	zwischen	
baisikeli, n-	s Fahrrad	
baki, ku	zurück-, übrigbleiben	
bakiza, ku	zurück-, übriglassen	
bali	sondern	
bana, ku	zwicken	
bandari, n-	r Hafen	
bandika, ku	anheften	
bandua, ku-	abreißen, abheften	
banki, n-	e Bank, e Sparkasse	
banua, ku	loslassen	
bao, ma-	s Spielbrett	

barabara, n-barabara	e Straße ordentlich, ordnungsgemäß, richtig, genau	chambua, ku chandalua, vy--changa	kritisieren s Moskitonetz jung
baridi, n-	e Kälte	changa, ku	spenden
barua, n-	r Brief	changanya, ku	mischen, vermischen, verwirren
basi	also		
bawa, ma-	r Flügel	changua, ku	zerlegen, zergliedern
-baya	schlecht, schlimm, böse	chawa, n-	e Laus
beba, ku	tragen	cheka, ku	lachen
behewa, ma-	s Abteil	chekesha, ku	amüsieren
bembeleza, ku	gut zureden, überreden	chelewa, ku	sich verspäten, zu spät kommen
bendera, n-	e Fahne, Flagge		
biashara, n-	s Geschäft, r Handel	chemsha, ku	aufwärmen
bibi, ma-	e Frau, Großmutter	cheza, ku	spielen
-bichi	roh, unreif	chini	herunter, unten
bidi, ku	notwendig sein	chini ya	unter
bidii, n-	e Anstrengung	chinja, ku	schlachten
bila	ohne	choka, ku	müde werden, sein
bilauri, n-	s Glas	chokaa, n-	r Leim, r Kalk
binadamu	r Mensch	choma, ku	stechen, brennen, ver-,
binti, ma-	e Tochter, s Fräulein	chombo, vy-	s Werkzeug, Gefäß
bomba, ma-	e Pumpe	chora, ku	zeichnen, gravieren, krit
bomoa, ku	niederreißen (Haus, Wand, usw.)	chota maji choyo, ki-	Wasser schöpfen r Neid, Geiz
boromoko, ma-	r Fall (Wasser)	chozi, ma-	e Träne
-bovu	verdorben, verfault	chui, n-	r Leopard
bubu, ma-	r Stumme	chukia, ku	hassen, verabscheuen
bunda, ma-	s Paket	chukua, ku	nehmen, transportieren; dauern
bunduki, n-	s Gewehr		
buni, ku	erfinden, konstruieren, komponieren	chuma, vy- chuma, ku	s Eisen pflücken
bure	umsonst	chumba, vy-	s Zimmer
busara, n-	e Weisheit	chumvi, n-	s Salz
bustani, n-	r Garten (klein)	chunga, ku	weiden; sieben
busu, ku	küssen	chungua, ku	forschen, erforschen
butu	stumpf, plump	chuo, vy-	s Institut, e Schule
bwana, ma-	r Herr	chuo kikuu, vy-	e Universität, Hochschule
bweka, ku	bellen	chupa, n-	e Flasche
cha, ku	aufgehen (Sonne)	chura, vy-	r Frosch
-chache	einige	chwa, ku	untergehen (Sonne)
-chafu	schmutzig	dada, n-	e ältere Schwester
chagua, ku	wählen	dakika, n-	e Minute
chai, n-	r Tee	daktari, na-	r Arzt
chaki, n-	e Kreide	damu, n-	s Blut
chakula, vy-	e Speise, s Essen	danganya, ku	betrügen
chali	auf dem Rücken	darasa, ma-	e Klasse, e Schul-
chama, vy-	r Verein	darubini, n-	s Fernglas

dawa, n-	e	Arznei	faini, n-	e	Geldstrafe
deni, ma-	e	Schuld (Geld)	fanana, ku		ähneln
desturi, n-	e	Sitte, Gewohnheit	fanya, ku		machen, tun
dhani, ku		glauben, vermuten	fanya kazi		arbeiten
dhahiri		klar	fanya kelele		lärmen
dharau, ku		verachten	fanya upesi		sich beeilen
dhihirisha, ku		klarmachen	fanya urafiki		Freundschaft schließen
dhulumu, ku		unterdrücken	fariki, ku		sterben
dirisha, ma-	s	Fenster	farasi, n-	s	Pferd
doa, ma-	r	Fleck	fasiri, ku		übersetzen
-dogo		klein	faulu, ku		gelingen, bestehen, Erfolg haben
duka, ma-	r	Laden			
dumu, ku		dauern, andauern, verharren	Februari, n-	r	Februar
			fedha, n-	s	Geld
dunia, n-	e	Erde, Welt	ficha, ku		verbergen, verstecken
-ekundu		rot	fidi, ku		vergelten
elea, ku		klar sein	fidia, n-	e	Vergeltung
elekeza, ku		richten	fika, ku		ankommen
elewa, ku		verstehen	fikiri, ku		denken, überlegen
eleza, ku		erklären	filimbi, n-	e	Flöte, Pfeife
elfu, ma-		Tausend	fimbo, n-	r	Stock
elimisha, ku		erziehen, bilden	fisi, n-	e	Hyäne
-ema		gut	fitina, n-	e	Intrige, Kabale
-embamba		schmal	fuata, ku		folgen, be-, nach-, ausführen
enda, kw		gehen			
enda kuita		jdn. holen	-fuata-		folgend
eneza, ku		verbreiten	fufua, ku-		auferwecken
endesha, kw		fahren, trans.	fuga, ku		zähmen, züchten
endelea, kw		fortfahren, fortsetzen	fujo, n-	e	Unruhe
enda mbio		eilen	fukia, ku		mit Erde anfüllen
eneo, ma-	e	Fläche	fukua, ku		ausgraben
-enu		euer	fulana, n-	s	Unterhemd
-enye		habend	fulani, n-	r	Soundso
-enye bidii		fleißig	fuma, ku		weben
-enye joto		heiß	fumba, ku		schließen
-enye nguvu		mächtig, kräftig	fumbua, ku		öffnen, enthüllen, offenbaren
-epesi		schnell, leicht			
-erevu		schlau, klug	fumua, ku		ausfasern
-etu		unser	fundisha, ku		lehren, unterrichten
-eupe		weiß	funga, ku		schließen, binden
-eusi		schwarz	fungua, ku		öffnen, aufmachen
ezeka, ku		bedachen	funika, ku		be-, zudecken
fa, ku		sterben	funua, ku		öffnen, aufdecken
faa, ku		taugen, passen, nützen	funza, ku		lehren, unterrichten
fagia, ku		fegen	-fupi		kurz, klein
fahamu, ku		verstehen	furaha, n-	e	Freude
faida, n	r	Gewinn, Vorteil, Zins, Ertrag, Profit	furahi, ku		sich freuen
			furahisha, ku		erfreuen

furushi, ma-	s Paket	hasara, n-	r Verlust, Schaden
ganda, ku	gerinnen	hasira, n-	r Zorn
gandua, ku	ablösen	hata ingawa,	auch wenn
gani?	was für ein? welches?	ikiwa	
gari, ma-	r Wagen, Waggon	hata kidogo	keinesfalls
gari la moshi	r Zug	hatari, n-	e Gefahr
gazeti, ma-	e Zeitung	hati, n-	e Urkunde, s Dokument
-geni	fremd, ausländisch	hatua, n-	r Schritt
gereza, n-	s Gefängnis	hatuna	wir haben nicht, wir ha-
ghali	teuer, kostspielig		ben kein
giza, ma-	s Dunkel, e Finsternis	hawa (wa-)	diese
goma, ku	streiken	hawana	sie haben nicht
gonga, ku	klopfen	haya, n-	e Scham
-gonjwa	krank	haya (ma-, pl.)	diese
goti, ma-	s Knie	hema, n-	s Zelt
gumia, ku	knurren	heri, n-	s Wohl
-gumu	hart, schwierig, schwer	hesabu, n-	e Zahl; rechnen, zählen
gundi, n-	r Klebstoff	heshimu, ku-	ehren, achten
gundua, ku-	entdecken	historia, n-	e Geschichte
gunia, ma-	r Sack	hitaji, ku-	bedürfen, benötigen,
gusa, ku-	berühren		brauchen
habari, n-	e Nachricht	hitilafiana, ku-	s. unterscheiden
hadhara	vor (örtlich)	hodari	tüchtig, fleißig, aktiv
hadi	bis	hofia	Angst haben
haditi, n-	e Geschichte, Erzählung,	hofu, n-	e Angst, Furcht
	s Märchen	homa, n-	s Fieber
hakikisha, ku	überprüfen, s. vergewis-	hospitali, n-	s Krankenhaus
	sern	hukumu, ku-	rechtsprechen, verurtei-
hakuna	es gibt nicht, es gibt kein		len
halafu	nachher, später, danach	huna	du hast kein (nicht)
halali	gesetzlich, erlaubt	huru	emanzipiert, frei
halifu, ku-	widersprechen, rebellie-	hurumia, ku-	bemitleiden
	ren	husu, ku-	betreffen
halisi	echt, wirklich	hutubu	predigen
halmashauri, n-	r Ausschuß, s Komitee	huyu	dieser
hama, ku	um-, aus-, wegziehen	huzuni, n-	e Trauer
hamna	ihr habt nicht, ihr habt	iba, ku (kw)	stehlen
	kein	iga, ku	nachahmen
hana	er hat kein, er hat nicht	ili	so daß, um, damit
handaki, ma-	r Graben	imani, n-	r Glaube, e Treue,
hapa	hier(her)		s Vertrauen
hapana	nein, es gibt nicht	imba, ku	singen
hara, ku	abführen	inama, ku-	s. beugen, bücken
haramu	illegal, verboten	inchi, n-	r Zoll (Maß)
hari, n-	e Hitze	ingawa	obwohl
haribu, ku	zerstören, verderben	-ingi	viel, viele, allerlei
harufu, n-	r Geruch	ingia, ku	eintreten
hasa	besonders	-ingine	andere, -r, -s

ingiza, ku	hineinbringen, einführer
inua, ku-	aufheben
inuka, ku	s. aufrichten, aufrecht-
	stehen, -sitzen
inzi, ma-	e Fliege
isha, kw	zu Ende sein
ishara, n-	s Zeichen, Signal
ishi, ku	leben
ishirini	zwanzig
ita, ku	rufen
itikia, ku	erwidern
ja, ku	kommen, her-
jaji, ma-	r Richter
jambo, ma-	e Angelegenheit, Sache
jana	gestern
jangwa, ma-	e Wüste
-janja	schlau, raffiniert
jaribu, ku	versuchen
jaribio, ma-	r Versuch
jasho, ma-	r Schweiß
jela, n-	s Gefängnis
jemadari, ma-	r General
jenga, ku	bauen, erbauen
jengua	abmontieren
jengwa, ku	gebaut werden
jibu, ma-	(be)antworten; e Ant-
	wort
jicho, ma-	s Auge
jifunza, ku	lernen
jihadhari, ku	aufpassen, vorsichtig
	sein
jikoni, pa-	e Küche
jina, ma-	r Name; s Hauptwort
-jinga	dumm, unerfahren
jino, ma-	r Zahn
jinsi ya kufanya	s Passiv
jioni, n-	r Abend; abends
jipu, ma-	e Eiterbeule
jirani, ma-, n-	r Nachbar
jisingizia	vortäuschen
jitahidi, ku	s. bemühen
jitayarisha	s. vorbereiten
jiwe, ma-	r Stein
jogoo, ma-	r Hahn
joto, ma-	e Hitze
-a joto	heiß
jozi, n-	s Paar
jua, ku	wissen, kennen, können
jua, ma-	e Sonne
julisha, ku	wissen lassen
juma, ma-	e Woche
Jumamosi, n-	r Sonnabend, Samstag
jumba, ma-	r Palast
jumbe, ma-	r Häuptling
juto, ma-	e Reue
juu ya	auf, über
juzi, ma-	vorgestern
kaa, ma-	e Holzkohle
kaa, ku	sitzen, wohnen, leben
kaa kitako	s. setzen
kabati, ma-	r Schrank
kabila, ma-	r Volksstamm
kabisa	ganz, völlig, absolut,
	äußerst
kabla	vor
kadiri, n-	s Maß
kahawa, n-	r Kaffee
-kaidi	ungehorsam
-kali	scharf, wütend, streng
kama	wie, wenn, ob, als
kama nini?	»wie was«?
kamasi, ma-	r Nasenschleim
kamata, ku	festnehmen, ergreifen
kamusi, n-	s Wörterbuch, Lexikon
kamwe	überhaupt nicht, gar
	nicht
kanda, ku	kneten
kandika, ku	verputzen
kanısa, ma-	e Kirche
kanyaga, ku	betreten, treten, über-
	fahren
karibia, ku	s. nähern, heranrücken
karibisha, ku	Willkommen heißen
karibu	ungefähr, fast
karibu na	nah
kasa	weniger als
kasia, ma-	rudern
kasırıka, ku	s. ärgern
kasirisha, ku	ärgern
kata, ku	schneiden
kata tamaa	aufgeben
kataa, ku	s. weigern, ablehnen
kataza, ku	verbieten, abhalten
kati ya	zwischen

207

katika	in	kimbiza, ku	vertreiben, verjagen
kauka, ku	trocken werden (intransitiv)	kimo, vi-	e Größe
		kimya	leise, still, ruhig
kausha, ku	trocknen (transitiv)	kina, vi-	e Tiefe
-kavu	trocken	kinanda, vi-	s Musikinstrument
kaza mwendo	schnell gehen	kinga, ku	abwehren, schützen
kazana, ku-	s. anstrengen	kinywaji, vi-	s Getränk
kazi, n-	e Arbeit	kioo, vi-	s Glas, r Spiegel
kenda	neun	kipande, vi-	s Stück
kengele, n-	e Glocke, Klingel, Schelle	kipanya, vi-	e Maus
kesho	morgen	kipilipili	lockig
kesho kutwa	übermorgen	kipofu, vi-	r Blinde
keti, ku	s. setzen, Platz nehmen	kiri, ku	zugeben gestehen
Kiafrika	s Afrikanische	Kirusi	s Russische
Kiajemi	persisch	kisa, vi-	e Geschichte, Erzählung, Sache, s Märchen
kiangazi, n-	r Sommer		
kiapo, vi-	r Eid	kisasa	modern
Kiarabu	s Arabische	kisasi, vi-	e Rache, Vergeltung
kiarifa, vi-	s Verb, Zeitwort	kisu, vi-	s Messer
kiasi gani?	wieviel?	Kiswahili, ki-kiswisi	s Suaheli schweizerisch
kiatu, vi-	r Schuh		
kiazi, vi-	e Kartoffel	kitabu, vi-	s Buch
kibao, vi-	s Brett	kitako, vi-	s Gesäß
kiboko, vi-	s Flußpferd; e Peitsche	kitambaa, vi-	s Tuch, r Lappen
kichwa, vi-	r Kopf	kitana, vi-	r Kamm
Kidachi	s Deutsche	kitanda, vi-	s Bett
kidole, vi-	r Finger, e Zehe	kitangulia, vi-	e Präposition
Kifaransa	s Französische	kitendawili, vi-	s Rätsel
kifaru, vi-	s Nashorn	kitendo, vi-	e Tat
kifo, vi-	r Tod	kiti, vi-	r Stuhl
kifudifudi	auf dem Gesicht	kitoto, vi-	s Baby
kifungo, vi-	r Knopf, s Gefängnis	kitu, vi-	s Ding, e Sache
kifurushi, vi-	s Päckchen	kiu, ki-	r Durst
Kihindi	s Indische	kiungo, vi	e Konjunktion
Kihispania	s Spanische	kiziwi, vi-	r Taube
Kiitalia	s Italienische	Kizungu	s Europäische
kijana, vi-	r Jugendliche	kodi, n-	r Zoll, e Steuer, Miete
Kijapani	japanisch	kodisha, ku	vermieten
Kijerimani	s Deutsche	kofi, ma-	e Ohrfeige
kijiji, vi-	s Dorf	kofia, n-	e Mütze, r Hut
kikapu, vi-	r Korb	kohoa, ku	husten
kiko, vi-	e Pfeife	kojoa, ku	urinieren
kikombe, vi-	e Tasse	koma, ku	aufhören
kila	jede(r), jedes	komesha, ku	ein Ende machen
kila juma	wöchentlich	komiti	s Komitee
Kilatini	s Lateinische	konda, ku-	abmagern
kimbia, ku	laufen	konde, ma-	e Faust

208

kondoo, n-	s Schaf	-a kwanza	r, e, s erste
kopa, ku	leihen, borgen	kweli	wirklich
koroma, ku	schnarchen	La!	Nein!
korti, ma-	r Gerichtshof	la, ku	essen, fressen
kosa, ku	fehlen, verfehlen, versäu	labda	vielleicht
kosa, ma-	r Fehler, s Vergehen	ladha, n-	r Geschmack
kua, ku	wachsen	lakini	aber
kubali, ku	zustimmen	lala, ku	liegen
-kubwa	groß	lala usingizi	schlafen
kuku, n-	s Huhn	lazima	obliegen, gezwungen sei
kumbuka, ku	s. erinnern	lea, ku	großziehen, er-
kumbusha, ku	jdn. erinnern	leo	heute
kumi	zehn	leta, ku	bringen, herbringen, holen
kuna	es gibt		
kundi, ma-	e Gruppe	lewa, ku	betrunken sein
kunja, ku	falten, wickeln	lia, ku	weinen, schreien, heulen
kunjua, ku	entfalten, abwickeln	lingana, ku	übereinstimmen (intr.)
kura, n-	s Los	lini?	wann?
kushoto	links	lipa, ku	zahlen, bezahlen
kusudia, ku	beabsichtigen	lipiza kisasi	rächen
kuta, ku	begegnen, treffen	lisha, ku	weiden
kutana, ku	s. treffen, s. versammeln, zusammenkommen	loga, ku	bezaubern
		logoa, ku	entzaubern
kutoka	aus, von	lori, n-	r Lastwagen
kutu, n-	r Rost, Schimmel	lowa, ku	naß werden
-kuukuu	alt, abgetragen	lugha, n-	e Sprache
kuume	rechts	m	ihr seid
kwa	bei, aus, durch, für, in, mit, um, von, zu, wegen	maana, n-	e Bedeutung, Wichtigkeit, r Sinn
		(kwa) maana	weil, denn
kwa ajili ya	wegen	maarifa, n-	s Abstraktum
kwa bidii	fleißig	madini, n-	s Metall
Kwa heri!	adieu! Lebe wohl! Auf Wiedersehen!	mafuta, ma- (pl.)	s Öl
kwa hiyo	darum, deshalb, -wegen	magharibi, n-	r Westen; westlich
kwa hoja ya	wegen	mahali, pa-	r Ort, Platz, e Stelle
kwa kawaida	gewöhnlich, normalerweise	maili, n-	e Meile
		maisha, ma- (pl.)	s Leben
kwa mfano	zum Beispiel		
kwa nakidi	bar	maiti, n-	r Leichnam
kwa nini (kwani)?	warum? wozu?	majeruhi, n-	r Verwundete
kwa sababu	weil, denn	maji, ma- (pl.)	s Wasser
kwa sababu gani?	warum? aus welchem Grunde?	makasi, n-	e Schere
		malaika, n-	s Baby
kwa simu	telegraphisch, -phonisch	malaria, n-	e Malaria
kwamba	daß	mali, n-	s Vermögen
kwanza	erst(ens), zuerst	maliza, ku	beenden

mama, n-	e Mutter	meza, n-	r Tisch
mapema	früh(zeitig)	meza, ku	schlucken
mara, n-	s Mal	mfano, mi-	s Beispiel
mara mbili	zweimal	mfanya kazi, wa-	r Arbeiter
mara moja	einmal, sofort, auf einmal	Mfaransa, wa-	r Franzose
		mfu, wa-	r Tote
mara nyingi	oft, öfters	mfuko, mi-	e Tasche
mara tatu	dreimal	mfungwa, wa-	r Gefangene
mara ya pili	zum zweiten Male	mganga, wa-	r Arzt
maradhi, n-	e Krankheit	mgeni, wa-	r Gast, Fremde, Ausländer
mashariki, n-	r Osten, östlich		
mashine, n-	e Maschine	mgomba, mi-	e Bananenstaude
maskini, n-	r Arme, arm	mgongo, mi-	r Rücken
mate, ma- (pl.)	r Speichel	mgonjwa, wa-	r Kranke
matumaini, pl.	e Erwartung	mguu, mi-	r Fuß, s Bein
matunda, ma- (pl.)	s Obst	Mhindi, wa-	r Inder
		Mhispania, wa-	r Spanier
maziwa, ma- (pl.)	e Milch	Mholanzi, wa-	r Holländer, Niederländer
mbali na, ya	weit, fern von	mhunzi, wa-	r Schmied
mbegu, n-	r Same	mia, n-	s Hundert
mbele	vorn, vorwärts	miayo, mi- (pl.)	s Gähnen
mbele ya	vor	milioni, n-	e Millionen
mbili	zwei	mimba, n-	e Schwangerschaft
Mbilikimo, n-	r Pygmäe	mimi	ich
mbio, n-	s Laufen	mimi ni	ich bin
mbiu, n-	s Büffelhorn	miongoni mwa	unter, von
mbizi, n-	r Kopfsprung	mjasusi, wa-	r Detektiv
mboga, n-	s Gemüse	Mjeremani, wa-	r Deutsche
mbu, n-	r Moskito	mji mkuu, mi-	e Großstadt
mbung'o, n-	e Tsetsefliege	mjumbe, wa-	r Botschafter, Gesandte
mbuzi, n-	e Ziege	mkahawa, mi-	s Restaurant
mbwa, n-	r Hund	mkalimani, wa-	r Dolmetscher
mchana	tagsüber	mkasi, mi-	e Schere
mchana kutwa (kuchwa)	den ganzen Tag	mkate, mi-	s Brot
		mkazi, wa-	r Einwohner
mchezo, mi-	s Spiel	mke, wa-	e Ehefrau, Gattin
mchumba, wa-	r Verlobte	mkoloni, wa-	r Kolonialist
mchwa, n-	e Termite	mkono, mi-	e Hand, r Arm
Mdachi, wa-	r Deutsche	mkono wa kulia	rechts
mdai, wa-	r Gläubiger	Mkristo, wa-	r Christ
mdaiwa, wa-	r Schuldner	mkubwa, wa-	r Vorgesetzte
mea, ku	wachsen	mkuki, mi-	r Speer
Mei, n-	r Mai	mkulima, wa-	r Bauer
meli, n-	s Schiff	mkutano, mi-	e Versammlung
merikebu, n-	s Schiff	mkwe, wa-	r Schwager, Schwiegervater, e -mutter
methali, n-	s Sprichwort		

mlango, mi-	e Tür	mtoro, wa-	r Flüchtling, Ausreißer
mlima, mi-	r Berg	mtoto, wa-	s Kind
mlio, mi-	s Geschrei, Gebrüll	mtu, wa-	r Mensch, e Person
mluzi, mi-	s Pfeifen	mtume, mi-	r Apostel
mmea, mi-	e Pflanze	mtumishi, wa-	r Diener
mmisionari,	r Missionar	mtumizi, wa-	r Benutzer, Verbraucher
mna	ihr habt	mtumwa, wa-	r Sklave
mnada, mi-	e Auktion	muda, mi- (sing.)	e Dauer
mnunuzi, wa-	r Kunde, Käufer	muda gani?	wie lange?
mnyama, wa-	s Tier	muhimu	wichtig
-moja	ein	muhindi, mi-	e Maispflanze
moja	eins	muhuri, mi-	s Siegel, r Stempel
moshi, mi-	r Rauch	mume, wa-	r Ehemann, r Gatte
motakaa, n-	s Auto, r Wagen	Mungu, mi-	r Gott
moto, mi-	s Feuer	munyu, mi-	s Salz
moyo, mi-	s Herz	mvinyo, n-	e Spirituosen, r Schnaps
mpagazi, wa-	r Gepäckträger	mvua, n-	r Regen
mpaka, mi-	e Grenze	mvuke, mi-	r Dampf
mpaka	bis	mvulana, wa-	r Knabe
mpelelezi, wa-	r Spion	Mwafrika, wa-	r Afrikaner
mpishi, wa-	r Koch	mwaga, ku-	ausschütten, weggießen
Mreno, wa-	r Portugiese	mwaka, mi-	s Jahr
Mrumi, wa-	r Römer	mwalimu, wa-	r Lehrer
Mrusi, wa-	r Russe	Mwamerika, wa-	r Amerikaner
msaada, mi-	e Hilfe	mwana, wa-	s eigene Kind
msafiri, wa-	r Reisende, Tourist	mwanadamu, wa-	r Mensch
mshahara, mi-	r Lohn		
mshindani, wa-	r Mitbewerber, Konkurrent	mwanafunzi, wa-	r Schüler
mshonaji, wa-	r Schneider	mwanahewa, wa-	r Pilot, Kosmonaut
mshoni, wa-	r Schneider	mwanamke, wa-	e Frau
mshtaki, wa-	r Ankläger	mwanamume, wa-	r Mann
mshtakiwa, wa-	r Angeklagte		
msichana, wa-	s Mädchen	mwanasesere, wa-	e Puppe
msingi, mi-	s Fundament, r Grund		
mstari, mi-	e Linie	mwanasheria, wa-	r Jurist, Anwalt
mswaki, mi-	e Zahnbürste		
mtaalamu, wa-	r Akademiker, Gelehrte	mwanashule, wa-	s Schulkind
mtakatifu, wa-	r Heilige	mwanasiasa, wa-	r Politiker
Mtaliani, wa-	r Italiener	mwandiko, mi-	e Schrift
mtama, mi-	s Sorghum (e Negerhirse)	mwandishi, wa-	r Schreiber
mtambo, mi-	e Sprungfeder	mwandishi wa magazeti	r Journalist
mtambo wa mashine	e Dampfmaschine	mwanzo, mi-	r Anfang
mtego, mi-	e Falle	Mwarabu, wa-	r Araber
mti, mi-	r Baum	Mwasia, wa-	r Asiate
mtihani, mi-	e Prüfung, s Examen	mwavuli, mi-	r Schirm
mto, mi-	r Fluß, Strom	mwenda pekee	r Einzelgänger

mwendo, mi-	e	Geschwindigkeit, Entfernung	ndovu, n-	r	Elefant
mwenyeji, wa-	r	Eingeborene	ndugu, n-	r	Bruder, Verwandte, e Geschwister
mwenzi, wa-	r	Gefährte, Kamerad	ndui, n-	e	Pocken
mweusi, wa-	r	Schwarze	nena, ku		sprechen, reden
mwezi, mi-	r	Mond; Monat	neno, ma-	s	Wort
mwiko, mi-	s	Tabu	nenepa, ku		dick werden
mwili, mi-	r	Körper	ng'aa, ku		leuchten, scheinen
mwindaji, wa-	r	Jäger	ngamia, n-	s	Kamel
Mwingereza, wa-	r	Brite, Engländer	ngano, n-	r	Weizen
mwisho, mi-	s	Ende	-ngapi?		wie viele? wieviel?
Mwislamu, wa-	r	Moslem	nge, n-	r	Skorpion
mwitu, mi-	r	Wald	nginri, n-	s	Wildschwein
mwivi, wa-	r	Dieb	ngojea, ku		warten auf
mwizi, wa-	r	Dieb	ngoma, n-	e	Trommel
mwokozi, wa-	r	Feigling	ng'ombe, n-	s	Rind
mwokozi, wa-	r	Retter, Erlöser	ngozi, n-	e	Haut, s Fell, Leder
mwongo, wa-	r	Lügner	ngumi, n-	e	Faust
mwuguzi, wa-	r	Krankenpfleger, e -schwester	nguo, n-	s	Kleid
			nguruma, ku		donnern, brüllen
mwungwana, wa-	r	»Gentlemann«	nguruwe, n-	s	Schwein
mzaha- mi- (sing.)	r	Scherz	nguvu, n- (pl.)	e	Kraft
			ni		ich bin, ist, sind
mzazi, wa-	r	Erzeuger	nina		ich habe
mzigo, mi-	e	Last, s Gepäck	nini?		was?
Mzungu, wa-	r	Europäer	ninyi		ihr
na		und, mit, von	ninyi ni		ihr seid
Naam		Ja	njaa, n-	r	Hunger
nadhiri, n-	s	Gelübde	nje		draußen
nafaka, n-	s	Korn, Getreide	njia, n-	r	Weg, e Methode
nafasi, n-	e	Gelegenheit, Zeit, Lücke	njia panda	e	Kreuzung
na kadhalika		und so weiter	njiwa, n-	e	Taube
namba, n-	e	Nummer	-nne		vier
namna, n-	e	Art, Sorte, Weise	nukia, ku		duften
namna gani?		wie? auf welche Weise?	nunua, ku		kaufen, einkaufen
nanasi, ma-	e	Ananas	nuru, n-	s	Licht, e Helligkeit
-nane		acht	nusa, ku		beriechen, schnuppern
nanga, n-	r	Anker	nusu, n-	e	Hälfte
nani?		wer?	nya, ku		herunterfallen (Flüssigkeit)
-a nani?		wessen?			
nawa, ku		sich waschen	nyama, n-	s	Fleisch
nchi, n-	s	Land, e Erde	nyamaa, ku		schweigen
ndani (ya)		in, innen, darin	nyamaza, ku		schweigen
ndege, n-	r	Vogel	nyani, n-	r	Affe
ndiyo		ja	nyanya, n-	e	Tomate
ndizi, n-	e	Banane	nyanya, n-	e	Großmutter
ndoto, n- (pl.)	e	Träume	nyati, n-	r	Büffel

nyesha, ku		regnen	pandisha, ku		erhöhen, hinaufhelfen
nyoka, n-	e	Schlange	panga, ku		ordnen
nyoka, ku		ausgestreckt sein; aufrichtig sein	panya, n-	e	Ratte
			pasha habari		benachrichtigen
nyuma		hinten, rückwärts	pasi, n-	s	Bügeleisen
nyumba, n-	s	Haus	pasua, ku		spalten
nyumba ya posta	s	Postamt	pasuka, ku		sich spalten
nyumbani, pa-	s	zu Hause	pasuka msamba		entzweispalten
nywa, ku		trinken	pata, ku		finden
nzige, n-	e	Heuschrecke	pata habari, kujua		erfahren
oa, ku		eine Frau heiraten			
ofisi, n-	s	Büro	pata shida, taabu		Schwierigkeiten haben
oga, ku		baden	pekee		allein, einzel
ogopa, ku		fürchten	pekee yake		allein
okoa, ku		erlösen, retten	peleka, ku		schicken, befördern
omba, ku		beten, betteln, bitten	pembe, n-	s	Horn, r Winkel, e Ecke
ona, ku		sehen, finden			
ona haya		sich schämen	pembe za mwaka	e	Jahreszeiten
ona njaa		hungern, Hunger haben	penda, ku		lieben, mögen, gern haben
ona shida		Schwierigkeiten haben			
ona taabu		Schwierigkeiten haben	pendelea, ku		begünstigen, bevorzugen
ondoa, ku		wegnehmen, abräumen			
ondoka, ku		abfahren	pendeza, ku		gefallen, erfreuen
ondosha, ku		wegschaffen, entlassen	pengine		anderswo, manchmal, woanders
onekana, ku		scheinen			
ongea, ku		sich unterhalten	penya, ku		eindringen
ongeza, ku		erhöhen	pesa, n-, mapewa, ku	s	Geld
ongoza, ku		führen			bekommen
onya, ku		warnen	-pi?		welcher, welche, welches?
onyesha, ku		zeigen			
-ororo		weich, zart	pia		auch, ebenfalls
osha, ku		waschen, abwaschen, abspülen	picha, n-	s	Foto
			piga, ku		schlagen
ota, ku		keimen, wachsen	piga marufuku		verbieten
ota jua		sich sonnen	piga mbio		laufen
ota ndoto		träumen	piga pasi		bügeln
-ote		alle	piga tarumbeta		trompeten; Trompete blasen
ovyo (ovyo)		aufs Geratewohl			
pa, ku		geben	pigana, ku		kämpfen
paa, n-	e	Gazelle	pika, ku-		kochen
paka, n-	e	Katze	-pili		zweitens
paka, ku		anstreichen	pima, ku		messen, wägen
pamba, ku		schmücken	pindua, ku		umdrehen, umkippen
pamoja		zusammen	pingu, n-	e	Fessel
pamoja na		zusammen mit	pisha, ku		Platz machen, vorbeigehen lassen
-pana		breit			
panda, ku		säen, pflanzen, anbauen	pita, ku		vorbeigehen

-pofu		blind	safi		sauber, rein
pokea, ku		empfangen, erhalten	safiri, ku		reisen, verreisen
polepole		langsam, leise	safisha, ku		säubern, waschen, reinigen, putzen
polisi, n-	e	Polizei			
polisi, ma-	r	Polizist	sahani, n-	r	Teller
pona, ku		gesunden	sahau, ku		vergessen
ponya, ku		heilen, retten	sahihi, n-	e	Unterschrift
po pote		überall	sahihi		korrekt, richtig
posta, n-	e	Post	sahihisha, ku		korrigieren
potea, ku		verloren gehen	saidia, ku		helfen
poteza, ku		verlieren	sakini, ku		s. niederlassen
pua, n-	e	Nase	salama		wohlbehalten
pumbaa, ku		verblüfft sein	salia, ku		übrigbleiben
pumzi, n-	r	Atem	salimu, ku		grüßen, begrüßen
punda, n-	r	Esel	samaki, n-	r	Fisch
-pungufu		mangelhaft, knapp	samehe, ku		verzeihen
punja, ku		betrügen	sana		sehr
pwani, n-	e	Küste	sanduku, ma-	r	Koffer
-pya		neu	saraka, n-	e	Schublade
rafiki, n-, ma-	r	Freund	sauti, n-	e	Stimme
rahisi		billig	sawa na		gleich wie
randa, n-	r	Hobel	sema, ku		sprechen, sagen, reden
rangi, n-	e	Farbe	sema kweli	e	Wahrheit sagen
-refu		lang, groß	sema uwongo		lügen
remba, ku		verschönen	sentensi, n-	r	Satz
rembua, ku		entstellen	senti, n-	s	Cent (Münze)
ripoti, n-	r	Bericht	shabaha, n-	s	Ziel
risasi, n-	s	Geschoß, e Kugel	shairi, ma-	s	Gedicht
rithi, ku		erben	shaka, ma-	r	Zweifel
robo, n-	s	Viertel	shamba, ma-	r	Garten, e Plantage
roho, n-	s	Leben, e Seele	shambulia, ku		überfallen
rudi, ku		zurückkehren, -kommen, -gehen	sharti, ma-	e	Bedingung
			shati, ma-	s	Hemd
rudia, ku		wiederholen	shauri, ma-	r	Rat, e Sache
rudio, ma-	e	Wiederholung	sheria, n-	s	Gesetz
rudisha, ku		zurückbringen	shida, n-	e	Schwierigkeit
rufuku, ku		verbieten	shika, ku		fangen
ruhusa, n-	e	Erlaubnis	shika safari		s. auf die Reise machen
ruhusu, ku		beurlauben, erlauben	shinda, ku		siegen, besiegen
ruka, ku		springen, fliegen	shirikisho, ma-	r	Bund, e Föderation
saa, n-	e	Stunde, Uhr	shona, ku		nähen, schneidern
saa ya mkono	e	Armbanduhr	shoti, n-	r	Galopp
saba		sieben	shtaki, ku		anklagen, beschuldigen, anzeigen
sababu, n-	r	Grund, e Ursache			
sabuni, n-	e	Seife	shuka, n-	s	Lendentuch
sadiki, ku		glauben	shuka, ku		absteigen, aussteigen
safari, n-	e	Reise	shuku, ku		verdächtigen

shukuru, ku	danken	sura, n-	s Kapitel
shule, n-	e Schule	suruali, n-	e Hose
shusha, ku	herunterbringen, -lassen	swali, ma-	e Frage
si	ich bin nicht; ist, sind nicht	sweta, n-	r Pullover
		taa, n-	e Lampe
siasa, n-	e Politik	taabu, n-	s Elend
sifu, ku	loben	tabia, n-	e Disposition, r Charakter
sigareti, n-	e Zigarette		
-sije...	sonst	tabibu, ma-	r Arzt
sikia, ku	hören	Tafadhali!	Entschuldige!
sikia njaa	hungern, Hunger haben	tafsiri, ku	dolmetschen, übersetzen
sikio, ma-	s Ohr	tafuta, ku	suchen, aufsuchen
siku, n-	r Tag	taga, ku	ein Ei legen
siku hizi	heutzutage	tai, n-	r Adler
Sikukuu ya Noeli	s Weihnachtsfest	tai, n-	e Krawatte
sikuzote	immer, stets	taifa, ma-	e Nation
silabi, n-	e Silbe	taja, ku	erwähnen, nennen
silaha, n-	e Waffe	tajiri, ma-	r Reiche, reich
simama, ku	stehen, aufstehen	taka, ku	wollen, wünschen
simba, n-	r Löwe	taka(taka), n-	r Unrat, Schutt
simu, n-	r Telegraph, s Telegramm	-takatifu	heilig
simulia, ku	erzählen	takia, ku	jdm. etw. wünschen
simulizi, ma- (pl.)	e Erzählung	taksi, n-	s Taxi
sina	ich habe nicht, kein	tamaa, n-	e Begierde, Lust
sindano, n-	e Nadel	tamani, ku	begehren
sinema, n-	s Kino	tambua, ku	erkennen
siri, n-	s Geheimnis	-tambuzi	intelligent
sisi	wir	-tamu	süß
sisi, ni	wir sind	tandika, ku	decken, bedecken; satteln
sisi si	wir sind nicht, kein		
sisi sote	wir alle	tanga, ma-	s Segel
sista, ma-	e Ordensschwester, Krankenschwester	tangu	seit (dem)
		tangu lini?	seit wann?
sita	sechs	tangulia, ku	vorangehen
sitawi, ku	blühen, gedeihen	-tano	fünf
sitini	sechzig	taratibu, n-	s System, e Ordnung
skuli, n-	e Schule	tarehe, n-	s Datum
soko, ma-	r Markt	tarumbeta, n-	e Trompete
soma, ku	lesen	tata, ma- (pl.)	s Gewirr, e Schwierigkeit
somo, ma-	e Lektion, r Unterricht	-tatu	drei
stesheni, n-	r Bahnhof	tayari	bereit, fertig
stuka, ku	erschrecken (intr.)	tegemea, ku	abhängig sein von
stusha, ku	erschrecken (tr.)	teka, ku	schöpfen
suka, ku	flechten	teka kuni	Brennholz holen
sukari, n-	r Zucker	teka maji	Wasser schöpfen
sumu, n-	s Gift	teke, ma-	r Fußtritt
sungura, n-	r Hase	telemka, ku	hinunter-, hinabgehen

teleza, ku	rutschen, ausrutschen	tumbako, n-	r Tabak
tembea, ku	spazierengehen	tumia, ku	gebrauchen, benutzen, verwenden
tembelea, ku	besuchen, bereisen		
tembeza, ku	werben	tumika, ku	dienen
tembo, n-	r Elefant	tuna	wir haben
tembo, n-	r Palmwein	tunda, ma-	e Frucht, s Obst
tena	wieder, auch, nochmals	tunga, ku	bilden, zusammenstellen
tenda, ku	tun	tunzo, n-	s Stipendium
tendea, ku	antun	tupa, n-	e Feile
tendegu, ma-	s Bettbein	tupa, ku	werfen, weg; hinauswegnehmen
tetemeka, ku	zittern	twaa, ku	wegnehmen
thamani, n-	r Wert	tweka, ku	hissen, hochziehen
thelathini	dreißig	twiga, n-	e Giraffe
thibitisha, ku	beweisen, überprüfen, feststellen wagen	u	du bist
thubutu, ku		u	und
tia, ku	setzen, stellen, legen hineintun	ua, ma-ua	e Blume
			r Hof
tia adhabu	verurteilen	ua, ku	töten, totschlagen
tia chumvi	salzen; übertreiben	ualimu	e Pädagogik
tia utumwani	versklaven	uangalifu	e Sorgfalt, Aufmerksamkeit
tii, ku	gehorchen, befolgen		
tikiti, n-	e Fahrkarte	ubao	s Brett, e Tafel
timiza, ku	erfüllen	Ubelgiki	Belgien
tisa	neun	ubongo	s Gehirn
tisini	neunzig	ubutu	e Stumpfheit, Plumpheit
toa, ku	abziehen, herausnehmen	uchumi	r Handel
toa jasho	schwitzen	uchungu, u-	e Bitterkeit, r Schmerz
toboa, ku	bohren	Udachi	Deutschland
tofaa, ma-	r Apfel	udevu	s Barthaar
tofauti, n-	r Unterschied	ufagio	r Besen
toka, tokea	seit, von	Ufaransa	Frankreich
toka, ku	kommen aus, herstammen, ausgehen	ufunguo	r Schlüssel
		ugonjwa, u-(ma-)	e Krankheit
toka damu	bluten		
tokanana, ku	zusammenhängen mit	ugua, ku	erkranken, krank sein
tokea, ku	erscheinen	Uholanzi	Holland
tope, ma- (pl.)	r Schlamm	uhuru	e Freiheit, Unabhängigkeit
toweza (ma)kamasi	s. erkälten		
		Ujeremani	s Deutschland
toza, ku-	erheben, einziehen	ujinga	e Dummheit, Unwissenheit
tu	nur		
tu	wir sind	ujira,	r Lohn
tua, ku	landen	ukali	e Schärfe, Strenge
tukana, ku	beschimpfen, beleidigen	uki	r Honig
tuliza, ku	beruhigen	ukosefu	r Mangel
tuma, ku	senden, schicken	ukucha	r Finger-, Fußnagel, e Kralle
tumaini, ku	hoffen		

ukuni	s	Brennholz	*uza, ku*		verkaufen
ukuta	e	Wand, Mauer	*uzi*	r	Faden, s Garn
Ulaya	s	Europa	*uzito*	e	Schwere
ulimi	e	Zunge	*vaa, ku*		sich anziehen, aufsetzen
uliza, ku		fragen	*vazi, ma-*	s	Bekleidungsstück
uma, ku		beißen, schmerzen, stechen, weh tun	*vibaya*		schlecht
			vile vile		ebenfalls, auch
uma	e	Gabel	*vingine (vyo)*		anders
umaskini	e	Armut	*vipi?*		wie?
umba, ku		schaffen	*vita, vi- (pl)*	r	Krieg
umbo, ma-	e	Form	*-vivu*		faul
umbua, ku		veranstalten	*vizuri*		gut
umiza, ku		verletzen (tr.)	*vua, ku*		sich ausziehen
umoja	e	Einheit, Einigkeit; Einzahl	*vua samaki*		fischen
			vuka, ku		überkreuzen
umri	s	Alter	*vumbua, ku*		entdecken, erfinden
una		du hast	*vunja, ku*		zerbrechen, verletzen
unda, ku		bauen, gründen	*vunjika, ku*		zerbrechen (intr.)
unga (sing.)	s	Mehl, Pulver	*vuta, ku*		ziehen
unga, ku		verbinden, vereinigen	*vuta sigareti, tumbako*		rauchen
unga mkono		unterstützen, beistehen			
ungua, ku		anbrennen, verbrennen	*vyena*		gut, wohl
Unguja	s	Sansibar	*wa*		sie sind
unyasi	s	Gras	*wa, ku*		sein, werden
unyoya, u- (ma-)	e	Feder	*wa na njaa*		Hunger haben, hungern
unywele	s	Haar	*wahi, ku*		rechtzeitig ankommen
upamba	e	Watte, Baumwolle	*wajibu, u-*	e	Pflicht
upande	e	Seite, s Gebiet	*waka, ku*		scheinen
upande wa		auf der Seite von	*wakati, u-*	e	Zeit; Saison
upande pande		nebeneinander	*wala*		noch, auch nicht
upanga	s	Schwert, Buschmesser	*wale (wa-)*		jene
upesi		schnell	*wana*		sie haben
upuzi	r	Unsinn	*wao*		sie (pl.)
urafiki	e	Freundschaft	*wao ni*		sie sind
Uropa	s	Europa	*wapi?*		wo, wohin, woher?
usaha	r	Eiter	*waraka, u-*	r	Brief
ushanga	e	Perle	*washa, ku*		anzünden
ushuru	e	Steuer, r Zoll	*wavu, u-*	s	Netz
usiku	e	Nacht; nachts	*wazazi, wa- (pl.)*	e	Eltern
usiku kucha	e	ganze Nacht hindurch	*weka, ku*		behüten, aufbewahren
usingizi	r	Schlaf	*wewe*		du
uso	s	Gesicht	*wewe ni*		du bist
Uswisi	e	Schweiz	*weza, ku*		können
utambi	r	Docht	*wia radhi*		entschuldigen
utumwa	e	Sklaverei	*wika, ku*		krähen
uwingu	r	Himmel	*wiki, n-*	e	Woche
uyoga	r	Pilz	*-wili*		zwei

wimbo, u-	s Lied	*-zee*	alt
winda, ku	jagen	*-zee sana*	uralt
-wivu	eifersüchtig	*ziba, ku*	stopfen
wivu, u-	e Eifersucht	*zidi, ku*	sich vermehren
yaani	das heißt, das ist, und zwar	*-zima*	ganz, gesund
		zima, ku	löschen, auslöschen, ausmachen
yadi, n-	s Yard		
yai, ma-	s Ei	*-zito*	schwer
ya kuwa	daß	*ziwa, ma-*	e Brust
yeye, ma-	er ist	*ziwa, ma-*	r See
yu	er, sie, es ist	*zoea, ku*	sich gewöhnen
yule	jene, -r, -s	*zuia, ku*	verhindern
zaa, ku	gebären, erzeugen	*zunguka, ku*	herumgehen, kreisen, einkreisen
zaidi	am meisten		
zaidi ya yote	vor allem	*-zuri*	schön, nett, gut
zaliwa, ku	geboren werden	*zuru, ku*	besuchen
zamani	früher		

Deutsch – Suaheli
Kijeremani – Kiswahili

Abend, r	jioni, n-	am meisten	zaidi
abends	jioni	*Amerika, s*	Amerika, n-, pa-
abenteuerlich	-a ajabu	*Amerikaner, r*	Mwamerika, wa-
aber	lakini	*amüsieren*	chekesha
abfahren	ondoka	*Ananas, e*	nanasi, ma-
abführen (intr.)	hara	*anbauen*	panda
abführen (tr.)	harisha	*anbrennen (intr.)*	ungua
abgetragen	-kuukuu	*andauern*	dumu
abhalten	kataza	*andere*	-ingine
abhängen von	tegemea	*ändern*	badili
abheften	bandua	*anders*	vingine
ablehnen	kataa	*anderswo*	pengine, kwingine, mwingine
abmontieren	jengua		
abräumen	ondoa	*Anfang, r*	mwanzo, mi-
abreißen	bandua	*anfangen*	anza
absolut	kabisa	*anfüllen*	fukia
absteigen	shuka	*Angeklagte, r*	mshtakiwa, wa-
Abstraktum, s	maarifa, n-	*Angelegenheit, e*	jambo, ma-
Abteil, s	behewa, ma-	*Angst, e*	hofu, n-
abwaschen	osha, safisha	*Angst haben*	hofia, ogopa
abwehren	kinga	*anheften*	bandika
abwickeln	kunjua	*Anker, r*	nanga
abziehen	toa	*anklagen*	shtaki
acht	-nane	*Ankläger, r*	mshtaki, wa-
achten	heshimu	*ankommen*	fika
Adieu!	Kwa heri!	*Anstand, r*	adabu, n-
Adler, r	tai, n-	*anstreichen*	paka
Affe, r	nyani	*anstrengen (refl.)*	kazana, fanya bidii
Afrika, s	Afrika, n-, pa-	*Anstrengung, e*	bidii, n-
Afrikaner, r	Mwafrika, wa-	*antun*	tendea
afrikanisch	Kiafrika	*antworten*	jibu
Ahn, r	babu, n-	*Antwort, e*	jibu, ma-
ähneln (refl.)	fanana	*Anwalt, r*	mwanasheria, wa-
Akademiker, r	mtaalamu, wa-	*anzeigen*	shtaki
aktiv	hodari	*anziehen (refl.)*	vaa
alle	-ote	*anzünden*	washa
allein	peke yake	*Apfel, r*	tofaa, ma-
allerlei	-ingi, -a namna nyingi	*Apostel, r*	mtume, mi-
Alphabet, s	alfabeti, n-	*Araber, r*	Mwarabu, wa-
als	kama	*arabisch*	Kiarabu
also	basi	*Arbeit, e*	kazi, n-
alt	-zee, -kuukuu	*arbeiten*	fanya kazi
Alter, s	umri	*Arbeiter, r*	mfanya kazi
ältere Schwester	dada, n-	*Arm, r*	mkono, mi-

arm	maskini	*ausführen*	fuata
Armbanduhr, e	saa ya mkono	*ausgehen*	toka
Arme, r	maskini, n-	*ausgestreckt sein*	nyoka
Armut, e	umaskini	*ausgraben*	fukua
ärgern (tr.)	kasirisha	*Ausländer, r*	mgeni, wa-
ärgern (refl.)	kasirika	*ausländisch*	-geni
Art, e	namna	*auslassen*	acha
Arznei, e	dawa, n-	*auslöschen*	zima
Arzt, r	mganga, wa-; daktari, tabibu, ma	*ausmachen*	zima
		Ausreißer, r	mtoro, wa-
Asiat, r	Mwasia, wa-	*aussteigen*	shuka
Atem, r	pumzi, n-	*ausrutschen*	teleza
auch	pia, vile vile, tena	*äußerst*	kabisa
auch wenn	hata ingawa, ikiwa	*austauschen*	badilisha
auf	juu ya	*ausziehen*	hama
auf dem Gesicht	(ki)fudifudi	*ausziehen (refl.)*	vua
auf dem Rücken	chali	*Ausschuß, r*	halmashauri, komiti, n-
auf der Seite von	upande wa	*ausschütten*	mwaga
auf einmal	mara moja	*Auto, s*	motakaa, n-; gari, ma-
aufbewahren	weka	*Baby, s*	malaika, n-; kitoto, vi-
aufdecken	funua	*baden*	oga
aufgeben	acha, kata tamaa	*Bahnhof, r*	stesheni, n-
aufgehen	cha	*Banane, e*	ndizi
aufheben	inua	*Bananenstaude, e*	mgomba, mi-
aufhören	acha, koma	*Bank, e*	banki, n-
aufmachen	fungua	*bar*	kwa nakidi
aufmerksam	-angalifu	*Barthaar, s*	udevu
Aufmerksamkeit, e	uangalizi	*bauen*	jenga, unda
aufpassen	jihadhari	*Bauer, r*	mkulima, wa-
aufrechtsitzen, -stehen	inuka	*Baum, r*	mti, mi-
		Baumwolle, e	upamba
aufrichten (refl.)	inuka	*beabsichtigen*	kusudi(a)
aufrichtig sein	nyoka	*beantworten*	jibu
aufs Geratewohl	ovyo (ovyo)	*bedecken*	funika, tandika
aufsetzen	vaa	*Bedeutung, e*	maana, n-
aufstehen	amka, simama	*Bedingung, e*	sharti, ma-
aufsuchen	tafuta	*bedürfen*	hitaji
aufwachen	amka	*beenden*	maliza
aufwärmen	chemsha	*beeilen (refl.)*	fanya upesi
aufwecken	amsha	*Befehl, r*	amri, n-
Auf Wiedersehen!	Kwa heri!	*befehlen*	amuru
Auge, s	jicho, ma-	*befolgen*	tii, fuata
Auktion, e	mnada, mi-	*befördern*	peleka
aus	kwa, kutoka	*begegnen*	kuta
aus welchem Grunde?	kwa sababu gani?	*begehren*	tamani
		Begierde, e	tamaa, n-
ausfasern	fumua	*beginnen*	anza

begünstigen	pendelea	*bilden*	elimisha, tunga
begrüßen	salimu	*billig*	rahisi
behüten	weka	*binden*	funga
bei	kwa	*bis*	mpaka, hadi
Bein, s	mguu, mi-	*Bischof, r*	askofu, ma-
Beispiel, s	mfano, mi-	*bitten*	omba
beißen	uma	*bitter*	-chungu
beistehen	unga mkono	*blind*	-pofu
bekommen	pata, pewa	*Blinde, r*	kipofu, vi-
beleidigen	tukana	*blühen*	sitawi
beleuchten	angaza	*Blume, e*	ua, ma-
bellen	bweka	*Blut, s*	damu, n-
bemitleiden	hurumia	*bluten*	toka damu
bemühen (refl.)	jitahidi	*bohren*	toboa
benachrichtigen	arifu, pasha habari	*borgen*	kopa
benötigen	hitaji	*böse*	-baya
benutzen	tumia	*Botschafter, r*	mjumbe, wa-
Benutzer, r	mtumizi, wa-	*brauchen*	hitaji
bereit	tayari	*breit*	-pana
Berg, r	mlima, mi-	*Brennholz, s*	ukuni
Bericht, r	ripoti, n-	*Brett, s*	ubao; kibao, vi-
beriechen	nusa	*Brief, r*	barua, n-; waraka, u-
beruhigen	tuliza	*bringen*	leta
berühren	gusa	*Brite, r*	Mwingereza, wa-
Bescheid geben	arifu, ambia	*Brot, s*	mkate, mi-
beschimpfen	tukana	*Bruder, r*	ndugu
beschuldigen	shtaki	*brüllen*	nguruma
Besen, r	ufagio	*Brust, e*	ziwa, ma-
besiegen	shinda	*Buch, s*	kitabu, vi-
besonders	hasa	*bücken (refl.)*	inama
bestehen (tr.)	faulu	*Büffel, r*	nyati
bestellen	agiza	*Büffelhorn, s*	mbiu, n-
bestrafen	adhibu	*Bügeleisen, s*	pasi, n-
besuchen	amkia, tembelea, zuru	*bügeln*	piga pasi
betreffen	husu	*Bund, r*	shirikisho, ma-
betreten	kanyaga	*Büro, s*	afisi, ofisi, n-
betrügen	danganya, punja	*Buschmesser, s*	upanga
betrunken sein	lewa	*Charakter, r*	tabia, n-
Bett, s	kitanda, vi-	*Christ, r*	Mkristo, wa-
Bettbein, s	tendegu, ma-	*damit*	ili
beugen (refl.)	inama	*Dampf, r*	mvuke, mi-
beurlauben	ruhusu	*Dampfmaschine, e*	mtambo wa mashine
bevollmächtigen	amuru		
bevorzugen	pendelea	*danach*	halafu, baadaye
beweisen	thibitisha	*danken*	shukuru
bezahlen	lipa	*darin*	ndani
bezaubern	loga	*das heißt*	yaani

221

das ist	yaani	*durch*	kwa
darum	kwa hiyo	*Durst, r*	kiu, ki-
daß	kwamba, ya kuwa	*ebenfalls*	vile vile
Datum, s	tarehe, n-	*echt*	asili, halisi
Dauer, e	muda, mi-	*Ecke, e*	pembe, n-
dauern	chukua, dumu	*Ehefrau, e*	mke, wa-
dein	-ako	*Ehemann, r*	mume, wa-
den ganzen Tag	mchana kutwa (kuchwa)	*ehren*	heshimu
denken	fikiri	*Ei, s*	yai, ma-
denn	kwa sababu, maana	*Eid, r*	kiapo, vi-
deshalb	kwa hiyo	*Eifersucht, e*	wivu, u-
deswegen	kwa hiyo	*eifersüchtig*	-wivu
Detektiv, r	mjasusi, wa-	*eignes Kind*	mwana, wa-
deutsch	Kidachi, Kijeremani	*eignen (refl.)*	faa
Deutsche, r	Mdachi, Mjeremani, wa-	*eilen*	enda mbio
Deutschland, s	Udachi, Ujerimani	*ein*	-moja
dick werden	nenepa	*ein Ende machen*	komesha
Dieb, r	mwizi, mwivi, wa-	*eindringen*	penya
die ganze Nacht hindurch	usiku kucha	*einführen*	ingiza
		Eingeborene, r	mwenyeji, wa-
dienen	tumika	*Einheit, e*	umoja
Diener, r	mtumishi, wa-	*einige*	-chache
diese, -r, -s	huyu	*Einigkeit*	umoja
diese	hawa	*einkaufen*	nunua
Ding, s	kitu, vi-	*einkreisen*	zunguka
Disposition, e	tabia, n-	*einladen*	alika
Docht, r	utambi	*einmal*	mara moja
Dokument, s	hati, n-	*eins*	moja
dolmetschen	tafsiri	*eintreten*	ingia
Dolmetscher, r	mkalimani, wa-	*einverstanden sein*	kubali
donnern	nguruma		
Dorf, s	kijiji, vi-	*Einwohner, r*	mkazi, wa-
dort	huko	*Einzahl, e*	umoja
draußen	nje	*einzel*	pekee
drei	-tatu	*Einzelgänger, r*	mwenda pekee
dreimal	mara tatu	*einziehen*	toza
dreißig	thelathini	*Eisern, s*	chuma, vy-
drinnen	ndani	*Eiter, r*	usaha
Dschungel, r	msitu, mi-	*Eiterbeule, e*	jipu, ma-
du	wewe	*Elefant, r*	tembo, ndovu
du bist	u, wewe ni	*Elend, s*	taabu, n-
du hast	una	*Eltern, e*	wazazi
du hast kein, nicht	huna	*emanzipiert*	huru
duften	nukia	*empfangen*	pokea, karibisha
dumm	-jinga	*Ende, s*	mwisho, mi-
Dummheit, e	ujinga	*Engländer, r*	Mwingereza, wa-
Dunkel, s	giza, ma-	*entdecken*	vumbua, gundua

entfalten	kunjua	erwähnen	taja
Entfernung, e	mwendo, mi-	erwarten	tumaini
enthüllen	fumbua	erwidern	itikia
entlassen	ondosha	erzählen	simulia
entschuldigen	wia radhi	Erzählung, e	simulizi, ma-; kisa, vi-; hadithi, n-
Entschuldige!	Tafadhali!		
entstellen	rembua	erzeugen	zaa
entzaubern	logoa	erziehen	lea, elimisha
entzweispalten (refl.)	pasuka msamba	es gibt	kuna, pana
		es gibt kein, nicht	hakuna, hapana
er	yeye	es ist, sind	ni
er hat	ana	es ist nicht	si
er hat kein, nicht	hana	es sind nicht	si
er ist	yu, yeye ni	Esel, r	punda, n-
erbauen	jenga	essen	la
erben	rithi	Essen, s	chakula, vy-
Erde, e	dunia, nchi	euer	-enu
erfahren	pata habari, kujua; ambiwa	Europa, s	Ulaya, Uropa
		Europäer, r	Mzungu, wa-
erfinden	vumbua, buni	europäisch	Kizungu
Erfolg haben	faulu	Examen, s	mtihani, mi-
erforschen	chungua	Faden, r	uzi
erfreuen	pendeza, furahisha	Fahne, e	bendera, n-
erfüllen	timiza	fahren (tr.)	endesha
ergreifen	kamata	Fahrkarte, e	tikiti, n-
erhalten	pata, pokea	Fahrrad, s	baisikeli, n-
erheben	toza	Falle, e	mtego, mi-
erhöhen	ongeza, pandisha	fallen	anguka
erinnern (tr.)	kumbusha	fallen lassen	angusha
erinnern (refl.)	kumbuka	fällen (tr.)	angusha
erkälten (refl.)	toweza kamasi	falten (tr.)	kunja
erkennen	tambua	fangen	shika
erklären	eleza	Farbe, e	rangi, n-
erkranken (intr.)	ugua	fast	karibu
erlauben (tr.)	ruhusu	faul	-vivu
Erlaubnis, e	ruhusa, n-	Faust, e	konde, ma-; ngumi
erlaubt	halali	Februar, r	Februari, n-
erlernen	jifunza	Feder, e	unyoya, u-(pl. ma-)
erleuchten	angaza	fegen	fagia
erlösen	okoa	fehlen	kosa
Erlöser, r	mwokozi, wa-	Fehler, r	kosa, ma-
erscheinen	tokea	Feile, e	tupa, n-
erschrecken (intr.)	stuka	Feind, r	adui, ma-
erschrecken (tr.)	stusha	Fell, s	ngozi
erst, r	-a kwanza	Fenster, s	dirisha, ma-
(erst)ens	kwanza	fern von	mbali (na, ya)
Ertrag, r	faida, n-	fertig	tayari

Fessel, e	pingu, n-	*Freude, e*	furaha
festnehmen	kamata	*freuen*	furahi
feststellen	thibitisha	*Freund, r*	rafiki, n-
Feuer, s	moto, mi-	*Freundschaft, e*	urafiki
Fieber, s	homa, n-	*Freundschaft schließen*	fanya urafiki
finden	pata, ona		
Finger, r	kidole, vi-	*Friede, r*	amani, n-
Fingernagel, r	ukucha	*Frosch, r*	chura, vy-
Finsternis, e	giza, ma-	*Frucht, e*	tunda, ma-
Fisch, r	samaki, n-	*früh*	mapema
fischen	vua samaki	*früher*	zamani
Fläche, e	eneo, ma-	*frühzeitig*	mapema
Flagge, e	bendera, n-	*führen*	ongoza
Flasche, e	chupa, n-	*Fundament, s*	msingi, mi-
flechten	suka	*fünf*	-tano
Fleck, r	doa, ma-	*für*	kwa
Fleisch, s	nyama	*Furcht, e*	hofu, n-
fleißig	hodari, -enye bidii, kwa bidii	*fürchten*	ogopa
		Fuß, r	mguu, mi-
Fliege, e	inzi, ma-	*Fußnagel, r*	ukucha
fliegen	ruka	*Fußtritt, r*	teke, ma-
Flöte, e	filimbi, n-	*Gabel, e*	uma
Flüchtling, r	mtoro, wa-	*Gähnen, s*	miayo, mi- (pl.)
Flügel, r	bawa, ma-	*Galopp, r*	shoti, n-
Fluß, r	mto, mi-	*ganz*	-zima, kabisa
Flußpferd, s	kiboko, vi-	*gar nicht*	kamwe
Föderation, e	shirikisho, ma-	*Garn, s*	uzi
folgen	fuata	*Garten, r*	shamba, ma-; bustani, r
folgend	-fuata-	*Gast, r*	mgeni, wa-
Form, e	umbo, ma-	*Gatte, r*	mume, wa-
forschen	chungua	*Gattin, e*	mke, wa-
fortfahren	endelea	*Gazelle, e*	paa, n-
fortschreiten	endelea	*gebären*	zaa
fortsetzen	endelea	*gebaut werden*	jengwa
Foto, s	picha, n-	*geben*	pa
Frage, e	swali, ma-	*Gebiet, s*	upande
fragen	uliza	*geboren werden*	zaliwa
Frankreich	Ufaransa	*Gebot, s*	amri, n-
Franzose, r	Mfaransa, wa-	*gebrauchen*	tumia
französisch	Kifaransa	*Gebrüll, s*	mlio, mi-
Frau, e	mwanamke, wa-	*gedeihen*	sitawi
Fräulein, s	binti, ma-	*Gedicht, s*	shairi, ma-
frei	huru	*Gefahr, e*	hatari, n-
Freiheit, e	uhuru	*Gefährte, r*	mwenzi, wa-
fremd	-geni	*gefallen*	pendeza
Fremde, r	mgeni, wa-	*Gefangene, r*	mfungwa, wa-
fressen	la		

Gefängnis, s	gereza, jela n-; kifungo, vi-	Gewirr, s	tata, ma- (pl.)
Gefäß, s	chombo, vy-	gewöhnen (refl.)	zoea
Geheimnis, s	siri, n-	Gewohnheit, e	desturi, n-
gehen	enda, kw	gewöhnlich	kwa kawaida
Gehirn, s	ubongo	gezwungen sein	lazima
gehorchen	tii	Gift, s	sumu, n-
Geiz, r	choyo, ki-	Giraffe, e	twiga, n-
Geld, s	fedha, n; pesa, ma-, n-	Glas, s	kioo, vi-; bilauri, n-
Geldstrafe, e	faini, n-	Glaube, r	imani, n-
Gelegenheit, e	nafasi	glauben	dhani, sadiki
Gelehrte, r	mtaalamu, wa-	Gläubiger, r	mdai, wa-
gelingen	faulu	gleich wie	sawa na
Gelübde, s	nadhiri	Glocke, e	kengele, n-
Gemüse, s	mboga, n-	Glück, s	bahati, n-
genau	barabara	Glück haben	bahatiwa
General, r	jemadari, ma-	Gott	Mungu, mi-
Gentleman, r	mwungwana, wa-	Graben, r	handaki, ma-
Gepäck, s	mzigo, mi- (pl.)	Gras, s	unyasi
Gepäckträger, r	mpagazi, wa-	gravieren	chora
Gerichtshof, r	korti, ma-	Grenze, e	mpaka, mi-
gerinnen	ganda	groß	-kubwa, -refu
gern haben	penda	Größe, e	kimo, vi-
Gesandte, r	mjumbe, wa-	Großmutter, e	nyanya
Gesäß, s	kitako, vi-	Großstadt, e	mji, mi-
Geschäft, s	biashara, n-	Großvater, r	babu, n-
Geschichte, e	kisa vi-; hadithi, historia, n-	großziehen	lea
		Grund, r	sababu, n-; mwanzo, mi-
Geschmack, r	ladha, n-	gründen	anzisha, unda
Geschoß, s	risasi, n-	Gruppe, e	kundi, ma-
Geschrei, s	mlio, mi-	grüßen	salimu
geschwind gehen	kaza mwendo	gut	-ema, zuri; vyema, vizuri, sawa
Geschwindigkeit, e	mwendo, mi-		
		gut zureden	bembeleza
Geschwister, e	ndugu	gutes Benehmen beibringen	tia adabu
Gesetz, s	sheria, n-		
gesetzlich	halali	Haar, s	unywele
Gesicht, s	uso	habend	-enye
gestehen	kiri	Hafen, r	bandari, n-
gestern	jana	Hahn, r	jogoo, ma-
gesund	-zima	Hälfte, e	nusu
gesunden	pona	Hand, e	mkono, mi-
Gesundheit, e	afya, n-	Handel, r	uchumi
Getränk, s	kinywaji, vi-	hart	-gumu
Getreide, s	nafaka	Hase, r	sungura, n-
Gewinn, r	faida, n-	hassen	chukia

Häuptling, r	jumbe, ma-	*Holland*	Uholanzi
Hauptstadt, e	mji mkuu	*Holländer, r*	Mholanzi, wa-
Hauptwort, s	jina, ma-	*Holzkohle, e*	kaa, ma-
Haus, s	nyumba	*Honig, r*	asali, n-; uki
Haut, e	ngozi	*hören*	sikia
heilen	ponya	*Horn, s*	pembe, n-
heilig	-takatifu	*Hose, e*	suruali, n-
Heilige, r	mtakatifu, wa-	*Huhn, s*	kuku, n-
heiraten	oa	*Hund, r*	mbwa, n-
heiß	-a joto, -enye joto	*Hundert, s*	mia, n-
helfen	saidia	*Hunger, r*	njaa
hell sein	angaa	*Hunger haben*	wa na njaa
Hemd, s	shati, ma-	*hungern*	ona, sikia njaa
heranrücken	karibia	*husten*	kohoa
herausnehmen	toa	*Hut, r*	kofia, n-
herbringen	leta	*Hyäne, e*	fisi, n-
herkommen	ja	*ich*	mimi
Herr, r	bwana, ma-	*ich bin*	ni; mimi ni
herumgehen	zunguka	*ich habe*	nina
herunter	chini	*ich habe kein, nicht*	sina
herunterbringen	shusha		
herunterfallen	nya (Flüssigkeiten)	*ihr*	ninyi
herunterlassen	shusha	*ihr*	-ao
Herz, s	moyo, mi-	*ihr alle*	ninyi nyote
heulen	lia	*ihr habt*	mna
Heuschrecke, e	nzige	*ihr habt kein, nicht*	hamna
heute	leo		
heutzutage	siku hizi	*ihr seid*	m; ninyi ni
hier(her)	hapa	*illegal*	haramu
Hilfe, e	msaada, mi-	*immer*	sikuzote
Himmel, r	uwingu	*in*	katika, kwa, ndani (ya)
hinabgehen	telemka	*Inder, r*	Mhindi, wa-
hinauswerfen	tupa	*indisch*	Kihindi
hineinbringen	ingiza	*informieren*	arifu; pasha habari
hinfallen	anguka	*innen*	ndani
hinten	nyuma	*Institut, s*	chuo, vy-
hinuntergehen	telemka	*intelligent*	-tambuzi
hissen	tweka	*Intrige, e*	fitina, n-ni
Hitze, e	joto, ma-; hari, n-	*ist*	ni
Hobel, r	randa, n-	*ist kein, nicht*	si
Hochschule, e	chuo kikuu	*Italiener, r*	Mtaliani, wa-
hochziehen	tweka	*italienisch*	Kiitalia
Hof, r	ua	*Ja*	Ndiyo, Naam
hoffen	tumaini	*jagen*	winda
Höflichkeit, e	adabu, n-	*Jäger, r*	mwindaji, wa-
holen (jdn.)	leta, enda kuita	*Jahr, s*	mwaka, mi-
holen (etw.)	leta, chota, teka	*Jahreszeiten, e*	pembe za mwaka

japanisch	Kijapani	Komitee, s	halmashauri, komiti, n-
jeder	kila	kommen	ja
jene	wale	kommen aus	toka
jener	yule	komponieren	buni
Journalist, r	mwandishi wa magazeti	Konjunktion, e	kiungo, vi-
jung	-changa	Konkurrent, r	mshindani, wa-
Jugend, e	vijana, (pl.)	können	weza, jua
Jugendliche, r	kijana, vi-	konstruieren	buni
Jurist, r	mwanasheria, wa-	Kopf, r	kichwa, vi-
Kabale, e	fitina, n-	Kopfsprung, r	mbizi, n-
Kaffee, r	kahawa, n-	Korb, r	kikapu, vi-
Kalk, r	chokaa, n-	Korn, s	nafaka
Kälte, e	baridi, n-	Körper, r	mwili, mi-
Kamel, s	ngamia	korrigieren	sahihisha
Kamerad, r	mwenzi, wa-	korrekt	sahihi
Kamm, r	kitana, vi-	Kosmonaut, r	mwanahewa, wa-
kämpfen	pigana	kostspielig	ghali
Kapitel, s	sura, n-	Kraft, e	nguvu
Kartoffel, e	kiazi, vi-	krähen	wika
Katze, e	paka, n-	Kralle, e	ukucha
kaufen	nunua	krank	-gonjwa
Käufer, r	mnunuzi, wa-	krank sein	ugua; wa mgonjwa
keimen	ota	Kranke, r	mgonjwa, wa-
keinesfalls	kamwe: hata kidogo	Krankenhaus, s	hospitali, n-
kennen	jua	Krankenpfleger, r	mwuguzi, wa-
Kind, s	mtoto, wa-		
Kino, s	sinema, n-	Krankenschwester, e	mwuguzi, wa-; sista ma-
Kirche, e	kanisa, ma-		
klar machen	dhihirisha	Krankheit, e	ugonjwa, u- (pl. ma-); maradhi, n-
klar sein	elea; wa dhahiri		
Klasse, e	darasa, ma-	Krawatte, e	tai, n-
Klebstoff, r	gundi, n-	Kreide, e	chaki, n-
Kleid, s	nguo	kreisen	zunguka
klein	-dogo, -fupi	Kreuzung, e	njia panda
Klingel, e	kengele, n-	Krieg, r	vita, ki- (pl.)
klopfen	gonga	kritisieren	chambua
klug	-erevu	kritzeln	chora
Knabe, r	mvulana, wa-	Küche, e	jikoni, pa-
knapp	-pungufu	Kugel, e	risasi, n-
kneten	kanda	Kunde, r	mnunuzi, wa-
Knie, s	goti, ma-	kurz	-fupi
Knopf, r	kifungo, vi-	küssen	busu
knurren	gumia	Küste, e	pwani, n-
Koch, r	mpishi, wa-	lachen	cheka
kochen	pika	Laden, r	duka, ma-
Koffer, r	sanduku, ma-	Lampe, e	taa, n-
Kolonialist, r	mkoloni, wa-	Land, s	nchi

landen	tua	*Lügner, r*	mwongo, wa-
lang	-refu	*Lust, e*	tamaa, n-
langsam	polepole	*machen*	fanya
Lappen, r	kitambaa, vi-	*mächtig*	-enye nguvu
lärmen	fanya (ma)kelele	*Mädchen, s*	msichana, wa-
lassen	acha	*Mai, r*	Mei, n-
Last, e	mzigo, mi-	*Maispflanze, e*	muhindi, mi-
Lastwagen, r	lori, ma-	*Mal, s*	mara, n-
lateinisch	Kilatini	*Malaria, e*	malaria, n-
laufen	kimbia; piga mbio	*manchmal*	pengine
Laufen, s	mbio, n-	*Mangel, r*	ukosefu
Laus, e	chawa, n-	*mangelhaft*	-pungufu
leben	ishi, kaa	*Mann, r*	mwanamume, wa-
Leben, s	maisha, ma- (pl.); roho, n-	*Märchen, s*	kisa, vi-; hadithi, n-
		Marke, e	alama, n-
Leder, s	ngozi	*Markt, r*	soko, ma
legen	weka, tia	*Maschine, e*	mashine, n-
legen (Ei)	taga	*Maß, s*	kadiri, n-
lehren	fundisha, funza	*Mauer, e*	ukuta
Lehrer, r	mwalimu, wa-	*Maus, e*	kipanya, vi-
Leichnam, r	maiti, n-	*Medikament, s*	dawa, n-
leicht	-epesi	*Meer, s*	bahari, n-
leihen	kopa	*mehr*	zaidi
Leim, r	chokaa, n-	*Mehrzahl, e*	wingi, u-
leise	kimya	*Meile, e*	maili, n-
Lektion, e	somo, ma-	*mein*	-angu
Lendentuch, s	shuka, n-	*Mensch, r*	mtu, mwanadamu, wa-; binadamu, n-
Leopard, r	chui, n-		
lernen	jifunza	*messen*	pima
lesen	soma	*Messer, s*	kisu, vi-
leuchten	ng'aa	*Metall, s*	madini, n-
Lexikon, s	kamusi, n-	*Methode, e*	njia
Licht, s	nuru	*Miete, e*	kodi, n-
lieben	penda	*Milch, e*	maziwa, ma- (pl.)
Lied, s	wimbo, u-	*Million, e*	milioni, n-
liegen	lala	*Minute, e*	dakika, n-
Linie, e	mstari, mi-	*mischen*	changanya
links	kushoto	*Missionar, r*	mmisionari, wa-na, kwa
loben	sifu	*mit*	
lockig	kipilipili	*Mitbewerber, r*	mshindani, wa-
Lohn, r	ujira; 'mshahara, mi,	*mitteilen*	arifu
Los, s	kura, n-	*modern*	kisasa
loslassen	banua	*mögen*	panda
Lotto, s	bahati nasibu	*Monat, r*	mwezi, mi-
Löwe, r	simba, n-	*Mond, r*	mwezi, mi-
Lücke, e	nafasi	*Morgen, r*	asubuhi, n-
lügen	sema uwongo	*morgen*	kesho

morgens	asubuhi	Nummer, e	namba
Moskito, r	mbu, n-	nur	tu
Moskitonetz, s	chandalua, vy-	nützen	faa
Moslem, r	Mwislamu, wa-	ob	kama
müde sein	choka	obliegen	lazimu
Musikinstrument, s	kinanda, vi-	Obst, s	matunda, ma- (pl.)
		obwohl	ingawa
Mutter, e	mama, n-	oder	ama, au
Mütze, e	kofia, n-	offenbaren	fumbua
nach	baada ya	öffnen	fungua, funua, fumbua
nachahmen	iga	oft, öfters	mara nyingi
Nachbar, r	jirani, n-, ma-	ohne	bila
nachfolgen	fuata, andama	Ohr, s	sikio, ma-
nachgehen	fuata, andama	Ohrfeige, e	kofi, ma-
nachher	halafu	Öl, s	mafuta, ma- (pl.)
Nachmittag, r	alasiri	Ordensschwester, e	sista, ma-
nachmittags	alasiri		
Nachricht, e	habari, n-	ordentlich	barabara
Nacht, e	usiku	ordnen	panga
nachts	usiku	Ordnung, e	taratibu, n-
Nadel, e	sindano, n-	ordnungsgemäß	barabara
nah	karibu (na, ya)	Ort, r	mahali, pa-
nähen	shona	Osten, r	mashariki, n-
nähern (refl.)	karibia	östlich	mashariki
Name, r	jina, ma-	Ozean, r	bahari, n-
Nase, e	pua, n-	Paar, s	jozi, n-
Nasenschleim, r	kamasi, ma-	Päckchen, s	kifurushi, vi-
Nashorn, s	kifaru, vi-	Pädagogik, e	ualimu
naß werden	lowa	Paket, s	bunda, furushi, ma-
Nation, e	taifa, ma-	Palast, r	jumba, ma-
nebeneinander	upande pande	Palmwein, r	tembo, n-
nehmen	chukua	passen	faa
Nein	Hapana, La	Passiv, s	jinsi ya kufanywa
nennen	taja	Peitsche, e	kiboko, vi-
Netz, s	wavu, u-	Perle, e	ushanga
neu	-pya	persisch	Kiajemi
neun	tisa, kenda	Person, e	mtu, wa-
neunzig	tisini	Pfeife, e	filimbi, n-
Niederländer, r	Mholanzi, wa-	Pfeife, e	kiko, vi-
niederlassen (refl.)	sakini	Pfeifen, s	mluzi, mi-
		Pferd, s	farasi, n-
niederreißen	bomoa	Pflanze, e	mmea, mi-
noch	wala	pflanzen	panda
noch nicht	bado	Pflicht, e	wajibu, u-
nochmals	tena	pflücken	chuma
normalerweise	kwa kawaida	Pilot, r	mwanahewa, wa-
notwendig sein	bidi	Pilz, r	uyoga

Plantage, e	shamba, ma-	*Reise, e*	safari, n-
Platz, r	mahali, pa-	*reisen*	safiri
Platz machen	pisha	*Reisende, r*	msafiri, wa-
Platz nehmen	keti	*Restaurant, s*	mkahawa, mi-
plump	butu	*retten*	ponya, okoa
Plumpheit, e	ubutu	*Retter, r*	mwokozi, wa-
Pocken, e	ndui	*Reue, e*	juto, ma-
Politik, e	siasa, n-	*richten*	elekeza
Politiker, r	mwanasiasa, wa-	*Richter, r*	jaji, ma-
Polizei, e	polisi, n-	*richtig*	sahihi, barabara
Polizist, r	polisi, ma-	*Rind, s*	ng'ombe
Portugiese, r	Mreno, wa-	*roh*	-bichi
Post, e	posta, n-	*Römer, r*	Mrumi, wa-
Postamt, s	nyumba ya posta	*Rost, r*	kutu, n-
Präposition, e	kitangulia, vi-	*rot*	-ekundu
predigen	hutubu	*Rücken, r*	mgongo, mi-
Profit, r	faida, n-	*rückwärts*	nyuma
prophezeien	agua	*rufen*	ita
Prosit!	afya, n-	*ruhig*	kimya
Prüfung, e	mtihani, mi-	*Russe, r*	Mrusi, wa-
Pullover, r	sweta, n-	*russisch*	Kirusi
Pulver, s	unga	*rutschen*	teleza
Puppe, e	mwanasesere, wa-	*Sache, e*	jambo, ma; kitu, kisa, vi-
putzen	safisha	*Sack, r*	gunia, ma-
Pygmäe, r	Mbilikimo, n-	*säen*	panda
Rache, e	kisasi, vi-	*sagen*	sema, ambia
rächen	lipiza kisasi	*Saison, e*	wakati, u-
raffiniert	-janja	*Salz, s*	chumvi, n-; munyu, mi-
Rat, r	shauri, ma-	*salzen*	tia chumvi
Ratte, e	panya, n-	*Samen, r*	mbegu, n-
Rätsel, s	kitendawili, vi-	*Samstag, r*	Jumamosi, n-
Rauch, r	moshi, mi-	*Sansibar, s*	Unguja, n-, pa-
rauchen	vuta (sigareti, tumbako)	*satteln*	tandika
rebellieren	halifu	*Satz, r*	sentensi, n-
rechnen	hesabu	*sauber*	safi
rechts	kulia, kuume	*säubern*	safisha
rechtsprechen	hukumu	*Schaden, r*	hasara, n-
Rechtsprechung, e	hukumu, n-	*Schaf, s*	kondoo, n-
rechtzeitig an- kommen	wahi	*schaffen*	umba
		Scham, e	haya, n-
reden	sema, nena	*schämen (refl.)*	ona haya
Regen, r	mvua, n-	*Schande, e*	aibu, n-
regnen	nyesha	*scharf*	-kali
reich	tajiri	*Schärfe, e*	ukali, u- (ma- pl.)
Reiche, r	tajiri, ma-	*scheinen*	onekana, waka, ng'aa, angaa
rein	safi		
reinigen	safisha	*Schelle, e*	kengele, n-

Schere, e	mkasi, mi-; makasi, n-	Schutt, r	taka (taka), n-
Scherz, r	mzaha, mi-	schützen	kinga
schicken	peleka, tuma	Schwager, r	mkwe, wa-
Schiff, s	meli, merikebu, n-	Schwägerin, e	mkwe, wa-
Schimmel, r	kutu, n-	Schwangerschaft, e	mimba, n-
Schirm, r	mwavuli, mi-		
schlachten	chinja	schwarz	-eusi
Schlaf, r	usingizi	Schwarze, r	mweusi, wa-
schlafen	lala usingizi	schweigen	nyamaa, nyamaza
schlagen	piga	Schwein, s	nguruwe
Schlamm, r	tope, ma-	Schweiß, r	jasho, ma-
Schlange, e	nyoka	Schweiz, e	Uswisi, n-, pa-
schlau	-erevu, -janja	schweizerisch	Kiswisi
schlecht	-baya; vibaya	schwer	-zito, -gumu
schließen	funga, fumba	Schwere, e	uzito
schlimm	-baya	Schwert, s	upanga
schluchzen	meza	Schwiegermutter, e	mkwe, wa-
Schlüssel, r	ufunguo		
schmal	-embamba	Schwiegervater, r	mkwe, wa-
Schmerz, r	uchungu	schwierig	-gumu
schmerzen	uma	Schwierigkeit, e	shida, n-; tata, ma-
Schmied, r	mhunzi, wa-	Schwierigkeiten haben	ona, pata shida, taabu
schmücken	pamba		
schmutzig	-chafu	schwitzen	toa jasho
Schnaps, r	mvinyo, n-	sechs	sita
schnarchen	koroma	sechzig	sitini
schneiden	kata	See, e	bahari, n-
Schneider, r	mshoni, mshonaji, wa-	See, r	ziwa, ma-
schneidern	shona	Seele, e	roho, n-
schnell	upesi, -epesi	Segel, s	tanga, ma-
schnuppern	nusa	sehen	ona
schöpfen	chota, teka	sehr	sana
Schrank, r	kabati, ma-	sein	-ake
schreiben	andika	sein	wa, ku
schreiben an, für	andikia	seit	tangu, toka
Schreiber, r	mwandishi, wa-	seit wann?	tangu lini?
schreien	lia	Seite, e	upande
Schrift, e	mwandiko, mi-	senden	tuma
Schritt, r	hatua, n-	setzen	weka, tia
Schublade, e	saraka, n-	setzen (refl.)	keti, kaa kitako
Schuh, r	kiatu, vi-	sich auf die Reise machen	shika safari
Schuld, e	deni, ma-		
Schuldner, r	mdaiwa, wa-	sichtbar sein, werden	onekana
Schule, e	chuo, vi-; shule, skuli, n-		
Schüler, r	mwanafunzi, wa-	sie	yeye
Schulkind, s	mwanashule, wa-	sie (pl.)	wao
Schulklasse, e	darasa, wa-	sie alle	wao wote

sie haben	wana	*Spion, r*	mpelelezi, wa-
sie haben kein, nicht	hawana	*Spirituosen, e*	mvinyo, n-
		Sprache, e	lugha, n-
sie sind	wa; wao ni	*sprechen*	sema, nena
sieben	saba	*Sprichwort, s*	methali, n-
sieben	chunga, ku-	*springen*	ruka
Siegel, s	muhuri, mi-	*Sprungfeder, e*	mtambo, mi-
siegen	shinda	*spülen*	osha
Signal, s	ishara, n-	*Stadt, e*	mji, mi-
Silbe, e	silabi, n-	*stechen (tr.)*	choma, uma
sind	ni	*stehen*	simama
singen	imba	*stehlen*	iba
Sinn, r	maana, n-	*Stein, r*	jiwe, ma-
Sitte, e	desturi, n-	*Stelle, e*	mahali, pa-
sitzen	kaa	*stellen*	weka, tia
Sklave, r	mtumwa, wa-	*Stempel, r*	muhuri, mi-
Sklaverei, e	utumwa	*sterben*	fa, fariki
Skorpion, r	nge	*stets*	sikuzote
so daß	ili	*Steuer, e*	kodi, n-; ushuru
sofort	mara moja	*still*	kimya
Soldat, r	askari, n-	*Stimme, e*	sauti, n-
Sommer, r	kiangazi, vi- (sing.)	*Stipendium, s*	tunzo, n-
sondern	bali	*Stock, r*	fimbo, n-
Sonnabend, r	Jumamosi, n-	*stopfen*	ziba
Sonne, e	jua, ma-	*Strafe, e*	adhabu, n-
sonnen (refl.)	ota jua	*Straße, e*	barabara, n-
sonst	-sije	*streiken*	goma
sorgfältig	-angalifu	*streng*	-kali
Sorgfältigkeit, e	uangalifu	*Strenge, e*	ukali
Sorghum, s	mtama, mi- (sing.)	*Strom, r*	mto, mi-
Sorte, e	namna	*Stück, s*	kipande, vi-
Soundso, r	fulani, n-	*Stuhl, r*	kiti, vi-
spalten (tr.)	pasua	*Stumme, r*	bubu, ma-
spalten (intr.)	pasuka	*stumpf*	butu
spanisch	Kihispania	*Stumpfheit, e*	ubutu
Spanier, r	Mhispania, wa-	*Stunde, e*	saa, n-
Sparkasse, e	banki, n-	*Suaheli, s*	Kiswahili
später	baadaye, halafu	*suchen*	tafuta
spazierengehen	tembea	*süß*	-tamu
Speer, r	mkuki, mi-	*System, s*	taratibu, n-
Speichel, r	mate, ma- (pl.)	*Tabak, r*	tumbako, n-
Speise, e	chakula, vy-	*Tabu, s*	mwiko, mi-
spenden	changa	*Tafel, e*	ubao
Spiegel, r	kioo, vi-	*Tag, r*	siku, n-
Spiel, s	mchezo, mi-	*tagsüber*	mchana
Spielbrett, s	bao, ma-	*Tasche, e*	mfuko, mi-
spielen	cheza	*Tasse, e*	kikombe, vi-

Tat, e	kitendo, vi-	über	juu ya
Taube, r	kiziwi, vi-	überall	po pote
Taube, e	njiwa	übereinstimmen	lingana
taugen	faa	überfahren	kanyaga
Tausend, s	elfu, ma-	überfallen	shambulia
Taxi, s	taksi, n-	überhaupt nicht	kamwe
Tee, r	chai, n-	überkreuzen	vuka
Telegramm, s	simu, n-	überlegen	fikiri
Telegraph, r	simu, n-	übermorgen	kesho kutwa
telegraphisch	kwa simu	überprüfen	thibitisha, hakikisha
telephonisch	kwa simu	überreden	bembeleza
Teller, r	sahani, n-	übersetzen	fasiri, tafsiri
Termite, e	mchwa, n-	übertreiben	tia chumvi
teuer	ghali	übrigbleiben	baki, salia
Tiefe, e	kina, vi-	übriglassen	bakiza
Tier, s	mnyama, wa-	Übung, e	zoezi, ma-
Tisch, r	meza, n-	Uhr, e	saa, n-
Tochter, e	binti, ma-	um	ili, kwa
Tod, r	kifo, vi-	umdrehen	pindua
Tomate, e	nyanya	umkippen	pindua
Tote, r	mfu, wa-	umkommen	angamia
töten	ua	umsonst	bure, wapi
totschlagen	ua	umtauschen	badilisha
Tourist, r	msafiri, wa-	umziehen	hama
tragen	beba, chukua	Unabhängig-	uhuru
Träne, e	chozi, ma-	keit, e	
transportieren	chukua	und	na, u
Trauer, e	huzuni, n-	und dann	halafu
Träume, e	ndoto	und so weiter	na kadhalika
träumen	ota ndoto	und zwar	yaani
treffen	kuta	unerfahren	-jinga
treffen (refl.)	kutana	ungefähr	karibu
treten	kanyaga	ungehorsam	-kaidi
Treue, e	imani, n-	Universität, e	chuo kikuu
trinken	nywa	Unordnung, e	fujo, n-
trocken	-kavu	Unrat, r	taka(taka), n-
trocknen (tr.)	kausha	unreif	-bichi
trocknen (intr.)	kauka	Unruhe, e	fujo, n-
Trommel, e	ngoma	unser	-etu
Trompete, e	tarumbeta, n-	Unsinn, r	upuzi
Trompete blasen	piga tarumbeta	unten	chini
trompeten	piga tarumbeta	unter	chini ya; miongoni mwa
Tsetsefliege, e	mbung'o, n-	unterdrücken	dhulumu
tüchtig	hodari	untergehen	chwa
Tuch, s	kitambaa, vi-	unterhalten (refl.)	ongea
tun	tenda, fanya, timiza	Unterhemd, s	fulana, n-
Tür, e	mlango, mi-	Unterricht, r	somo, ma-

unterrichten	fundisha, funza	*verkaufen*	uza
unterscheiden (refl.)	hitilafiana	*verletzen (tr.)*	umiza, vunja
		verlieren	poteza
Unterschied, r	tofauti, n-	*Verlobte, r*	mchumba, wa-
Unterschrift, e	sahihi, n-	*verloren gehen*	potea
unterstützen	unga mkono	*Verlust, r*	hasara, n-
Unwissenheit, e	ujinga	*vermehren (refl.)*	zidi
uralt	-zee sana	*vermieten*	kodisha
urinieren	kojoa	*vermischen*	changa(nya)
Urkunde, e	hati, n-	*Vermögen, s*	mali, n-
Ursache, e	sababu, n-	*vermuten*	dhani
Ursprung, r	asili, n-	*vernichten*	angamiza
Vater, r	baba, n-	*vernichtet sein*	angamia
verabscheuen	chukia	*verputzen*	kandika
verabschieden (refl.)	agana	*verreisen*	safiri
		versammeln (refl.,	kutana
Verb, s	kiarifa, vi-	*Versammlung, e*	mkutano, mi-
verbergen	ficha	*versäumen*	kosa
verbieten	kataza; piga marufuku; rufuku	*verschließen*	funga
		verschönen	remba
verbinden	unga	*versklaven*	tia utumwani
verblüfft sein	pumbaa	*verspäten (refl.)*	chelewa
verbluten	fa kwa kutoka damu	*Versprechen, s*	ahadi, n-
verboten	haramu	*Verstand, r*	akili, n-
Verbraucher, r	mtumizi, wa-	*verstecken (tr.)*	ficha
Verbrecher, r	mharibifu, wa-	*verstehen*	elewa, fahamu
verbreiten	eneza	*Versuch, r*	jaribio, ma-
verbrennen (tr.)	choma	*versuchen*	jaribu
verbrennen (intr.)	ungua	*vertauschen*	badilisha
verdächtigen	shuku	*Vertrauen, s*	imani, n-
verderben	haribu	*vertreiben*	kimbiza
verdienen	pata	*verunglücken*	angamia
verdorben	-bovu; haribika, ku	*verunstalten*	umbua
Verein, r	chama, vy-	*verurteilen*	hukumu, tia adhabu
vereinigen	unga	*Verwandte, r*	ndugu
verfault	-bovu	*verwenden*	tumia
verfehlen	kosa	*verwirren*	changanya
vergebens	bure, wapi	*Verwundete, r*	majeruhi, n-
Vergehen, s	kosa, ma-	*verzeihen*	samehe
vergelten	fidi	*viel(e)*	-ingi
Vergeltung, e	fidia, n-	*vielleicht*	labda
vergessen	sahau	*vier*	-nne
vergewissern (refl.)	hakikisha	*Viertel, s*	robo, n-
		vierzig	arobaini
verharren	dumu	*Vogel, r*	ndege
verhindern	Zuia	*Volksstamm, r*	kabila, ma-
verjagen	kimbiza	*völlig*	kabisa

von	na, kwa, toka, kutoka, miongoni mwa	*wegschaffen*	ondosha
		weh tun	uma
vor	kabla (ya), mbele (ya), hadhara (ya)	*weich*	-ororo
		weiden	chunga, lisha
vor allem	zaidi ya yote	*weigern (refl.)*	kataa
vorangehen	tangulia	*Weihnachtsfest, s*	Sikukuu ya Noeli
vorbeigehen	pita	*weil*	kwa sababu, maana
vorbeigehen lassen	pisha	*weinen*	lia
		Weise, e	namna
vorbereiten (refl.)	jitayarisha	*Weisheit e*	busara, n-
Vorgesetzte, r	mkubwa, wa-	*weiß*	-eupe
vorgestern	juzi	*weit*	mbali
vorn	mbele	*Weizen, r*	ngano
Vorrat, r	akiba, n-	*welche?*	-pi? gani?
vorsichtig sein	jihadhari	*Welt, e*	dunia
vortäuschen	jisingizia	*wenig*	-chache
Vorteil, r	faida, n-	*weniger als*	kasa
vorwärts	mbele	*wenn*	kama
wachsen	ota, mea, kua	*wer?*	nani?
Waffe, e	silaha, n-	*werben*	tembeza
Wagen, r	gari, ma-; motakaa, n-	*werden*	wa
wagen	thubutu	*werfen*	tupa
wägen	pima	*Werkzeug, s*	chombo, vy-
Waggon, r	gari, ma-	*Wert, r*	thamani, n-
wählen	chagua	*wessen?*	-a nani?
Wahrheit, e	kweli, n-	*Westen, r*	magahribi, n-
Wahrheit sagen	sema kweli	*westlich*	magharibi
Wald, r	mwitu, mi-	*wichtig*	muhimu
Wand, e	ukuta	*Wichtigkeit, e*	maana, n-
wann?	lini?	*wickeln*	kunja
warnen	onya	*wie*	kama
warten auf	ngojea	*wie?*	namna gani? vipi?
warum?	kwa nini? kwa sababu gani?	*wie lange?*	muda gani?
		wie viele?	-ngapi?
was?	nini?	*wieviel?*	kiasi gani?
was für ein?	gani?	*»wie was«?*	kama nini?
waschen	osha, safisha	*wieder*	tena
waschen (refl.)	nawa (mikono, uso)	*wiederholen*	rudia
Wasser, s	maji, ma- (pl.)	*Wiederholung, e*	rudio, ma-
Wasser schöpfen	chota, teka maji	*widersprechen*	halifu
Wasserfall, r	boromoko la maji	*Willkommen heißen*	karibisha
Watte, e	upamba		
weben	fuma	*Winkel, r*	pembe, n-
Weg, r	njia	*wir*	sisi
wegen	kwa ajili, hoja, sababu ya	*wir alle*	sisi sote
weggießen	mwaga	*wir haben*	tuna
wegnehmen	ondoa, twaa		

wir haben kein, nicht	hatuna	Ziege, e	mbuzi, n-
		ziehen	vuta
wir sind	tu; sisi ni	Ziel, s	shabaha, n-
wirklich	kweli, halisi	Zigarette, e	sigareti, n-
wissen	jua	Zimmer, s	chumba, vy-
wissen lassen	julisha	Zins, r	faida, n-
wo?	wapi?	zittern	tetemeka
woanders	pengine, kwingine, mwingine	Zoll, r	kodi, n-; ushuru
		Zoll, r	inchi, n-
Woche, e	juma, ma-; wiki, n-	Zorn, r	hasira, n-
wöchentlich	kila juma	zu	kwa
woher?, wohin?	wapi	zu Ende sein	isha, kw
Wohl, s	heri, n-	zu Hause	nyumbani
wohlbehalten	salama	zu spät kommen	chelewa
wohnen	kaa	züchten	fuga
wollen	taka	Zucker, r	sukari, n-
Wort, s	neno, ma-	zudecken	funika
Wörterbuch, s	kamusi, n-	zuerst	kwanza
wozu?	kwa nini?	Zug, r	gari la moshi
Wunder, s	ajabu, n-	zugeben	kiri
wünschen	taka, takia	zum Beispiel	kwa mfano
Wüste, e	jangwa, ma-	zum zweiten Male	mara ya pili
wütend	-kali		
Yard, s	yadi, n-	zum Trocknen aufhängen	anika
Zahl, e	hesabu, n-		
zahlen	lipa	Zunge, e	ulimi
zählen	hesabu	zurückbleiben	baki
zähmen	fuga	zurückbringen	rudisha
Zahn, r	jino, ma-	zurückkehren	rudi
Zahnbürste, e	mswaki, mi-	zurückkommen	rudi
zart	-ororo	zurücklassen	bakiza
Zehe, e	kidole, vi-	zusammen	pamoja
zehn	kumi	zusammen mit	pamoja na
Zeichen, s	alama, ishara, n-	zusammenhängen mit	tokana na
zeichnen	chora		
zeigen	onyesha	zusammenkommen	kutana
Zeit, e	wakati, u-; nafasi		
Zeitung, e	gazeti, ma-	zusammenstellen	tunga
Zeitwort, s	kiarifa, vi-	zustimmen	kubali
Zelt, s	hema, n-	zwanzig	ishirini
Zent, r	senti, n-	zwei	mbili, -wili
zerbrechen (tr.)	vunja	zweimal	mara mbili
zerbrechen (intr.)	vunjika	zweitens	pili
zergliedern	changua	Zweifel, r	shaka, ma-
zerlegen	changua	zwicken	bana
zerstören	haribu	zwischen	baina ya, kati ya

NOTIZ

NOTIZ

NOTIZ

NOTIZ